Presente de:

Para:

Data:

Lysa TerKeurst

Acolhida

100 DEVOCIONAIS
PARA SABER QUE DEUS ESTÁ TE ABRAÇANDO

Tradução por Elis Regina Emerencio

Thomas Nelson
BRASIL

Título original: *Embraced*
Copyright © Lysa TerKeurst, 2018
Copyright da tradução © Vida Melhor Editora Ltda., 2023
Edição original por Thomas Nelson, 2018

Todos os direitos reservados à Vida Melhor Editora LTDA.

As citações bíblicas foram extraídas da *Nova Versão Internacional* (NVI), da Bíblica Inc., salvo indicação específica.

Os pontos de vista desta obra são de responsabilidade de seus autores e colaboradores diretos, não refletindo necessariamente a posição da Thomas Nelson Brasil, da HarperCollins Christian Publishing ou de suas equipes editoriais.

Publisher	*Samuel Coto*
Coordenador editorial	*André Lodos Tangerino*
Editora	*Brunna Prado*
Assistente editorial	*Camila Reis*
Preparação	*Patricia Garcia*
Revisão	*Daniela Vilarinho* e *Leonardo Dantas do Carmo*
Diagramação	*Sonia Peticov*
Adaptação da capa	*Débora Grazola*

Dados Internacionais de Catalogação na Publicação (CIP)

(BENITEZ Catalogação Ass. Editorial, MS, Brasil)

T241a TerKeurst, Lysa
1.ed.　　Acolhida: 100 devocionais para saber que Deus está te abraçando / Lysa TerKeurst; tradução Elis Regina Emerêncio. – 1.ed. – Rio de Janeiro: Thomas Nelson Brasil, 2023.
　　　　352 p.; 15,2 x 20,3 cm.

　　　　ISBN 978-65-56897-01-1

　　　　1. Devoção a Deus. 2. Espiritualidade. 3. Literatura devocional. 4. Mulheres cristãs – Conduta de vida. 4. Mulheres cristãs – Oração e devoção. 5. Mulheres cristãs – Vida cristã. I. Título.

08-2023/29　　　　　　　　　　　　　　　　　　　　　　　CDD: 248.843

Índice para catálogo sistemático

1. Mulheres cristãs: Vida cristã: Cristianismo   248.843

Bibliotecária responsável: Aline Graziele Benitez CRB-1/3129

Thomas Nelson Brasil é uma marca licenciada à Vida Melhor Editora LTDA.
Todos os direitos reservados à Vida Melhor Editora LTDA.
Rua da Quitanda, 86, sala 218 — Centro
Rio de Janeiro — RJ — CEP 20091-005
Tel.: (21) 3175-1030
www.thomasnelson.com.br

Para qualquer uma que já tenha tentado dar amor sem ser acolhida em troca, eu entendo. É exatamente por isso que devemos conhecer aquele que sempre nos acolherá por completo e nunca se conterá. Minha maior oração é para que, ao ler essas páginas, você saiba ainda mais profundamente que é amada, estimada e intimamente cuidada pelo seu Pai Celestial.

SUMÁRIO

UMA MENSAGEM DE LYSA 11

PARTE 1: ACOLHENDO A BUSCA POR DEUS E SUA ORIENTAÇÃO

1. Ofertando os meus primeiros momentos a Deus 15
2. O princípio do abacaxi 18
3. Pare de ler sua Bíblia 21
4. Grandes sermões não são pregados, são vividos 24
5. Essa é a decisão certa? 27
6. Uma demanda que nunca será satisfeita 31
7. Preparando-se para a aventura 34
8. Interrompida por Jesus 36
9. Se você estiver se sentindo menosprezada e desvalorizada... 39
10. Tenho medo de orar com ousadia 42
11. Siga-me 44
12. Ouvindo os convites de Deus 47
13. Uma vida com impacto extraordinário 50
14. Seu chamado único 53
15. Descanso e tranquilidade 56
16. Espaço para respirar 59
17. Em busca das nossas decisões 62
18. Leia isso antes de tomar uma decisão 65
19. Paralisando o medo 68
20. A mulher mais calma que já conheci 71
21. As duas palavras mais poderosas 74
22. Paralisia analítica 77
23. Cinco perguntas para se fazer ao tomar uma decisão 81

24. Deus, estou exausta 85

25. No fluxo 88

26. Praticando a sabedoria 91

PARTE 2: ACOLHENDO A COMPLETUDE ENCONTRADA APENAS EM DEUS

27. O que guarda a chave do seu coração? 97

28. A resposta mais procurada 101

29. Se eu tivesse… 104

30. A sedução da satisfação 108

31. O caminho da humildade 111

32. O que você está perdendo? 115

33. Onde a ferida é profunda 118

34. Consumida por desejos 121

35. Fisicamente acima e espiritualmente abaixo 124

36. Um coração sem divisões 126

37. Surpreendida pelo meu próprio conselho 129

38. O valor do vazio 132

39. O plano de Satanás contra você 134

40. Quando o objetivo final parece muito difícil 137

41. Substituindo velhas mentiras por novas verdades 139

42. Indo para o norte 142

43. Quanto essa escolha realmente vai custar para mim? 146

44. A escolha corajosa 149

45. Dizendo não à minha carne 152

46. Por que tenho tantas questões? 155

47. Se ao menos soubéssemos 158

48. A paz verdadeira de que precisamos 161

PARTE 3: ACOLHENDO DEUS NO MEIO DA DOR E DA MÁGOA

49. Tenho problemas de confiança 165

50. Deus é bom? 168

51. Deus é bom para mim? 171

52. Eu confio em Deus para ser Deus?	174
53. Tempos devastadores	177
54. O que nunca percebi sobre Jesus	181
55. Lidando com um luto profundo	184
56. Por que Deus não responde às minhas preces?	187
57. Um pouco brava e muito confusa	190
58. A ferida da decepção	193
59. Por que Deus deixaria isso acontecer?	196
60. O que torna a rejeição tão horrível?	199
61. Se já se sentiu sozinha, leia isso	203
62. A garota chamada de perdedora	207
63. As dores de ontem nos relacionamentos de hoje	210
64. Tem uma mulher na academia que me odeia	214
65. Porque eu sou amada	218
66. Sozinha numa sala lotada	220
67. Três coisas que você deve lembrar ao ser rejeitada	223
68. A melhor pior coisa	226
69. Um lugar melhor para estacionar	229
70. Sabedoria conjunta	233
71. Sabedoria e humildade	236
72. Estou com muito medo	239
73. Me apegando à verdade	242
74. Pressionando através da dor	245
75. Desolada, mas não destruída	249

PARTE 4: ACOLHENDO O CHAMADO DE DEUS PARA SER TRANSFORMADA

76. O começo de um milagre	255
77. Minha dor está falando?	258
78. Saindo da minha rotina de pensamento	261
79. A raiz da minha podridão	264
80. Eu desisto	267

81. Recebendo a graça	270
82. O tesouro da comida jogada fora	273
83. Dando graça	276
84. Algo a considerar com a crítica	279
85. Tive a resposta perfeita	282
86. Deus, nos dê autocontrole	285
87. O que fazer com relacionamentos difíceis	289
88. Você não gosta de mim	292
89. Comparações são horríveis	295
90. O sucesso dela não ameaça o meu	298
91. Eu quero o que ela tem	301
92. Senhor, eu não consigo fazer isso!	304
93. Sentindo-se culpada?	306
94. Mesmo quando eu falhar	308
95. O desafio da amizade	311
96. A verdade no bilhete que mudou a minha vida	314
97. Superando o meu passado	317
98. Passando pelo constrangimento do passado	320
99. A verdade que salva vidas	324
100. O chamado da liberdade	328
Uma oração de Lysa	331
Conectando o coração de Deus ao seu:	
31 Escrituras personalizadas para cada dia	333
Índice temático	341
Índice de devocionais	343
Sobre a autora	347

Uma mensagem de Lysa

Olá, amiga,

Que honra conhecê-la por meio das palavras digitadas nestas páginas. Quero ser aquela amiga que permanece ao seu lado, independentemente da situação em que você se encontre. Oro para que você sinta o acolhimento amoroso de Jesus se tornando cada vez mais real a cada página virada.

Sei que nem sempre é fácil para a voz de Deus se elevar acima de todo o ruído caótico que compete pela atenção do seu coração. Os medos. As preocupações. As mágoas e traições. A luta que você implorou a Deus para acabar está tirando sua atenção neste exato minuto. As vidas aparentemente fáceis e perfeitas que as pessoas postam a abalam com novos lembretes da sua dura realidade. Suas dúvidas quando precisa tomar uma decisão que faz quase todos os caminhos parecerem ainda mais instáveis, enquanto o Senhor parece surpreendentemente quieto. Suas tristezas secretas que você não ousou confidenciar para mais ninguém.

Suas imperfeições parecem sinais de neon dando as boas-vindas aos julgamentos e opiniões dos outros. Talvez sejam rejeições reais ou apenas imaginadas. De qualquer forma, todo pensamento de insegurança se mistura com comparação tóxica, decepção e desânimo.

Conheço bem cada um desses casos, porque também os enfrento. E tenho que confessar que nada disso é fácil, mas o Senhor tem sido fiel ao me aproximar de tudo isso. Acho que subestimamos o quanto de coragem é necessária para nos libertar do nosso desejo de consertar tudo e fazer a escolha de fixar nossos olhos em Jesus.

Estes devocionais tratam disso. São um vislumbre da minha própria jornada pessoal, assim que me propus a viver a vida "acolhida". Aquela em que não apenas *recebo*, mas *devolvo* o acolhimento de Deus. Acolhendo sua graça, sua sabedoria e sua tranquilidade. Acolhendo seu amor, sua palavra e seus planos. Acolhendo até mesmo as partes do plano de Deus que considero terrivelmente difíceis no momento, mas completamente necessárias no final. Partes que me exigem sacrificar e deixar de lado os meus próprios desejos e respostas carnais.

Você vai perceber rapidamente que não faço nada disso de maneira perfeita. Estou fazendo um progresso imperfeito para viver acolhida e acolher ao mesmo tempo. E algo me diz que é assim que você quer viver também.

Se isso for verdade, você está no lugar certo. Fique tranquila, vou ter lenços de papel e uma confissão de "também aconteceu comigo" para os momentos difíceis. Porém, você também pode contar comigo para rir, revirar os olhos e soltar um "pelo amor de Deus" para os outros momentos do dia a dia que enfrentaremos.

Dessa forma, se estiver pronta para esta jornada, vamos de braços dados. Fixe seu olhar no único que pode direcionar os seus passos. E vamos virar a página juntas.

Parte 1

Acolhendo a *busca por Deus* e sua orientação

1

OFERTANDO OS MEUS PRIMEIROS MOMENTOS A DEUS

Ensina-me o teu caminho, Senhor,
para que eu ande na tua verdade;
dá-me um coração inteiramente fiel,
para que eu tema o teu nome.

SALMOS 86:11

É bem cedo pela manhã. Embora meu corpo implore para que eu volte a dormir, minha alma se agita para eu me levantar e conversar com Jesus.

E, mesmo que eu não possa vê-lo fisicamente, sei que Ele está presente.

Abro minha Bíblia no livro dos Salmos e oro por meio dos versículos que leio para começar o meu dia. Quanto mais faço isso, menos ouço as reclamações contínuas deste mundo. Uma bela melodia da verdade de Deus se eleva, e minhas preocupações se dissipam sob a luz.

A perspectiva dele sobre o que me incomoda ofusca a minha ansiedade. Este momento a sós com Deus me prepara para o que vou precisar durante o dia. Ele está me equipando para lidar com o que está por vir com sua ousadia gentil, força silenciosa e graça amorosa.

No salmo 81:10, Deus me orienta: "Abra a sua boca, e eu o alimentarei".

Ele me dará o que dizer. O que dizer em momentos felizes e em momentos difíceis. O que dizer quando me sentir insegura e o que dizer quando me sentir confiante.

Ele também me lembra de que algumas vezes é bom manter a boca fechada e não dizer absolutamente nada.

No salmo 84:1, sou lembrada que a habitação de Deus é agradável. Por isso, peço que Ele habite em mim ricamente. Quero que fique claro que sou uma mulher que convive com Jesus e que Ele está trabalhando em mim, mudando meu comportamento errado, guardando minhas palavras e sussurrando verdades constantes ao meu coração.

> *Quero que fique claro que sou uma mulher que convive com Jesus e que Ele está trabalhando em mim.*

O salmo 86:11 me leva a pedir: "Ensina-me o teu caminho, Senhor, para que eu ande na tua verdade; dá-me um coração inteiramente fiel, para que eu tema o teu nome".

Cada um desses versículos conduz a minha oração matinal:

Senhor, que nada me separe de ti no dia de hoje. Ensina-me a escolher apenas o teu caminho hoje de maneira que cada passo me leve para mais perto de ti. Ajuda-me a caminhar pela tua palavra e não pelos meus sentimentos.

Ajuda-me a manter meu coração puro e sem divisões. Protege-me dos meus próprios pensamentos, palavras e ações descuidadas. E protege-me de ser distraída pelas MINHAS vontades, MEUS desejos, MEUS pensamentos de como as coisas deveriam ser.

Ajuda-me a aceitar o que vier no meu caminho como uma oportunidade em vez de um aborrecimento pessoal.

E, por fim, ajuda-me a descansar na verdade do salmo 86:13: "Pois grande é o teu amor para comigo".

O Senhor já vê como vou falhar e estragar tudo. Mas, agora, eu coloco conscientemente o teu sussurro de amor absoluto por mim no mais profundo do meu coração. Reconheço que teu amor por mim não é baseado em desempenho. O Senhor me ama... com defeitos e tudo.

Isso é incrível.

No entanto, o que é mais incrível é o fato de o Salvador do mundo desejar alguns minutos comigo nesta manhã. Senhor, ajuda-me a sempre lembrar do presente que é sentar contigo dessa maneira. Em nome de Jesus, amém.

Estou pronta para enfrentar o dia de hoje. Armada com a verdade. Cercada de amor. Cheia de gratidão.

Querido Deus, eu te amo. Tudo que expressei aqui foi o desejo do meu coração. Confesso que às vezes minhas ações e reações traem o meu amor por ti. Por favor, perdoa-me. Obrigada pela tua graça que me possibilita reconhecer este novo dia como uma nova chance de caminhar perto de ti. Em nome de Jesus, amém.

2

O PRINCÍPIO DO ABACAXI

Portanto, livrem-se de toda impureza moral e da
maldade que prevalece, e aceitem humildemente
a palavra implantada em vocês, a qual é poderosa
para salvá-los. Sejam praticantes da palavra, e não
apenas ouvintes, enganando-se a si mesmos.

TIAGO 1:21–22

Eu adoro abacaxi fresco. Adoro o gosto dele. Adoro que não tem muitas calorias. E adoro que possa ser servido em qualquer refeição, café da manhã, almoço ou jantar, como um acompanhamento perfeito e saudável.

O problema com abacaxis frescos é que eles são um pouco complicados. Segurar um abacaxi fresco e olhar para ele com desejo pode ser bastante frustrante quando você não tem a menor ideia de como descascá-lo de forma correta. Assim, durante anos, passei pelos abacaxis frescos na seção de frutas do supermercado, suspirei e fui direto para o corredor de frutas enlatadas. A versão enlatada serve ao seu propósito, mas honestamente não se compara à fruta fresca. Era apenas uma provocação às minhas papilas gustativas, lembrando que existiam possibilidades maiores.

Um dia, uma amiga que eu estava visitando me perguntou se eu gostaria de um lanche. Fiquei surpresa quando ela trouxe um abacaxi de verdade. Com facilidade, ela virou a fruta de lado e cortou o topo e a base. Depois a colocou na vertical e dividiu em partes para remover o miolo. Então retirou a casca externa em tiras, cortou a fruta em pedaços pequenos e me deu uma tigela cheia.

Eu fiquei maravilhada. É isso? Isso é tudo? Você quer dizer que durante anos perdi a excelência dos abacaxis frescos porque não conseguia descobrir como fazer *isso*?

Durante anos, ao estudar a Bíblia, adotei a mesma abordagem que tive com o abacaxi. Olhei para a verdade bíblica de longe. Não me sentia preparada para abri-la e estudá-la sozinha. Em vez de ler a verdade "fresca" por mim mesma, lia apenas livros que falavam *sobre* a Bíblia. Assim como aquele abacaxi enlatado, a minha experiência em aprender a verdade de Deus me mostrou que existiam possibilidades maiores. Porém, como não fazia ideia de como obtê-las para mim, evitei a Bíblia e me contentei com tudo o que pude obter de outras pessoas.

Então, participei de um estudo bíblico no qual a professora deu um exemplo de como abrir a Bíblia e estudá-la sozinha. A cada semana, eu a observava pesquisar as Escrituras com uma paixão e fome pela verdade que eu nunca havia conhecido. A maneira como ela contextualizou os versículos e trouxe os significados do texto original me surpreendeu.

Lentamente, decidi tentar sozinha. Comecei a entrar na Palavra de Deus para que ela pudesse entrar em mim. Eu não queria mais simplesmente me contentar em aprender fatos sobre a Bíblia sendo que ela foi feita para muito mais. Queria que a Palavra de Deus me transpassasse, me mudasse e me satisfizesse. E isso significava não apenas ler e estudar a Bíblia, mas também desenvolver o hábito de viver sua mensagem na minha vida cotidiana.

> Comecei a entrar na Palavra de Deus para que ela pudesse entrar em mim.

O apóstolo Tiago aborda isso em nossos versículos-chave: "livrem-se de toda impureza moral e da maldade que prevalece, e aceitem humildemente a palavra implantada em vocês, a qual é poderosa para salvá-los. Sejam praticantes da palavra, e não apenas ouvintes, enganando-se a si mesmos" (Tiago 1:21–22).

Quanto mais criamos o hábito de aplicar a Palavra de Deus nas nossas vidas, mais ela se torna parte da nossa natureza, nossa maneira natural de agir e reagir. Conhecer a Palavra de Deus e fazer o que ela diz não apenas nos ajuda quando passamos por sofrimentos e problemas, mas também traz mais satisfação para nossas almas do que qualquer outra coisa jamais poderia trazer.

Obrigada, Senhor, por dares coisas boas para nos nutrir de corpo e alma. Ajuda-me a mergulhar na tua palavra e deixa que ela se torne parte de mim. Em nome de Jesus, amém.

3

PARE DE LER SUA BÍBLIA

*Dê-me capacidade de aplicar a sua lei; assim,
obedecerei a ela de todo o coração.*

SALMOS 119:34 (NBV)

Tenho um pedido hoje. Algo que pode soar estranho depois da leitura dos dois primeiros devocionais: pare de ler sua Bíblia.

Isso choca você? Alivia? Deixa você com raiva, na pior das hipóteses? Curiosa, na melhor das hipóteses?

Continue lendo estas páginas e entenda o que quero dizer com esse pedido.

Houve muitos dias durante minha jornada cristã em que Deus foi reduzido a algo na minha lista de afazeres. Em algum lugar ao longo do caminho, peguei uma espécie de lista de tarefas não escrita explicando o que os "bons cristãos" devem fazer:

- Orar;
- Ler a Bíblia;
- Ir à igreja;
- Não praguejar;
- Ser legal;

Sendo a mulher seguidora de regras que sou, assinalei as coisas boas dessa lista e esperei com grandes expectativas para receber o ar de contentamento e felicidade que as boas mulheres cristãs deveriam exalar.

Entretanto, alguma coisa parecia errada comigo. Ainda me sentia inquieta. Ainda reagia com raiva. Ainda me sentia um pouco vazia.

ACOLHIDA

Eu passava por todos os itens da minha lista, mas não me sentia conectada a Jesus. Outros ao meu redor pareciam muito conectados. Eles falavam sobre serem "movidos pelo Espírito". Eles ouviam a voz do próprio Deus. Eles batiam palmas e gritavam "amém" no meio de um sermão que soava como grego para mim.

Muitas vezes me senti como uma alma sem peso agarrando o ar, esperando de alguma forma agarrar esse Jesus que estava fora de alcance. Você já se sentiu assim?

Essa sensação incômoda sugere que você nunca vai entender, que você não tem o que é preciso para ser uma cristã. É onde eu estava. Ocupei esse lugar por muito tempo, até que alguém me desafiou a simplesmente parar de ler minha Bíblia porque era uma coisa na minha lista de tarefas cristãs. Em vez disso, me desafiaram a experimentar Deus. A conhecer a Deus.

Em outras palavras, eu precisava olhar para as palavras da Bíblia como uma carta de amor. A carta de amor de Deus para uma mulher deprimida. Uma carta de amor que não foi feita para ser simplesmente lida, e sim uma carta de amor feita para ser *vivida*.

Não vou mentir. Demorou um pouco.

Demorei muitos dias sentada com minha Bíblia enquanto fazia orações honestas. Eu disse a Deus que não estava me conectando. Eu disse a Ele que queria entender, assim como o salmista no nosso versículo-chave, salmo 119:34.

Pedi a Ele que me ajudasse. Implorei a Ele que me ajudasse. Finalmente, um versículo ganhou vida para mim. Eu fiquei literalmente emocionada quando o li. Memorizei-o e pensei sobre ele o dia todo. A semana inteira. Talvez o mês inteiro.

Estava muito feliz, eu tinha um versículo. Um versículo em que Jesus falou com ternura, clareza e especificamente comigo. Era Jeremias 29:11: "'Porque sou eu que conheço os planos que tenho para vocês', diz o Senhor, 'planos de fazê-los prosperar e não de lhes causar dano, planos de dar-lhes esperança e um futuro'".

Lentamente, adicionei mais versículos. Dia a dia. Capítulo por capítulo. E, por fim, minha Bíblia se tornou o meu maior tesouro, minha carta de amor.

Agora, todos os dias eu abro a Palavra de Deus com grande expectativa e intencionalmente procuro meu versículo para aquele dia. Normalmente, um versículo entre os muitos que leio durante meu momento de devoção toca meu coração, e sei que é apenas para o dia que se inicia. E, assim, tento viver esse versículo de alguma forma, naquele mesmo dia.

Quando faço a conexão entre o que acontece na minha vida naquele dia e por que preciso desse versículo, experimento Deus. Vejo-o ativo na minha vida e fico ainda mais consciente de sua presença constante.

> *Quando faço a conexão entre o que acontece na minha vida naquele dia e por que preciso desse versículo, experimento Deus.*

Tenho certeza de que alguns estudiosos da Bíblia provavelmente discordariam da minha abordagem simplista, mas com certeza isso me ajudou.

Então, de volta à minha declaração original. Pare de ler sua Bíblia. Em outras palavras, *pare de simplesmente lê-la porque você tem que riscar isso da lista de tarefas cristãs.*

Em vez disso, leia a Bíblia com grandes expectativas de se conectar mais profundamente e viver mais verdadeiramente com Deus.

Querido Senhor, obrigada por me mostrar que a vida cristã pode ser muito mais do que uma lista de tarefas. Quero não apenas ler a tua Palavra, mas vivê-la todos os dias. Por favor, dá-me a sabedoria para entender e a coragem para me tornar mais como o Senhor. Em nome de Jesus, amém.

ACOLHIDA

4

GRANDES SERMÕES NÃO SÃO PREGADOS, SÃO VIVIDOS

Toda a Escritura é inspirada por Deus e
útil para o ensino, para a repreensão, para a
correção e para a instrução na justiça, para
que o homem de Deus seja apto e plenamente
preparado para toda boa obra.

2 TIMÓTEO 3:16–17

E se alguém me seguisse com uma câmera de vídeo o dia todo documentando cada movimento meu? Capturando todas as minhas palavras, expressões faciais, ações e reações. E depois, e se alguém juntasse tudo e exibisse em algum tipo de *reality show* para o mundo todo ver? Qual seria a mensagem evidente da minha vida?

Eu me julgo culpada quando penso nisso.

Veja, se alguém me perguntasse "O que você está fazendo?", eu teria algumas respostas que soariam bem. Porém, o que realmente acontece durante as tensões da vida cotidiana às vezes pode trair minhas melhores intenções.

Quero ser uma mãe amorosa. Entretanto, minha família parece saber os botões exatos para apertar que me deixam em uma espiral de emoção e exaustão.

Quero ser uma forte testemunha de Cristo. Então, por que leio minha Bíblia logo pela manhã e depois me pego buzinando para a pessoa que me fechou no trânsito apenas uma hora depois?

Percebo que há um lugar para a compaixão de Deus comigo em tudo isso. Porém, também sei que, embora nenhuma câmera de TV esteja me seguindo, minha vida está transmitindo uma mensagem sobre o que realmente acredito, e quero que essa mensagem honre a Jesus.

Certa vez, ouvi: "Grandes sermões não são pregados, são vividos". Nossa, como desejo viver uma mensagem que fala alto e claro: "Jesus é a verdade e os princípios encontrados em seus ensinamentos funcionam!".

Sejamos honestas: é difícil ser uma alma entregue a Cristo presa em um corpo que é tão tentado a pecar. É por isso que é essencial que eu encare meu momento com Deus todas as manhãs como uma preparação e um convite.

- **Preparação:** nosso versículo-chave nos lembra: "Toda a Escritura é inspirada por Deus e útil para o ensino, para a repreensão, para a correção e para a instrução na justiça, para que o homem de Deus seja apto e plenamente preparado para toda boa obra" (2Timóteo 3:16–17).

Cada versículo que leio faz parte da preparação de Deus para mim naquele dia. Portanto, em vez de apenas correr para riscar da minha lista de tarefas que passei alguns minutos com Deus, devo permitir que os ensinamentos dele se infiltrem no meu coração e mente. Então, posso pedir a Deus em oração que interrompa minha resposta carnal natural e me lembre ao longo do dia das verdades que Ele me ensinou naquela manhã.

- **Convite:** a próxima visão essencial do meu momento de silêncio todas as manhãs é reconhecer que acabei de convidar Jesus para viver comigo, então preciso procurar por sua ação ao longo do meu dia. Meu tema minuto a minuto se torna: *"Não seja feita a minha vontade, Deus, mas a tua"*.

Dessa forma, se algo acontece que faz com que minha carne queira se rebelar e agir de maneira negativa, posso dizer: "*Não seja feita a minha vontade, Deus, mas a tua*". Essa pequena pausa e reconhecimento de Deus redireciona minha frustração e a substitui por graça. E o mais maravilhoso de tudo, isso me ajuda a conectar meu momento com Jesus às escolhas da vida cotidiana. Fazer essa conexão é uma das maneiras de ouvirmos e experimentarmos Deus pessoalmente.

Minha vida está transmitindo uma mensagem sobre o que realmente acredito, e quero que essa mensagem honre a Jesus.

Sei que às vezes é difícil ter um momento com Jesus logo pela manhã. E certamente não estou tentando fazer disso apenas mais uma exigência do nosso tempo. Mas o convite de Jesus para nos sentarmos com Ele é um presente incrível. Ele nos ama tanto que quer nos ajudar. Ele sabe o que cada dia nos reserva e anseia por nos preparar para cada coisa que vê acontecer em nosso caminho.

Vamos aceitar seu convite para sentar com Ele. Vamos ouvi-lo atentamente. E peçamos a Ele que intervenha antes que nossas reações naturais às coisas traiam nossas melhores intenções. Então, seremos capazes de viver vidas que falam do fato de que passamos tempo com Jesus, e sem dizer uma palavra, nossas vidas imperfeitas serão um sermão que honra a Deus.

Querido Senhor, por favor, ensina-me como revelar mais e mais de ti através da maneira como vivo minha vida. Quero falar de ti ao mundo inteiro usando palavras apenas quando necessário. Em nome de Jesus, amém.

5

ESSA É A DECISÃO CERTA?

*Esta é a minha oração: que o amor de vocês
aumente cada vez mais em conhecimento
e em toda a percepção, para discernirem
o que é melhor, a fim de serem puros e
irrepreensíveis até o dia de Cristo.*

FILIPENSES 1:9–10

Você já teve aquele conhecimento profundo do que fazer em uma situação, mas ignorou? Eu entendo.

Recentemente, eu estava sozinha em casa quando uma caixa grande foi entregue à minha porta.

O entregador gentilmente a colocou para dentro, mas achei que seria um pouco demais pedir a ele que passasse pela entrada, subisse as escadas e fosse até o final do corredor.

Então, lá estava esta caixa misteriosa e pesada.

No fundo, eu sabia que não era nada além de algum produto que alguém da minha equipe havia encomendado.

No entanto, eu não ouvi essa consciência interna. Eu a ignorei e, em vez disso, ouvi os meus medos. Você sabe que assistiu a muitos programas de mistério na TV quando seu primeiro pensamento sobre uma caixa misteriosa no seu *hall* de entrada é que uma pessoa com intenções assustadoras poderia caber dentro dela. Sim, uma pessoa maluca com armas poderia se enviar direto para a minha casa e ficar sentada lá o dia todo, esperando em silêncio até eu ir para a cama.

Chutei a lateral da caixa para ver se havia algum tipo de reflexo de alguma coisa viva dentro dela. Não havia, claro. Mas então decidi, só para ter certeza, que ficaria perto da caixa o suficiente para sair rápido de seu alcance, se necessário, e ainda ouvir alguma coisa: uma tosse, um espirro, qualquer coisa.

Eu não poderia deixar espaço para dúvidas, nenhum espaço para qualquer possível resultado ruim dessa caixa, uma caixa que acabei abrindo com uma faca. Só por precaução. Apenas para descobrir um frigobar que alguém havia encomendado.

Perdi metade do meu dia me preocupando com uma caixa que continha um frigobar.

> *Encontre esse "sim" corajoso. Lute por esse "não" confiante.*

Às vezes fazemos isso. Temos uma decisão a tomar e temos esse conhecimento profundo. Nós sabemos o que fazer. Sabemos qual é a resposta. Mas não usamos esse conhecimento. Nós processamos demais os "e se" e os "talvez" até nos encontrarmos paradas em um canto ouvindo para ver se uma caixa de papelão contendo uma geladeira pode espirrar.

Certamente, há algumas decisões que precisam ser processadas. Mas há outras decisões para as quais simplesmente precisamos dizer sim ou não e seguir em frente.

Encontre esse "sim" corajoso. Lute por esse "não" confiante. Saiba. Declare. Possua.

Às vezes, tudo se resume àquele sussurro profundo que diz: "Isso sim". Ou um simples: "Não, isso não".

Deus teceu em nós a capacidade de discernir o que é melhor se o seguirmos de perto. Vamos ler nosso versículo-chave novamente: "Esta é a minha oração: que o amor de vocês aumente cada vez mais em conhecimento e em toda a percepção, para discernirem *o que é melhor*, a fim de serem puros e irrepreensíveis até o dia de Cristo" (Filipenses 1:9–10, grifo meu).

À medida que acumulamos conhecimento e profundidade de percepção em nossas vidas, desenvolvemos um discernimento confiável.

Conhecimento é a sabedoria que vem da aquisição da verdade.

Percepção é a sabedoria que vem de viver a verdade que adquirimos.

Discernimento é a sabedoria que vem dos lembretes do Espírito Santo desse conhecimento e percepção.

Conheço uma jovem mãe que está lutando com a decisão de deixar seu filho de dois anos ir para a pré-escola por meio período alguns dias por semana no próximo ano. Ao ouvi-la, me senti obrigada a fazer três perguntas para ela:

1. Você tem lido e orado a Palavra de Deus?
2. Você tem aplicado a Palavra de Deus à sua maternidade?
3. Você buscou conselhos piedosos e percepções de pessoas sábias que conhecem detalhes sobre sua situação?

A resposta a essas três perguntas simples foi sim, então lembrei a ela que Deus a havia designado para ser a mãe dessa criança. Se ela realmente tivesse feito essas três coisas, ela teria a capacidade de discernir o que era melhor.

Ela não precisou esperar que um grande letreiro neon caísse do céu para saber o que fazer. Se ela tinha aquele profundo conhecimento de que esta era uma resposta negativa para seu filho, então ela deveria aceitar isso. Se ela tinha esse profundo conhecimento de que esta era uma resposta positiva para seu filho, então ela deveria concordar com isso.

Não se trata de confiar em nós mesmos. Em vez disso, trata-se de confiar no Espírito Santo para fazer o que Jesus nos prometeu em João 14:26: "Mas o Conselheiro, o Espírito Santo, que o Pai enviará em meu nome, lhes ensinará todas as coisas e lhes fará lembrar tudo o que eu lhes disse".

Quando tivermos feito o que precisamos para adquirir o conhecimento e a percepção da verdade, então o discernimento dessa verdade estará presente. Devemos aprender a confiar e usar esse discernimento, porque quanto mais fazemos isso, mais sabedoria adquirimos para tomar decisões que honram a Deus.

Querido Senhor, quero tomar decisões que honrem a ti. Guia-me enquanto desenvolvo um discernimento confiável. Em nome de Jesus, amém.

6

UMA DEMANDA QUE
NUNCA SERÁ SATISFEITA

*Escolheu doze, designando-os como apóstolos,
para que estivessem com ele, os enviasse a pregar e
tivessem autoridade para expulsar demônios.*

MARCOS 3:14–15

Eu deveria estar feliz. Eu sabia. Eu poderia ter listado tantas coisas pelas quais sou grata.

Então, o que era essa propensão à decepção que baixou e fluiu logo abaixo da superfície dos meus momentos mais honestos? Fiquei imobilizada e triste.

Eu estava fazendo muito, servindo a Deus, mas não realmente passando tempo sendo reabastecida por Ele.

Talvez você se identifique.

Corremos a um ritmo vertiginoso para tentar alcançar o que Deus quer, mas só precisamos desacelerar o suficiente para receber.

Ele realmente tem tudo planejado. As lacunas preenchidas. As necessidades atendidas. As perguntas respondidas. Os problemas resolvidos.

E as partes que Ele propôs para nós? Elas estão perfeitamente divididas em atribuições destinadas a nós hoje. Nem mais, nem menos.

Tudo o que Ele pede é que recebamos pessoalmente dele antes de começarmos a trabalhar para Ele. Ao fazer isso, somos alimentadas por seu poder e encorajadas por sua presença. Esta é a troca diária sagrada em que o dever ministerial se transforma em puro contentamento.

ACOLHIDA

Como o coração de Deus deve partir-se quando trabalhamos como se não acreditássemos que Ele é capaz. Dizemos que confiamos nele, mas agimos como se tudo dependesse de nós. Dedicamos tudo o que temos para as tarefas atuais, com apenas sobras ocasionais de tempo para reconhecê-lo ligeiramente.

Imagine uma garotinha correndo segurando um copo, derramando tudo o que ele contém. Ela acha que o que vai reabastecê-la está logo à frente. Então, ela segue em frente com pura determinação, segurando um copo vazio.

Ela continua correndo em direção a uma demanda que Ele nunca estabeleceu, que nunca vai satisfazer.

Ela o vê e estende o copo, mas consegue apenas algumas gotas enquanto corre para Ele, porque não parou tempo suficiente para completar o copo. O vazio não pode ser amenizado com meras gotas.

A trágica verdade é que o que vai preenchê-la (o que vai nos preencher) não é a realização logo à frente.

Essa coisa brilhante é, na realidade, um vácuo que nos suga, mas nunca tem a capacidade de nos reabastecer.

> *Corremos a um ritmo vertiginoso para tentar alcançar o que Deus quer, mas só precisamos desacelerar o suficiente para receber.*

Eu deveria saber, pois era onde eu estava. Não há nenhum tipo de vazio como este, onde suas mãos estão cheias, mas por dentro você não passa de uma concha exausta.

Eu sabia que levaria alguns momentos lentos para me tirar daquele lugar vazio.

Eu precisava me reconectar com aquele que sabe como dar vida a lugares esgotados e mortos. Jesus não participa da correria. Ele gosta dos ritmos mais lentos da vida, como residir, deleitar-se e habitar. Todas as palavras usadas para descrever que estamos com Ele.

Na verdade, quando Jesus designou os discípulos, havia duas partes em seu chamado, como vemos em Marcos 3:14-15.

Sim, eles iriam pregar e expulsar demônios, mas a primeira parte de seu chamado era estar com Ele.

A plenitude vem quando nos lembramos de *estar com Ele* antes de sair para servi-lo.

O Senhor quer que nossos corações estejam alinhados com Ele antes que nossas mãos comecem a cumprir a tarefa do dia para Ele.

Assim, Ele estende o que precisamos e nos convida a cada dia a receber em oração, adoração e verdade da sua Palavra. E Ele reabastece amorosamente nosso copo enquanto sussurra: "Esta não é uma corrida para testar o ritmo mais rápido. Eu só quero que você persevere no caminho que tracei especialmente para você. Fixe seus olhos, não em um prêmio mundano, mas em permanecer apaixonada por mim".

Essa é uma demanda que é sempre completamente satisfeita.

Querido Senhor, estou escolhendo parar no meio de tudo para estar apenas contigo. Nunca me deixe esquecer o presente que é passar este tempo sagrado na tua presença. Em nome de Jesus, amém.

7

PREPARANDO-SE PARA A AVENTURA

Abre os meus olhos para que eu veja
as maravilhas da tua lei.

SALMOS 119:18

Ah, como subestimamos o poder disponibilizado para nós quando passamos tempo com Deus. Nossos olhos terrenos são tão limitados, porque não nos permitem ver o que está acontecendo no reino celestial. Uma batalha diária está sendo travada por nossa atenção e nossa devoção. Satanás adoraria nos manter separadas do poder que Deus nos dá durante nosso momento com Ele. É hora de parar de se sentir culpada e mal equipada e começar a abraçar o incrível privilégio de se encontrar com Jesus todos os dias.

Satanás adoraria nos manter separadas do poder que Deus nos dá durante nosso momento com Ele.

Lembre-se, este momento não precisa ser perfeito para ser poderoso e eficaz. Jesus só quer uma alma disposta a vir a Ele para verbalizar seu desejo de procurá-lo e reconhecer sua necessidade dele. Então, Jesus vai mostrar a essa alma como fazer de cada momento com Ele exatamente aquilo que ela precisa.

Na maioria dos dias antes de começar meu momento com o Senhor, faço uma oração muito simples que leva meu coração ao lugar certo com Deus:

Deus, eu quero te ver. Deus, eu quero te ouvir. Deus, eu quero te conhecer. Assim eu posso seguir a ti com força.

Esta oração não é uma fórmula mágica, apenas quatro frases curtas que expressam perfeitamente o meu desejo de experimentar Deus ao longo do meu dia. Quero vê-lo trabalhando em mim, ao meu redor e através de mim. Quero ouvir sua voz com tanta clareza que não duvide quando Ele pedir minha obediência. Eu quero conhecê-lo, não apenas fatos sobre Ele, mas realmente conhecê-lo pessoal e intimamente. E, por último, quero segui-lo com afinco, para ser a mulher que Ele quer que eu seja em todas as circunstâncias do meu dia.

É incrível que, quando verbalizo o desejo do meu coração dessa maneira, algo dentro de mim muda e estou pronta para a Palavra de Deus de uma maneira nova. Isso me lembra o pedido do salmista no salmo 119:18: "Abre os meus olhos para que eu veja as maravilhas da tua lei". Um pedido que Deus se alegra em atender.

Não quero apenas ler e orar para riscar isso da minha lista de tarefas. Vejo este momento, em vez disso, como uma preparação para a grande aventura em que eu e Deus estamos prestes a embarcar juntos nas próximas horas. O que poderia ser mais emocionante do que isso?

Querido Senhor, eu quero ver-te. Quero ouvir-te. Quero conhecer-te. Por favor, ajuda-me a reconhecer a tua presença no meu dia de hoje para que eu possa seguir-te com afinco. Em nome de Jesus, amém.

Interrompida por Jesus

Bem-aventurados os puros de coração,
pois verão a Deus.

MATEUS 5:8

Quando nos conectarmos com Jesus e o virmos, seremos transformadas. Alteradas da melhor maneira. Jesus será tão real que não poderemos ser nada além de completamente devotadas a Ele.

Dificilmente posso passar por qualquer coisa na vida sem ver a mão de Deus nisso. Camada após camada dessas experiências constantes com Deus construíram um fundamento de fé muito seguro.

Isso levanta algumas preocupações. Estou espiritualizando demais minha vida? E se eu não tiver essas experiências, ou se uma experiência que atribuo a Deus não vier dele? Eu entendo essas perguntas. Lembro de ser cética. Parte de mim queria algo mais profundo com Deus, mas eu estava com medo.

Uma parte maior de mim queria que Deus fosse explicável e seguro. Eu desejava colocá-lo em uma caixa com a garantia de que eu não seria interrompida. Eu só queria fazer a minha parte (ser boa) e que Ele fizesse a dele (me abençoar). Era um acordo confortável. Mas também foi essa mesma perspectiva que paralisou o meu espírito e tornou minha fé ineficaz.

Lembro de ouvir meus amigos da Bíblia falando abertamente sobre ouvir Deus e vê-lo de maneiras notáveis. Eu os chamei de meus "amigos da Bíblia", enquanto meus olhos reviravam e minha voz zombava do entusiasmo deles.

Deus me alcançou, finalmente, enquanto eu lia *Experiencing God* [Experimentando Deus, em tradução livre], de Henry Blackaby, no qual ele nos encoraja a procurar a ação de Deus ao nosso redor. Não havia sombra de dúvida nas declarações de Blackaby. Ele estava absolutamente certo de que, se desejássemos ver Deus, nós o veríamos.

Paulo escreve à igreja de Corinto: "Todavia, como está escrito: 'Olho nenhum viu, ouvido nenhum ouviu, mente nenhuma imaginou o que Deus preparou para aqueles que o amam'; *mas Deus o revelou a nós por meio do Espírito*" (1Coríntios 2:9–10, grifo meu).

Se aceitamos Cristo como nosso Salvador, temos o Espírito de Deus em nós. Portanto, é possível que o Espírito de Deus nos revele as coisas profundas de Deus.

Como isso acontece com mais frequência? No meio da vida cotidiana usando coisas cotidianas. O divino misturado ao nosso mundano. É o material de que todas as parábolas de Jesus foram feitas.

O que você faz se não está experimentando Deus dessa maneira? A Bíblia nos diz que aqueles puros de coração verão a Deus (Mateus 5:8). Não diz que temos que ser perfeitos ou estar perfeitamente prontos. Apenas diz que temos que chegar a um lugar onde nossos corações desejam puramente vê-lo e, então, o veremos.

> *É possível que o Espírito de Deus nos revele as coisas profundas de Deus.*

Conte a Deus os seus desejos. Peça a Ele que revele qualquer coisa que possa estar bloqueando sua visão. E então comece a procurar. Ver Deus nos muda, nos faz crescer e nos fortalece para nos tornarmos mais do que pessoas com mero conhecimento de Deus. Nós nos tornamos pessoas mudadas que vivem a realidade de Deus.

Querido Senhor, quero ver tua mão e ouvir tua voz na minha vida. Por favor, mostra-me se existem coisas que bloqueiam minha visão de ti, para que eu possa lidar com elas. Eu quero ver e ser mudada por ti. Em nome de Jesus, amém.

9

SE VOCÊ ESTIVER SE SENTINDO MENOSPREZADA E DESVALORIZADA...

O Senhor, contudo, disse a Samuel:
"Não considere a sua aparência nem sua
altura, pois eu o rejeitei. O Senhor não vê
como o homem: o homem vê a aparência,
mas o Senhor vê o coração".

1 SAMUEL 16:7

Às vezes eu acordo de manhã me sentindo um pouco mal-humorada. *Hora de fazer tudo de novo.* Vou comprar comida que será ingerida. Vou lavar roupas que sujam de novo. Vou varrer pisos que, de alguma forma, precisarão ser varridos novamente antes mesmo de o dia terminar.

Existe mais nisso tudo do que apenas fazer as tarefas cotidianas?

Um dia, antes de começar a rotina normal, me sentei com Jesus. E descobri algumas grandes verdades ao ler minha Bíblia e dar uma olhada na vida de Davi. Apesar de como os outros o viam, de sua própria tendência a pecar e da falta de posição na sua própria família, Davi tinha a doce segurança de Deus. E isso foi o suficiente.

Menosprezado por todos. Escolhido a dedo por Deus.

Para seus irmãos mais velhos, Davi era jovem, possivelmente até uma praga. Para seu pai, Jessé, ele era apenas mais um filho. Para os

ACOLHIDA

curiosos, ele era um mero pastor. Mas, para Deus, Davi era o destinado a ser rei de Israel. E não qualquer rei. Ele era da linhagem da qual Jesus viria.

Menosprezado por todos. Escolhido a dedo por Deus.

Até mesmo a maneira como Davi foi ungido para ser o futuro rei é uma história impressionante. Em 1Samuel 16, Deus revela a Samuel que Ele rejeitou Saul como rei e escolheu um dos filhos de Jessé para ser o substituto.

Pense na lista de qualificações que deve ter passado pela cabeça de Samuel para tal posição: alto, inteligente, articulado, corajoso, bem arrumado, bem-educado, um líder nato. Samuel viu algumas dessas características em Eliabe, irmão de Davi. "O Senhor, contudo, disse a Samuel: 'Não considere a sua aparência nem a sua altura, pois eu o rejeitei. O Senhor não vê como o homem: o homem vê a aparência, mas o Senhor vê o coração'" (1Samuel 16:7).

Samuel fez Jessé alinhar todos os seus filhos diante dele. Todos eles deveriam ser considerados. No entanto, Jessé não chamou Davi, que estava cuidando das ovelhas. Isso foi um descuido? Uma suposição? Um julgamento? Uma escolha deliberada?

> *Menosprezado por todos. Escolhido a dedo por Deus.*

Menosprezado por todos. Escolhido a dedo por Deus.

Samuel passa por cada um dos filhos de Jessé e então pergunta: "Estes são todos os filhos que você tem?". Imagine Jessé com uma expressão perplexa respondendo: "Ainda tenho o caçula, mas ele está cuidando das ovelhas" (1Samuel 16:11). Certamente aquele que gasta seu tempo cuidando de animais não é aquele que cuida de uma nação.

Menosprezado por todos. Escolhido a dedo por Deus.

Assim que Samuel viu Davi, ele soube que havia encontrado a pessoa certa. Davi foi ungido para se tornar rei. Mas ele não foi imediatamente conduzido ao trono. Levaria muitos anos até que Davi fosse reconhecido pelo mundo. Então, para onde ele foi depois de ser ungido como rei? Para uma escola de refino? Uma academia do governo? Treinamento militar? Não.

Ele voltou para os campos e continuou a pastorear seu rebanho. Um futuro rei fazendo tarefas humildes. Um futuro rei cujo caráter foi refinado nos campos da vida cotidiana para prepará-lo para o seu chamado.

Como nós. Em meio a roupas, pratos e narizes sujos, chaves fora do lugar, livros da biblioteca atrasados, contas e aquele presente de aniversário que ainda precisa ser enviado pelo correio, existe o treinamento. Há uma construção de personagens. Há formação de atitude. Há uma definição de alma. Tudo isso deve acontecer para que nos tornemos o que Deus pretende.

Você já se sentiu menosprezada pelo mundo? Anime-se, fomos escolhidas a dedo por Deus.

Não estamos apenas fazendo tarefas. Estamos construindo um legado. Estamos moldando o reino de Deus. Estamos no processo de descobrir não apenas nossa vocação, mas também a de nossa família. E eu não sei sobre você, mas com certeza me faz olhar para minhas tarefas diárias (sim, até mesmo a roupa fedorenta) sob uma perspectiva totalmente diferente.

Querido Senhor, sou grata porque, mesmo quando me sinto menosprezada, posso descansar no fato de ter sido escolhida a dedo por ti. Ajuda-me a viver minha vida para uma audiência contigo. Em nome de Jesus, amém.

10

TENHO MEDO DE
ORAR COM OUSADIA

A oração de um justo é poderosa e eficaz.
TIAGO 5:16

Às vezes, tenho medo de orar com ousadia.

Não é que eu não acredite que Deus possa fazer qualquer coisa. Eu com certeza acredito. Sou uma mulher extasiada com Jesus. Extasiada com a minha vontade. Extasiada com a minha obediência. Extasiada com as minhas aventuras junto a Deus.

Portanto, minha hesitação não está enraizada em nenhum tipo de dúvida relacionada a Deus. Está mais enraizada em dúvidas relacionadas a mim mesma e minha capacidade de não discernir de maneira alguma a vontade de Deus. A realidade é que às vezes Deus escolhe não fazer as coisas. E se a vontade dele é "não", enquanto estou orando com ousadia por um "sim", isso me faz me sentir fora de sintonia com Deus.

Você consegue se identificar?

Quero tão desesperadamente permanecer na vontade de Deus que me pego orando com frases como: *Deus, por favor, cura minha amiga, mas se for da tua vontade levá-la, confiarei em ti.*

Eu me pergunto por que não oro com ousadia: *Deus, por favor, cura minha amiga.* E então fico confiante sabendo que minhas orações não foram em vão, não importa qual seja o resultado.

Orar com ousadia me arranca daquele lugar sem graça do hábito religioso para uma conexão autêntica com Deus.

A oração abre meus olhos espirituais para ver coisas que não consigo ver sozinha. E estou convencida de que a oração é importante. As orações são poderosas e eficazes se feitas por um coração justo (Tiago 5:16).

Desse modo, a oração faz a diferença. Uma diferença transformadora, surpreendente e chocante. Não precisamos saber como. Não precisamos saber quando. Só precisamos nos ajoelhar com confiança e saber que as vibrações das orações de uma simples mulher de Jesus se estendem por toda parte, muito alto e muito profundamente.

> *A oração abre meus olhos espirituais para ver coisas que não consigo ver sozinha.*

Deixar que a verdade absoluta penetre na minha alma extingue as centelhas de hesitação. Dobra meus joelhos rígidos. E acende um fogo novo, ousado e ainda mais selvagem por dentro. Não ousado do tipo mandão e exigente. Mas ousado como *eu amo meu Jesus de todo o coração, então, por que eu ofereceria algo menos do que uma vida de oração inflamada?*

Jesus fala especificamente sobre inflamar nossas vidas de oração em Mateus 6:6–8: "Mas quando você orar, vá para seu quarto, feche a porta e ore a seu Pai, que está no secreto. Então seu Pai, que vê no secreto, o recompensará. E quando orarem, não fiquem sempre repetindo a mesma coisa, como fazem os pagãos. Eles pensam que por muito falarem serão ouvidos. Não sejam iguais a eles, porque o seu Pai sabe do que vocês precisam, antes mesmo de o pedirem".

Então vamos pedir. E pedir novamente. Não porque podemos fazer com que Deus se mova, mas para posicionarmos nossas almas para ver nosso doce Jesus se mover da maneira que Ele quiser.

Querido Senhor, sou muito grata pela oportunidade de trazer todas as minhas preocupações a ti. Obrigada por me dar exatamente o que eu preciso. Eu confio que tu tens o melhor para mim em mente hoje. Em nome de Jesus, amém.

ACOLHIDA

11

SIGA-ME

Confie no Senhor de todo o seu coração
e não se apoie em seu próprio entendimento;
reconheça o Senhor em todos os seus caminhos,
e ele endireitará as suas veredas.

PROVÉRBIOS 3:5–6

Muitos anos atrás, participei de uma conferência. Foi uma conferência de negócios, mas a liderança cristã fez com que parecesse mais um reavivamento do que uma reunião. Vários palestrantes nos desafiaram a buscar a Deus como nunca antes.

Depois de uma das sessões, fui direto para o banheiro, onde uma longa fila já havia se formado. Quando finalmente cheguei a uma cabine aberta, percebi que a mulher antes de mim havia deixado seu caderno da conferência para trás.

Não encontrando a dona no banheiro, abri o fichário para ver se havia um nome escrito lá dentro e a primeira coisa que vi foram as palavras "ministério para mulheres" escritas a mão. Correndo o risco de ser totalmente intrometida, continuei lendo. Basicamente, a dona do caderno havia escrito que aquele seria o ano em que ela finalmente se dedicaria ao ministério para mulheres que Deus havia colocado no seu coração.

Ao ler essas palavras, senti o convite de Jesus: "Siga-me" e eu não hesitei em dizer sim. Veja bem, na minha jornada para viver completamente com Deus todos os dias, aprendi o tesouro da expectativa.

Como já falamos nos devocionais anteriores, peço a Deus que me ajude a viver na expectativa de vivenciá-lo; portanto, eu vivo assim. Não é que eu saia por aí me envolvendo em todas as situações ao meu redor. Mas peço a Deus que me torne sábia e consciente de quais oportunidades são minhas. Naquele dia, eu sabia exatamente como seguir Jesus por completo nesta situação.

Quanto mais seguimos Jesus, mais nos apaixonamos por Ele.

Correndo o risco de fazer essa mulher pensar que eu era louca, escrevi ao lado de suas anotações: "Talvez eu possa ajudá-la com isso. Ligue para mim se quiser. Lysa TerKeurst com o Ministério Provérbios 31". Adicionei o número do meu celular e levei o caderno para os achados e perdidos no balcão de informações.

Os dias se passaram, a conferência acabou e, quase uma semana depois, eu havia esquecido tudo. E então veio a ligação.

Desde o início da minha conversa com Tracey, percebi que o próprio Deus havia organizado esse encontro divino. Para encurtar a história, meu simples recado foi a confirmação de Deus pela qual ela orou fervorosamente. Eu e Tracey ficamos maravilhadas. Mais tarde, ela me enviou uma mensagem que dizia em parte: "Na semana passada, depois de falar com você, Deus começou a abrir portas de uma maneira que você não acreditaria (Bom, acho que sim!). Obrigada por sua obediência ao escrever o recado e por ser uma inspiração!".

Meu encontro com Tracey foi mais um lembrete de que quanto mais seguimos Jesus, mais nos apaixonamos por Ele, queremos obedecê-lo, experimentamos a vida com Ele e, por meio dele, nos tornamos um farol de luz para os outros. Foi também um lembrete para continuar vivendo o mandamento que encontramos em nosso versículo-chave: "Confie no Senhor de todo o seu coração e não se apoie em seu próprio entendimento; reconheça o Senhor em todos os seus caminhos, e ele endireitará as suas veredas" (Provérbios 3:5–6).

Você sente um incentivo em seu coração para viver completamente com Deus, mas ainda está incerta quanto a segui-lo? Por que não pedir a Deus que se revele a você nos próximos dias e confirme exatamente o que Ele tem para você? A aventura que se segue pode surpreendê-lo.

Será inconveniente? Talvez.

Será desgastante? Às vezes.

Isso a força a viver a vida com uma perspectiva menos egocêntrica? Com certeza.

Viver para seguir Jesus a cada passo traz uma alegria que você não consegue obter de outra maneira? Absolutamente.

É exatamente para isso que sua alma foi criada. É a maneira diária de descobrir seu propósito na vida.

Querido Senhor, quero conhecer-te, experimentar-te, seguir-te e obedecer-te. Por favor, revela-te a mim. Por favor, mostra-me como o Senhor quer que eu o siga. Em nome de Jesus, amém.

12

OUVINDO OS CONVITES DE DEUS

Quer você se volte para a direita quer para
a esquerda, uma voz atrás de você lhe dirá:
"Este é o caminho; siga-o".

ISAÍAS 30:21

Confesso que tenho pressa e sinto muita falta dos convites de Deus. Outro dia, passei por uma mulher na igreja com a pele pálida e a cabeça careca. Uma rápida agitação em meu coração disse: *Vá falar com ela*. Eu ignorei.

Vi um copo descartado no estacionamento do restaurante onde almocei. Eu sabia que deveria pegá-lo e jogá-lo fora. Passei direto por ele.

Esses foram atos simples de obediência que deixei passar. Mas não deixei passar porque desconhecia. Deixei passar porque eu estava ocupada, presa na pressa de demandas intermináveis. E a pressa nos torna rebeldes. Eu sabia o que fazer e ignorei descaradamente.

Ignorar a orientação de Deus não parece grande coisa nesses casos. No grande esquema do mundo, quão grande é o fato de eu não ter pegado aquele copo? Afinal, como posso ter certeza de que era mesmo Deus?

Acho que uma pergunta melhor seria: *como posso ter certeza de que não foi Deus?*

ACOLHIDA

Como mulheres de Deus, ansiamos pela companhia ininterrupta dele. O copo era uma coisa pequena, a menos que fosse eu sendo desobediente à instrução dele. Aquele que obedece à instrução de Deus para o dia de hoje desenvolverá uma consciência aguçada da direção dele para o amanhã. Estou sempre pedindo orientação a Deus, mas sentirei falta dela se ignorar constantemente instruções dele.

São nessas pequenas interrupções da nossa companhia com Deus que surge a confusão sobre o que realmente devemos fazer.

Você já ouviu aquele versículo incrível de Isaías que diz: "Quer você se volte para a direita quer para a esquerda, uma voz atrás de você lhe dirá: 'Este é o caminho; siga-o'" (30:21)?

Eu amo esse versículo! Quero que seja verdade para mim! Quero que meus ouvidos ouçam Deus dizer: "Este é o caminho; siga-o".

Quero isso com cada fibra do meu ser. E quando eu humildemente me arrependi por passar correndo pelas oportunidades que Deus me deu, Ele me deu um recomeço com graça.

> *Aquele que obedece à instrução de Deus para o dia de hoje desenvolverá uma consciência aguçada da direção dele para o amanhã.*

Lembrei da mulher por quem passei correndo na igreja. Senti uma vontade de localizá-la por meio de um amigo em comum e enviar um simples e-mail. Apenas um pequeno recado. Que eu enviei. Por nenhuma outra razão senão Deus dizendo: "Este contato é uma de suas tarefas para hoje. Não deixe passar".

Aquele e-mail abriu caminho para eu tomar um café com essa mulher. Durante aquele café, Deus me deu uma solução para uma questão que eu havia implorado por uma resposta. Achei que ia ajudá-la, mas quem foi ajudada fui eu. Obedecer às instruções de Deus me levou a ser capaz de discernir a direção dele. Eu precisava daquele encontro para tomar um café, e isso nunca teria acontecido se eu não tivesse parado com a correria da minha vida e enviado o e-mail para a mulher com quem Deus me levou a me conectar.

Aquele pequeno ato de obediência de alguma forma desligou meus ouvidos espirituais. Não que não possamos ouvir Deus de outra maneira. Mas ouvi-lo claramente? Acho que isso pode exigir que minha alma reconheça o que toda a minha pressa me faz deixar passar.

Sim, se queremos a direção dele para nossas decisões, os grandes anseios de nossas almas não devem ser apenas os grandes momentos de designação. Eles também devem ser as instruções aparentemente pequenas nos momentos mais comuns em que Deus aponta seu dedo do Espírito dizendo: *Vá lá*. E, fazendo isso, somos companheiros de Deus com olhos e ouvidos mais abertos, mais capazes, mais sintonizados com Ele.

Querido Senhor, confesso que às vezes passo por cima dos teus convites. Por favor, perdoa-me por aqueles momentos pelos quais passei correndo. Ajuda-me a parar e seguir-te. Estou ouvindo. Em nome de Jesus, amém.

UMA VIDA COM IMPACTO EXTRAORDINÁRIO

> Depois de Eúde veio Sangar, filho de Anate, que
> matou seiscentos filisteus com uma aguilhada de
> bois. Ele também libertou Israel.
>
> JUÍZES 3:31

Sou uma mulher que quer fazer a diferença para Cristo no mundo. Quero que minha vida e meu legado valham algo de significado eterno. Quero estar diante de Deus um dia sabendo que cumpri os propósitos que Ele tinha para mim.

No entanto, sempre há essa sensação incômoda dentro de mim de que os problemas do mundo são muito grandes e eu sou muito pequena.

Você consegue se identificar? É por isso que estou tão fascinada com Sangar.

Aprendemos quem é Sangar em um pequeno versículo escondido bem no final do terceiro capítulo de Juízes: "Depois de Eúde veio Sangar, filho de Anate, que matou seiscentos filisteus com uma aguilhada de bois. Ele também libertou Israel" (Juízes 3:31).

Escondido neste versículo, vemos três coisas que Sangar fez que resultaram em um impacto extraordinário na vida dele:

1. Ele ofereceu a Deus sua disposição.
2. Ele usou o que Deus lhe deu.
3. Ele permaneceu fiel a quem ele era.

E fazer essas três coisas foi o suficiente. Deus o usou para salvar a nação de Israel.

Ah, como a história de Sangar mexe com a minha alma! Ele era uma pessoa comum, em um lugar comum, fazendo um trabalho comum. O que o tornava extraordinário não era nada externo. Era seu impulso interno de fazer a coisa certa e ser obediente a Deus, exatamente onde ele estava. Seu trabalho era ser obediente a Deus. O trabalho de Deus era todo o resto.

A mesma coisa é possível para nós. Se formos obedientes a Deus no meio de nossas vidas comuns, um impacto extraordinário sempre será possível.

Duvido que Sangar esperasse ser usado por Deus para salvar a nação de Israel. Quando examinamos sua vida mais de perto, vemos várias coisas que poderiam tê-lo feito se sentir como o homem errado para o cargo de "Libertador de Israel".

Primeiro é a questão do seu passado. "Sangar" é um nome com raízes cananeias, não hebraicas. Esse fato levou alguns estudiosos a acreditarem que é inteiramente possível que Sangar fosse judeu e gentio. E como Deus havia ordenado a seu povo que não se casasse com gentios, a falta de uma linhagem pura dos pais de Sangar poderia facilmente tê-lo levado a se rotular como um candidato improvável para uma poderosa obra de Deus.

Depois, há a questão da sua ocupação. O uso de Sangar de uma aguilhada (outra palavra para aguilhão de gado) para matar os filisteus sugere que ele pode ter sido um fazendeiro. Podemos apenas parar e processar isso por um momento?

Ele era um fazendeiro. Contra um exército organizado. De seiscentos homens. Se eu fosse Sangar, imagino que estaria levantando minha mão com algumas perguntas para o Senhor. Perguntas como: "O Senhor tem certeza de que escolheu a pessoa certa?".

E não podemos ignorar a escolha da arma de Sangar. Trata-se do improvável e comum. Um aguilhão era normalmente usado para aguilhoar bois, não para travar uma guerra. Mas como os filisteus não permitiam que os israelitas tivessem armas (1Samuel 13:19–22), eles foram forçados a usar tudo o que tinham em mãos. Assim, Sangar simplesmente afiou o que tinha e ofereceu ao Senhor.

> Se formos obedientes a Deus no meio de nossas vidas comuns, um impacto extraordinário sempre será possível.

Gosto que a mão de Deus nunca é limitada pelo que temos nas nossas mãos.

Você deseja viver uma vida que tenha um impacto extraordinário? Oro para que você se apegue ao encorajamento encontrado na história de Sangar.

Ofereça a Deus a sua disposição. Mesmo que você se sinta pequena. Mesmo que você se sinta improvável. Mesmo que tudo em você esteja gritando que não é alguém que pode ser usada por Deus. Simplesmente ofereça a Ele a sua disposição.

Use o que Deus lhe deu. O que você tem em mãos, querida amiga? Que dom, que talento, que habilidade? Seja o que for, reserve um tempo para aperfeiçoá-lo. E escolha acreditar que Deus pode usá-lo quando você humildemente o oferece a Ele.

Mantenha-se fiel a quem você é. Deus não pediu a Sangar para ser outra pessoa senão um fazendeiro. Ele também não está pedindo que você seja outra pessoa senão quem Ele projetou você para ser. Seja você e então assista com humilde espanto enquanto Deus usa sua vida voluntária, obediente e comum para realizar coisas extraordinárias em nome dele.

> Senhor, obrigada por me lembrar que pode usar qualquer pessoa. Eu ofereço a ti de bom grado tudo o que sou e tudo o que tenho, escolhendo acreditar que quem eu sou é suficiente para ser usado por ti. Em nome de Jesus, amém.

14

Seu chamado único

*Porque somos criação de Deus realizada em Cristo
Jesus para fazermos boas obras, as quais Deus
preparou de antemão para que nós as praticássemos.*

Efésios 2:10

Eu queria um casaco vermelho há anos. Mas gastar tanto dinheiro em um casaco parecia excessivo quando eu tinha vários casacos perfeitamente bons no meu armário. Dessa maneira, todo ano eu esperava até que os casacos entrassem em liquidação e então decidia se compraria.

No entanto, todos os anos, quando os casacos entravam em liquidação, o clima mudava. Quem quer gastar seu orçamento de roupas em um casaco vermelho quando apenas o pensamento de sair de casa faz você suar?

Por fim, em um inverno, encontrei uma loja de roupas em liquidação. Na vitrine havia um casaco vermelho. À venda! Enquanto ainda estava frio lá fora!

Eu queria pegar o casaco naquele momento. No entanto, eu tinha um cupom da loja com 50% de desconto adicional que começaria a valer apenas na semana seguinte. Isso tornaria o casaco um negócio fabuloso. Então, pendurei meu tesouro de volta no cabide, determinada a voltar e pegá-lo na semana seguinte.

Alguns dias depois, eu estava fora de casa novamente quando recebi uma ligação informando que alguns dos meus edredons estavam prontos para serem retirados na lavanderia local.

ACOLHIDA

Quando cheguei lá, vi uma mulher com dois filhos pequenos, todos vestindo roupas surradas. Joguei conversa fora com as crianças sobre como o Natal é divertido. Elas desviaram o olhar e não disseram uma palavra. Com o canto do olho, vi a mãe abaixar a cabeça. Desejei um Feliz Natal e saí apressada.

Assim que comecei a dirigir, Deus tocou meu coração. "Você olhou para aquelas crianças, mas optou por não as ver de verdade. Volte. Ajude-as. Ajude a mãe".

Porém, eu não tinha dinheiro. Como eu poderia ajudar? O que ela pensaria de mim? Eu a ofenderia se desse um cheque? Eu nem sabia o nome dela para escrever em um cheque.

Você foi criada para participar da ação divina de Deus.

Estacionei o carro, puxei meu talão de cheques e, de repente, soube a quantia exata que deveria dar a ela. O preço total daquele casaco vermelho.

Voltei para a lavanderia e entreguei a ela o cheque. "Você só precisa escrever seu nome nele e eu juro que meu banco vai descontá-lo. Não é muito, mas adoraria que você aceitasse e comprasse algo divertido para seus filhos no Natal."

Chocada, ela me agradeceu. Quando me virei para sair, ela disse seu nome, o nome que Deus gravou na palma da mão dele, aquele que Ele ama, ouve e se importa tanto.

Engraçado, fui à loja do casaco vermelho no dia seguinte para devolver algumas calças. Cada um daqueles casacos vermelhos que eu tanto queria havia sumido. Em vez disso, comprei um lenço vermelho na liquidação e sorri, pois naquele momento soube que havia cumprido meu chamado para esta página da minha vida.

Ah, querida amiga, você tem um chamado, um chamado único e maravilhoso de Deus todos os dias de sua vida. Encontramos a verdade explicada claramente em Efésios 2:10: "Somos criação de Deus realizada em Cristo Jesus para fazermos boas obras, as quais Deus preparou de antemão para que nós as praticássemos". Hoje pode ser na lavanderia local; amanhã pode ser uma conversa telefônica com um amigo. Seja onde for, seja o que for, lembre-se: você foi criada para participar da ação divina de Deus.

Senhor, quero amar aqueles cujos nomes estão gravados nas tuas mãos. Ajuda-me a realmente ver os outros e suas necessidades enquanto viajo por este caminho para o qual o Senhor me chamou. Em nome de Jesus, amém.

15

DESCANSO E TRANQUILIDADE

"Venham a mim, todos os que estão cansados e
sobrecarregados, e eu lhes darei descanso".

MATEUS 11:28

Todas nós temos aqueles momentos em que desejamos que a voz de
Deus fale tão alto que não podemos deixar de ouvi-la: "Esta é a
direção em que eu quero que você vá". Então saberíamos se deveríamos
manter o curso ou seguir em uma nova direção.

Você já desejou esse tipo de certeza?

Eu já.

A maioria de nós quer saber o que fazer. Sem essa confiança, às
vezes ficamos muito tempo em um lugar. Mas a perda maior acontece
naqueles momentos em que desistimos cedo demais. Dessa maneira,
podemos viver com essa sensação incômoda de "e se?". E se eu tivesse
perseverado mais um ano, mais um mês, mais um dia?

Devo fazer tudo o que posso. E confiar que Deus fará o que só Ele pode fazer.

Saber quando parar e quando continuar é
uma lição de vida crucial. Uma que eu quero
aprender bem. Em geral, quanto mais luto
sozinha, menos confiante fico com o próximo passo certo. É cansativo!

Porém, a verdade é que não preciso ficar
confusa ou cansada. Há um lugar central aonde posso ir para orientação e descanso. Em Mateus 11:28, Jesus nos encoraja: "Venham a mim,
todos os que estão cansados e sobrecarregados, e eu lhes darei descanso".

Eu costumava ficar muito frustrada com esse versículo porque pensava: *Não quero descansar. Quero tranquilidade! Estou sobrecarregada com esta decisão que tenho que tomar. Não quero estragar tudo perdendo uma deixa tua, Deus.*

Entretanto, o descanso que Jesus oferece não é um auxílio espiritual para dormir. A palavra grega para esse tipo de descanso é *anapauo*, que tem como uma de suas definições: "de expectativa calma e paciente".

Em outras palavras, Jesus está dizendo: "Se você vier a mim, pegarei sua exaustão e incerteza e a transformarei em uma calma expectativa".

Como?

Minha amiga Jennifer Rothschild faz esse exercício esclarecedor em algumas de suas conferências. Ela diz ao público para imaginá-la escrevendo duas palavras diferentes em um grande quadro-negro. Ela fala as letras enquanto desenha a primeira palavra no ar... D-E-S-C-A-N-S-A-R. Ela faz o mesmo para a segunda palavra... R-E-S-I-S-T-I-R. Então pergunta qual é a diferença.

A diferença é, evidentemente, a forma como "eu" encaro*.

"Eu não sei o que fazer". "Eu não consigo entender isso". "Eu estou desgastada". "Eu já tentei de tudo que sei fazer". "Eu dei tudo o que tenho para dar".

Estou familiarizada com essas declarações de "eu" porque eu mesma as disse.

Só podemos encontrar o descanso *anapauo*, nova esperança, quando paramos de correr e simplesmente assumimos a próxima tarefa que Jesus nos dá.

No versículo 29 de Mateus 11, Jesus nos dá como tarefa tomar o seu jugo e aprender dele. Peça a Jesus para lhe mostrar como descansar nele.

---

* Em inglês, há um jogo entre as palavras *rest* (descansar) e *resist* (resistir) por serem escritas de forma muito parecida, diferindo apenas por duas letras, entre elas *i* ("eu") [N. E.].

Pode significar se sentar em silêncio, pedir a outros que se juntem a você em oração ou liberar sua agenda para ler a Palavra. Quando estiver parada, dê o próximo passo. Não dez passos. Não todo o caminho. Não o mapa do Google com a rota destacada. Apenas o próximo passo. Você saberá qual passo porque estará de acordo com o caráter de Deus e a Palavra dele.

Conclua essa etapa com excelência e com o coração aberto e humilde. Ouça e procure tudo o que Jesus quer lhe ensinar nesta próxima etapa.

Esta é a sua parte da equação.

Depois da tarefa vem a garantia no versículo 30: "O meu jugo é suave e o meu fardo é leve". Não precisamos ter todas as respostas. Nós apenas temos que ficar conectadas com aquele que as tem. Onde termina nossa força é o ponto exato onde começa a vontade dele.

Esta é a parte de Deus na equação.

Devo fazer tudo o que posso. E confiar que Deus fará o que só Ele pode fazer.

Devo ficar? Devo ir? Talvez a melhor pergunta seja: "Deus, qual é o próximo passo que devo dar hoje? Eu vou fazer minha parte. E confiar o resto a ti".

> *Querido Senhor, estou cansada e não consigo entender as coisas. Por favor, ajuda-me a ver tua parte nesta equação. Onde termina minha força é onde começa a tua vontade. Ajuda-me, Senhor, a buscar em ti o meu próximo passo. Aguardarei com calma expectativa. Em nome de Jesus, amém.*

16

ESPAÇO PARA RESPIRAR

"Se você vigiar seus pés para não profanar o
sábado e para não fazer o que bem quiser em
meu santo dia; se você chamar delícia o sábado
e honroso o santo dia do Senhor, e se honrá-lo,
deixando de seguir seu próprio caminho, de
fazer o que bem quiser e de falar futilidades,
então você terá no Senhor a sua alegria, e eu
farei com que você cavalgue nos altos da terra e
se banqueteie com a herança de Jacó, seu pai."
Pois é o Senhor quem fala.

ISAÍAS 58:13-14

Descansar.

Isso parece tão bom, mas é muito difícil para uma mulher como eu. Mesmo quando meu corpo físico está em repouso, minha mente raramente está.

Sinto que estou sempre fazendo malabarismos no meu cérebro. As necessidades da minha família. Demandas domésticas. Projetos de trabalho. As listas de tarefas nunca param.

No entanto, a Bíblia deixa bem claro que devemos honrar o dia de sábado e buscar o descanso. Literalmente, devemos apertar o botão de pausa na vida uma vez por semana e proteger nossa necessidade de descansar. Guarde-o ferozmente. Guarde-o intencionalmente. Guarde-o mesmo que nossos horários nos implorem para fazer o contrário.

ACOLHIDA

Mas por quê?

Existem razões honestas e pessoais pelas quais precisamos observar o *Sabbath* que serão únicas para cada pessoa. Existem conversas particulares que precisamos ter com Deus. Todos nós precisamos fazer uma pausa, sentar com Deus e pedir a Ele que nos revele algumas coisas.

Lemos em Isaías 58:13–14: "'Se você vigiar seus pés para não profanar o sábado e para não fazer o que bem quiser em meu santo dia; se você chamar delícia o sábado e honroso o santo dia do Senhor, e se honrá-lo, deixando de seguir seu próprio caminho, de fazer o que bem quiser e de falar futilidades, então você terá no Senhor a sua alegria, e eu farei com que você cavalgue nos altos da terra e se banqueteie com a herança de Jacó, seu pai.' Pois é o Senhor quem fala".

Quando considero essas palavras, algo me ocorre. Não é apenas um dia para eu oferecer a Deus. É um dia que Deus estabeleceu para mim. Ele quer me dar algo, desde que eu desacelere o suficiente para recebê-lo.

O *Sabbath* não é apenas um momento para ser observado, é um momento para ser preservado. É um momento de redescobrir nossa alegria no Senhor.

> O Sabbath *não é apenas um momento para ser observado, é um momento para ser preservado.*

Eu preciso disso. Quero ser uma preservadora deste dia, alguém que está determinada a proteger este dia de preservação pessoal e redescobrir a alegria de Deus.

A observadora se lembra de descansar.

A preservadora descansa para lembrar, para lembrar que é tudo sobre Deus.

A observadora se lembra de descansar e fazer uma pausa no dia de *Sabbath* para seguir uma regra.

A preservadora faz mais do que seguir uma regra. Ela segue o desejo de Deus e abraça o propósito dele no resto. Ela passa um dia por semana deixando o vento fresco do descanso de Deus soprar através dela, limpando tudo o que ela absorveu durante a semana com uma exalação purificadora da alma.

Trata-se de fazer uma pausa e se conectar com Deus sem o caos perturbador de nossas rotinas diárias. Durante um dia por semana, saímos da briga e deixamos que Deus dirija nosso dia de acordo com o ritmo dele, não o nosso.

O ritmo de Deus preserva um espaço em nós para ouvir sua voz, revela onde estamos errando e evita que sejamos preenchidas com desordem desnecessária. O descanso tranquilo nos permite ver os lugares onde estamos seguindo nosso próprio caminho, as áreas onde estamos mais agradando a nós mesmas do que agradando a Deus, as palavras vãs que precisam ser controladas. Durante o tempo de inatividade, podemos lidar com a desordem mental e nos concentrar nos caminhos de Deus.

O *Sabbath* torna isso possível.

Tirar um dia para descansar dá à minha alma a liberdade de que ela tanto precisa. Liberdade para respirar. Espaço para respirar. Inspirar e expirar em um ritmo suave estabelecido por Deus.

Querido Senhor, espaço para respirar, é disso que preciso hoje. Obrigada por me mostrar como é importante criar um lugar para liberdade e descanso. Em nome de Jesus, amém.

EM BUSCA DAS
NOSSAS DECISÕES

O prudente percebe o perigo e busca
refúgio; o inexperiente segue adiante
e sofre as consequências.

PROVÉRBIOS 27:12

Uma das melhores coisas que aconteceram nos meus vinte e poucos anos foi que o cara com quem pensei que iria me casar partiu meu coração. Essa devastação, a princípio, me mandou para a cama, afundando em um ataque de desespero e depressão. Em seguida, me enviou à procura de novas possibilidades para aliviar a dor da ausência dele nos bares que meus colegas da empresa frequentavam depois do trabalho.

Em um fim de semana eu fiquei tão mal que me recusei a sair da cama. Depois de me esconder por vários dias naquele quarto escuro de apartamento, minha colega de quarto entrou e anunciou que eu precisava de duas coisas. Ela abriu as persianas e disse que a primeira era um pouco de luz. Depois, ela mostrou um anúncio de jornal de uma grande igreja na cidade. Sua segunda sugestão foi clara. Em seu peculiar sotaque sulista, ela brincou: "É aqui que você precisa conhecer pessoas. Não naqueles bares que você frequenta".

Amo aquela garota por me ensinar algo profundo naquele dia. Eu precisava de luz. Tanto no sentido físico quanto no sentido espiritual. Ainda mais do que isso, eu precisava de uma nova direção.

Uma direção que me levaria aonde eu realmente queria ir. Como ainda não entendia bem, apenas ouvi sem entusiasmo e coloquei o anúncio de jornal entre minha cama e a mesa de cabeceira.

No dia seguinte, me recompus apenas o suficiente para me arrastar para o trabalho. Depois do trabalho, vários dos caras estavam indo para o bar. Eu precisava de um pouco de diversão, pensei, então fui lá.

Algumas horas depois, estávamos jogando sinuca e bebendo. Um dos caras se ofereceu para me fazer um jantar na casa dele. Eu sinceramente queria ir. Estava sozinha. Estava infeliz. Estava com fome. Mas imaginei minha colega de quarto segurando aquele anúncio da igreja e algo no meu coração disse para eu recusar a oferta dele.

Se eu tivesse saído com o cara do bar, isso teria colocado meu coração vulnerável em um caminho vulnerável. Não quero presumir que sei aonde isso me levaria. Mas sei que não teria me aproximado da verdade de que precisava.

Na noite seguinte, depois do trabalho, peguei o anúncio e dei uma olhada. No domingo seguinte, fui àquela igreja.

Não estou dizendo que o ato de ir à igreja resolve tudo. Da mesma forma que simplesmente olhar para o cardápio de um restaurante não a alimentará. Temos que nos envolver com o que é oferecido se isso nos fizer algum bem. Colocar meu coração em um lugar para receber a verdade certamente me levou a uma direção completamente diferente. Este era um bom lugar com boas direções e amizades sólidas que ainda tenho até hoje.

Eu não sabia como buscar uma decisão naquele momento. Mas, se eu soubesse, teria visto como a cena do bar me levaria a um lugar e a cena da igreja ao lugar que eu realmente precisava ir.

> *Nossas decisões apontam nossas vidas nas direções que estamos prestes a seguir.*

Nossas decisões não são apenas escolhas isoladas. Nossas decisões apontam nossas vidas nas direções que estamos prestes a seguir.

ACOLHIDA

Mostre uma decisão e eu lhe mostrarei uma direção. Temos que ficar boas em buscar nossas decisões. Veja aonde elas vão nos levar e certifique-se de que é realmente o lugar para o qual queremos ir.

Qual é a decisão que você está tomando? Persiga-a. Se você fizer isso, onde isso provavelmente levará? E depois? E então? Continue indo até que você ande todo o caminho.

Sei que pode parecer muito trabalho apenas para tomar uma decisão, mas Provérbios 27:12 nos lembra por que é tão importante ter certeza de que sabemos a direção que nossas vidas estão tomando: "O prudente percebe o perigo e busca refúgio; o inexperiente segue adiante e sofre as consequências".

Isso não é para deixar você com medo de tomar a decisão. É para ajudá-la a discernir com mais clareza o pacote que vem com as decisões que tomamos. E a clareza deve dissipar o medo. Eu prefiro muito mais saber no que estou me metendo do que vê-lo vindo em minha direção sem saber de nada.

Querido Senhor, por favor, me dê uma visão para buscar a decisão que estou tomando. Quero entender onde isso pode me levar e tomar uma decisão que me aproxime de ti. Em nome de Jesus, amém.

Leia isso antes de tomar uma decisão

"Aquele que tem compaixão deles os guiará
e os conduzirá para as fontes de água".

ISAÍAS 49:10

Você precisa tomar uma decisão sobre algo que parece muito empolgante, mas não consegue se livrar da hesitação no seu coração? Vamos dar uma olhada mais de perto na ideia discutida ontem sobre buscar nossas decisões.

Temos um amigo da família chamado Wes que desde pequeno é fascinado por pilotos e aviões. Durante anos, ele sonhou com a vida que leva agora como instrutor de uma escola de aviação.

É emocionante. Porém, recentemente tudo se tornou um pouco mais complicado. O dono da escola de aviação decidiu oferecer a Wes a oportunidade de comprá-la. É uma oportunidade incrível, mas assustadora, que criou um pouco de hesitação em Wes.

Nossa família passou muito tempo processando essa decisão com Wes. Nós o ajudamos a avaliar os custos desse empreendimento: o custo para ele pessoalmente, o custo para sua jovem esposa e o custo das pressões cotidianas que as pessoas que possuem seus próprios negócios sentem.

Certo dia, enquanto conversávamos, compartilhei com ele uma imagem que guardo em minha mente ao tomar decisões.

Imagine esta oportunidade como um rio incrivelmente atraente, mas rápido. Há tanta coisa que parece extremamente atraente neste rio que você ficará tentado a pular direto. Mas, uma vez no rio, você diminuiu sua capacidade de tomar decisões.

Esse rio está se movendo tão rápido que o levará aonde *o próprio rio* está indo. E se você não tiver determinado cuidadosamente com antecedência se deseja ir a todos os lugares onde o rio corre, você terá problemas.

Os estudantes universitários que declaram sua especialização devem traçar os lugares a que a carreira os levará. Se você acha que quer se formar em química, mas odeia trabalhar em um laboratório ou hospital, trace o caminho desse rio antes de pular.

> *Às vezes, o maior ato de fé é deixar que Deus nos conduza, fale conosco e nos instrua junto à água.*

As mães que estão pensando em uma nova oportunidade de negócio devem traçar todas as despesas iniciais, incluindo custos iniciais, creche e estoque. Se o desejo de uma mãe é ficar em casa com as crianças, mas esse negócio exige que ela saia todas as noites da semana, trace o caminho desse rio antes de pular.

Antes de pular no rio, você pode subir e descer as margens do rio com facilidade.

Você tem a capacidade de colocar os dedos dos pés no rio e considerar como será essa água.

Você pode conversar com outras pessoas sábias que sabem coisas sobre este rio. E sentar em silêncio ouvindo a voz de Deus, lendo a Palavra dele e procurando confirmação sobre o que fazer a seguir.

Uma vez que você pula, a corrente consegue exigir toda a sua atenção. Não é que você não possa fazer ajustes quando estiver no rio; mas é muito mais difícil seguir uma direção diferente quando você está dentro dele.

Vários versículos descrevendo a liderança, direção e orientação de Deus *ao lado* da água têm sido um grande conforto para mim:

- "Aquele que tem compaixão deles os guiará e os *conduzirá para as fontes de água*" (Isaías 49:10, grifo meu).
- "O Senhor é o meu pastor; nada me falta. Em verdes prados me faz descansar, e *para águas tranquilas me guia em paz*. Restaura-me o vigor e conduz-me nos caminhos da justiça por amor do seu Nome" (Salmos 23:1–3 [KJA], grifo meu).
- "Virão com choro, e com súplicas os levarei; *guiá-los-ei aos ribeiros de águas*, por caminho direito, em que não tropeçarão; porque sou um pai para Israel" (Jeremias 31:9, [ARC], grifo meu).

Esses versículos são reconfortantes para mim porque muito se discute no mundo cristão sobre a fé, na qual creio de todo o coração.

Eu acredito que Deus claramente instrui alguns a pular direto.

Porém, isso não significa que Deus chama todos para pular direto. Às vezes, o maior ato de fé é deixar que Deus nos conduza, fale conosco e nos instrua *junto* à água.

Querido Senhor, quero pensar cuidadosamente sobre este rio antes de pular nele. Revela qualquer coisa que eu não esteja vendo no momento. Em nome de Jesus, amém.

19

Paralisando o medo

Lancem sobre ele toda a sua ansiedade,
porque ele tem cuidado de vocês.

1 Pedro 5:7

As barras de trepa-trepa sempre foram o lugar no parquinho que eu achava mais emocionante e mais assustador ao mesmo tempo. Eu observava as outras crianças rindo enquanto subiam os degraus da escada sem pensar para chegar na primeira barra. Sem nenhum cuidado, elas deixavam seus corpos balançarem de uma barra para a outra. Parecia tão fácil, e elas pareciam destemidas e naturais.

Eu queria me juntar a elas. Queria brincar no trepa-trepa mais do que em qualquer outro brinquedo do parquinho.

Porém, eu estava com medo.

Tentei uma vez, mas não funcionou tão bem. Fiz a fila parar. Quanto mais os outros escaladores de trepa-trepa tinham que esperar por mim apenas pendurada na primeira barra, mais eu ouvia suspiros. Bochechas cheias de ar estavam sendo sopradas atrás de mim.

Um menino ficou tão cansado de esperar que pediu ao seu amigo que o levasse até a segunda barra e lá foi ele. Outros acharam que era uma ótima solução, então eles seguiram o exemplo. De repente, não só eu estava com medo, mas também envergonhada.

Tudo o que eu tinha que fazer era soltar uma mão da primeira barra e jogá-la para frente para agarrar a próxima barra bem na minha frente. Mas eu não conseguia fazer meus músculos se moverem. Por mais que eu tentasse forçar minha mão a se mover, meus pensamentos me paralisavam. Tudo o que eu conseguia pensar eram as coisas ruins que poderiam acontecer no minuto em que minha mão soltasse. Então, lá fiquei por quase um recreio inteiro.

Uma professora finalmente viu o que estava acontecendo e se aproximou de mim. Ela colocou as mãos na minha cintura e me ajudou a descer. Sei que ela pensou que estava me ajudando. Mas parecia que ela estava apenas concordando com o que eu mais temia: "Você não consegue fazer isso".

Cair teria sido melhor. Eu poderia ter me levantado de uma queda física. Mas ouvir que o fracasso deve ser evitado a todo custo me impediu de voltar a subir no trepa-trepa de novo. Eu ficava sentada dia após dia olhando do balanço do outro lado do parquinho. Vendo outras pessoas fazerem o que eu queria fazer.

Todos os tipos de medo podem fazer isso conosco. Agarramos e não largamos. Queremos superá-lo, mas nos encontramos penduradas naquela primeira barra, paralisadas de seguir em frente. O medo estrangula o impulso que nos levou a agarrar a barra em primeiro lugar. Lá ficamos, até que alguém nos coloque no chão. E eles nos diminuem em mais de uma maneira.

Naquele dia, anos atrás no parquinho, teria sido melhor se aquela professora tivesse dito: "Lysa, ficar presa ao seu medo é muito pior do que qualquer outra escolha que você possa fazer agora. Se você soltar essa barra e pegar a próxima, você seguirá em frente e provará a si mesma que consegue fazer isso. Agora, se você soltar essa barra e cair, verá que o chão não está tão longe. Não vai ser bom cair, mas não vai ser pior do que todo o estresse e exaustão que você está sentindo apenas pendurada na primeira barra".

Anos depois, minha filha mais nova, Brooke, estava brincando no mesmo tipo de trepa-trepa com uma amiga e caiu. Quando a levei ao médico, ele confirmou o que o inchaço no braço já havia nos dito.

ACOLHIDA

Estava quebrado. Mas aqui está a coisa incrível: o braço de Brooke curou e ela continuou subindo nas barras do trepa-trepa.

Eu ainda não vou tentar.

Quero deixar de confiar em mim mesma para confiar em Deus, mas como? O medo faz com que a lacuna entre o lugar em que estou e a confiança em Deus pareça um abismo impossível.

Deus não quer que fiquemos paralisadas de medo. E Ele nos preparou com conforto e segurança. Mais e mais ao longo da Bíblia, Ele nos diz para não temer. Da próxima vez que você se agarrar ao seu medo em um estado de paralisia, lembre-se:

> *O medo faz com que a lacuna entre o lugar em que estou e a confiança em Deus pareça um abismo impossível.*

O Senhor meu Deus estará comigo por onde eu andar (de Josué 1:9).

Deus me resgatou e me chamou pelo nome. Eu sou dele (de Isaías 43:1).

Nada será capaz de me separar do amor de Deus (de Romanos 8:38–39).

Posso lançar sobre Ele toda a minha ansiedade porque Ele cuida de mim (de 1Pedro 5:7).

Deus não nos deu espírito de covardia, mas de poder, amor e moderação (de 2Timóteo 1:7 [ARA]).

Com o fundamento da Palavra de Deus diante e abaixo de nós, querida irmã, podemos soltar a barra.

Querido Pai celestial, obrigada por me lembrar repetidamente para não temer. Senhor, entrego todos os meus medos a ti e me deterei na tua Palavra e na tua força. Em nome de Jesus, amém.

20

A MULHER MAIS CALMA
QUE JÁ CONHECI

A boa reputação vale mais que
grandes riquezas; desfrutar de boa
estima vale mais que prata e ouro.

PROVÉRBIOS 22:1

Ela estava batendo na minha porta tentando equilibrar seu copo de café, sua bolsa, seu celular e uma pilha de papéis. Também estava tentando arrumar algo em seu sapato. Ela deu um salto ou dois tentando arrumá-lo quando atendi a porta.

Eu sorri. A postura imperfeita dela encantou minha mente que estava se sentindo um pouco desordenada durante toda a manhã. Ela sorriu de volta e saltou mais uma vez.

Finalmente, o que quer que a estivesse incomodando em seu sapato parecia resolvido.. Ela se endireitou e deixou escapar um sorriso de desculpas que me fez adorá-la antes mesmo de termos nossa primeira conversa.

E, assim que entrou pela porta, foi como se a questão do sapato nunca tivesse acontecido. Ela estava visivelmente focada no projeto à sua frente. Ela passou o dia todo comigo e com a minha família. Era uma jornalista fazendo uma reportagem sobre nossos filhos.

Ela era filha de um ex-presidente dos Estados Unidos. Mesmo que ela nunca tenha falado sobre isso, nós sabíamos. Ela e sua irmã já chamaram a Casa Branca de lar em algum momento. A mãe dela tinha sido a primeira-dama, o que a tornava parte da primeira família.

No entanto, ser filha de um presidente não era o papel dela naquele dia. Ela era uma jornalista, estava na nossa casa para fazer uma reportagem. Ela estava lá apenas nesse papel.

Suas perguntas eram honestas e despretensiosas. Seu comportamento, gentil. Sua risada, deliciosamente alta. Sua papelada, bagunçada. Mas seu foco era claro.

> *As decisões que tomamos fazem a vida que vivemos.*

Ela estava lá para descobrir uma história, e ela manteve o foco na tarefa em mãos. Não estava sobrecarregada com mil outras coisas tirando sua atenção. Não tentou fazer muitas tarefas ao mesmo tempo. Não estava distraída com o celular. Não chegou atrasada de algum lugar ou estava atrasada para outra coisa.

Ela disse "não" para todo o resto. Para que ela pudesse dizer "sim" à história. Ela deu seu melhor "sim".

Essa mulher que demonstrou o melhor "sim" naquele dia com certeza deixou uma impressão duradoura na minha família.

Mais tarde, no jantar, as crianças foram convidadas a se reunirem à mesa e dizerem uma palavra para descrever a jornalista.

"Legal."

"Humilde."

"Chique."

"Elegante."

"Humilde."

Nesse momento pode ou não ter tido uma fala nada amigável de um irmão mais velho para o filho mais novo: "Você não pode dizer humilde. Eu acabei de dizer humilde. Você sempre quer copiar o que eu falo!"

Eu amo o vínculo familiar.

Porém… Eu realmente amei a experiência coletiva de conhecer essa mulher calma. E as palavras que meus filhos usaram para descrevê-la.

Pedi às crianças que explicassem o que ela fez e como se comportou para que nos levasse a usar palavras tão boas para descrevê-la.

Se você deseja que as pessoas usem palavras tão boas para descrevê-la, pense nas decisões que está tomando. As suas decisões têm contribuído para que as pessoas a descrevam bem? Essa pergunta me faz pensar em Provérbios 22:1, que diz: "A boa reputação vale mais que grandes riquezas; desfrutar de boa estima vale mais que prata e ouro". Costumo encorajar meus filhos com essa verdade ao lembrá-los do peso que suas decisões carregam.

Sim, grandes descrições nascem de grandes decisões.

E boas decisões ajudam a tornar a vida melhor, especialmente nos momentos em que nos encontramos na loucura. Presas. Esgotadas. Cansadas. Acabadas.

As decisões que tomamos fazem a vida que vivemos. Então, se queremos viver melhor, temos que decidir melhor. Sim. Não. As duas palavras mais poderosas.

Elas podem nos controlar se não as controlarmos intencionalmente. Proteja-as. Guie-as. Use o sim e o não para trabalhar para nós. Você pode imaginar como a vida seria ótima se você não tivesse medo de dizer "sim" e se sentisse completamente capacitada para dizer "não"?

Então, e somente então, as nossas melhores versões aparecerão. E talvez eu e você possamos começar a ser um pouco menos agitadas.

Querido Senhor, quero ser descrita como uma mulher que diz "sim" a ti e às tarefas para as quais me chamaste. Ajuda-me a discernir quais são as de hoje. Em nome de Jesus, amém.

21

As duas palavras
mais poderosas

Então uma voz dos céus disse: "Este é o meu
Filho amado, em quem me agrado".

MATEUS 3:17

Não muito tempo atrás, eu estava na pia tentando aliviar a sensação aguda de estresse. Eu tinha tanta coisa para lidar.

Eu me vi apressando meus entes queridos em uma conversa. Apressando meus filhos porta afora. Correndo para a próxima coisa e depois para a próxima. Correndo para fazer o jantar e depois apressando o meu pessoal para jantar.

Eu tinha colocado minha vida no ritmo da correria.

A exaustão roeu lugares profundos no meu coração, exigindo que eu diminuísse o ritmo. Mas como? Eu tomei minhas decisões e agora minhas decisões tomaram conta de mim. Eu, essa casca de mulher presa na onda de demandas sem fim.

Você já se sentiu assim? Eu suspeito que a maioria de nós sim.

Como eu disse no devocional de ontem, estou começando a perceber que as duas palavras mais poderosas são "sim" e "não". Como eu as uso determina como eu defino a minha agenda.

Como eu defino a minha agenda determina como eu vivo a minha vida.

Como vivo a minha vida determina como gasto a minha alma.

Quando penso nas minhas decisões em vista de gastar a minha alma, isso dá gravidade a uma escolha mais sábia. Cada coisa a que digo "sim" define o ritmo da minha vida.

Afinal, quando uma mulher vive com o estresse de uma agenda sobrecarregada, ela sofre com a tristeza de uma alma desanimada. Uma agenda sobrecarregada leva a uma alma desanimada, uma alma com os dias cheios, mas sem tempo para realmente se envolver na vida.

Se você se viu presa em um ritmo estressante recentemente, eu entendo. Acho que muito do motivo pelo qual minha agenda fica sobrecarregada é porque tenho medo de perder ou não estar à altura.

Uma rápida olhada nas redes sociais e parece que todo mundo é capaz de viver em um ritmo vertiginoso com um sorriso no rosto. Os filhos deles estão tendo mais sucesso do que os meus filhos. As atividades de negócios deles parecem mais importantes do que as minhas. A casa deles está mais limpa. E eles ainda têm tempo para convidar os amigos para um jantar preparado com alimentos da sua própria horta.

Quando uma mulher vive com o estresse de uma agenda sobrecarregada, ela sofre com a tristeza de uma alma desanimada.

É interessante para mim o momento das palavras de Deus a Jesus em Mateus 3:17: "Este é o meu Filho amado, em quem me agrado".

A essa altura, Jesus ainda não havia feito milagres, conduzido as massas ou sido pregado na cruz. No entanto, Deus estava satisfeito com Jesus antes de todas essas realizações.

Seu Pai estava estabelecendo a identidade de Jesus antes de Ele iniciar suas atividades. Jesus ouviu a Deus, creu em Deus e não se apressou. Em Cristo, Deus nos deu uma vida nova (Romanos 6:4). Mas, ao contrário de Cristo, nós esquecemos.

Preenchemos nossos dias e nossas vidas com tanta atividade que a única maneira de dar conta de tudo é correr. E estou descobrindo que a fonte de grande parte do estresse na minha vida é essa necessidade constante de acompanhar. Mas e se eu estiver perseguindo o desejo errado?

Eu realmente quero que minha vida se pareça mais com a dos outros? Ou que se pareça mais com o melhor de Deus para mim?

O melhor de Deus para mim significa me envolver com a vida e com as pessoas nela. O melhor de Deus para mim significa perceber os convites divinos e sentir a liberdade de dizer "sim", o *melhor sim* às designações do Senhor.

Se eu realmente quero uma vida sem pressa, devo reduzir os meus compromissos para que Deus tenha espaço para sobrecarregar minha alma.

Hoje, devemos estar a cada momento na realidade da nossa vida antes de retomar nossa atividade. Agarre-se a esta verdade e guarde-a profundamente: "Esta é a minha Filha amada, em quem me agrado".

Amada por quem você é, não por causa do que você faz. Amada por causa de um amor incomensurável e incondicional que não é conquistado, mas simplesmente dado.

Querido Senhor, faz com que eu desacelere enquanto defino meus compromissos do dia de hoje. Quero sair da correria para abraçar o teu melhor para mim. Em nome de Jesus, amém.

22

PARALISIA ANALÍTICA

Da mesma forma o Espírito nos ajuda em nossa fraqueza, pois não sabemos como orar, mas o próprio Espírito intercede por nós com gemidos inexprimíveis. E aquele que sonda os corações conhece a intenção do Espírito, porque o Espírito intercede pelos santos de acordo com a vontade de Deus. Sabemos que Deus age em todas as coisas para o bem daqueles que o amam, dos que foram chamados de acordo com o seu propósito.

ROMANOS 8:26–28

Talvez você já tenha se sentido assim. Uma decisão precisa ser tomada. Você pondera e ora. Você pesquisa e pede a opinião de outras pessoas. Você analisa os "como" e os "e se". Você quer desesperadamente saber qual é a decisão certa a tomar. O movimento perfeito. A vontade de Deus.

Não ser capaz de tomar uma decisão é um sintoma febril, mas não a verdadeira doença. O medo do fracasso é a verdadeira causa de nossa paralisia analítica.

Devemos temer não estar de acordo com a vontade de Deus. Mas se você deseja agradar a Deus com a decisão que toma por conta própria, e que mais tarde se mostra um erro, este é um erro e não um fim.

Demorei bastante para entender isso. Lembro de ser uma jovem garota imaginando como eu faria todas as escolhas certas na vida. E se eu escolher a faculdade errada? E então escolher a cidade errada para me mudar depois da faculdade? E depois escolher o emprego errado que me colocará no círculo errado de amigos? E então e então e… Mais mil erros que resultaram da escolha errada de faculdade. Eu analisava cada opção até não querer tomar nenhuma decisão por medo de errar.

Tenho uma amiga que teve essa mesma paralisia analítica até que um sábio mentor disse algo que lhe deu liberdade. Ele disse que muitas pessoas se preocupam em conhecer a vontade de Deus e qual é a escolha certa. Mas, às vezes, Deus nos dá duas ou mais escolhas que agradariam a Ele e estariam de acordo com a sua vontade. Podemos escolher.

> *As promessas de Deus não dependem da minha capacidade de sempre escolher bem, mas sim da capacidade dele de me usar bem.*

Minha amiga disse que entender isso lhe deu mais confiança para tomar decisões. Na verdade, fortaleceu seu relacionamento com Deus à medida que ela exercita a fé, confiando que Deus lhe dará o discernimento de que ela precisa para escolher com sabedoria.

O medo de tomar uma decisão errada não deve tirar a fé da nossa fé. A única maneira de fortalecer nossa fé é exercê-la. Precisamos aplicar pensamento e oração às nossas decisões e, então, confiar em Deus para o resultado. Precisamos focar em crescer na fé, não recuar por medo do fracasso.

Se estou confiando em mim mesma, vou olhar para todas as maneiras possíveis de falhar. Se estou confiando em Deus, vou olhar para todas as maneiras possíveis de Ele usar isso, quer eu falhe ou seja bem-sucedida. Quando eu encarar o fracasso, eu o temerei. Vou me convencer de que é a pior coisa que pode acontecer. E eu vou ficar presa. Mas quando eu olhar para todas as maneiras possíveis de Deus usar isso, quer eu seja bem-sucedida ou falhe, enfrentarei minha decisão. Vou me convencer de que é melhor eu me mexer e descobrir do que ficar presa.

Aqui está o ponto principal. Boas decisões, muitas vezes, terão elementos não tão bons. E as decisões não tão boas têm elementos bons. De qualquer forma, eu provavelmente não seguirei em frente se espero ser capaz de conhecer a escolha perfeita e seguir em frente com absoluta certeza.

Esta é a verdade: as minhas imperfeições nunca anularão as promessas de Deus. As promessas de Deus não dependem da minha capacidade de sempre escolher bem, mas sim da capacidade dele de me usar bem.

Deus usará as partes boas e não tão boas das decisões que tomamos. Um versículo muito popular nos lembra disso. Romanos 8:28 (ARC) diz: "E sabemos que todas as coisas contribuem juntamente para o bem daqueles que amam a Deus, daqueles que são chamados por seu decreto".

Não perca esta parte crucial: "para o bem daqueles que amam a Deus". Devemos ter no centro de nossos corações amor e rendição a Deus se quisermos ser guiadas por Ele.

Também não perca o contexto de onde este versículo foi extraído. O versículo 28 começa com a palavra *e*, o que me diz que está ligado aos versículos anteriores. Os versículos 26–27 nos lembram que, quando nos sentirmos inseguras ou fracas, o Espírito Santo levantará orações por nós de acordo com a vontade de Deus. Vamos ler o parágrafo inteiro à medida que ele avança.

"E da mesma maneira também o Espírito ajuda as nossas fraquezas; porque não sabemos o que havemos de pedir como convém, mas o mesmo Espírito intercede por nós com gemidos inexprimíveis. E aquele que examina os corações sabe qual é a intenção do Espírito; e é ele que segundo Deus intercede pelos santos" (v. 26–27 [ARC]).

Se seu coração e sua mente estiverem alinhados na direção de Deus, você não precisa sofrer a ponto de ficar paralisada com as decisões diante de você. Vamos seguir para onde olhamos. Então olhe poderosamente para Deus e para o seu plano. E se você não conhece o plano dele, olhe intensamente para viver a Palavra em sua vida e o plano dele se revelará dia após dia. Decisão por decisão.

Deus, obrigada por ser soberano sobre a minha vida. Obrigada pela tua Palavra para me guiar. Peço ao Espírito Santo que interceda por mim e entrego minhas decisões a ti. Obrigada, Pai. Em nome de Jesus, amém.

23

CINCO PERGUNTAS PARA SE FAZER AO TOMAR UMA DECISÃO

"Porquanto, qual de vós, desejando construir uma
torre, primeiro não se assenta e calcula o custo
do empreendimento, e avalia se tem os recursos
necessários para edificá-la? Para não acontecer
que, havendo providenciado os alicerces, mas
não podendo concluir a obra, todas as pessoas
que a contemplarem inacabada zombem dele,
proclamando: 'Este homem começou grande
construção, mas não foi capaz de terminá-la!'"

LUCAS 14:28–30 (KJA)

Eu não estava com vontade de assumir o estresse de tomar outra
decisão. Eu estava tão cansada. Tão esgotada. Não tinha disposição para lidar com mais uma coisa.

Uma amiga da família de vinte e poucos anos estava querendo se
mudar de seu apartamento para uma moradia mais barata. Nós adoramos essa jovem. Ela passou muito tempo com a nossa família, é adorável e sem nenhum problema.

No entanto, quando ela pediu para morar conosco, senti um profundo senso de cautela. Eu estava ajudando um de meus filhos em uma
situação difícil que exigia muito do meu tempo e energia emocional.

Mas talvez eu também pudesse fazer isso, pensei. Meu coração certamente estava dizendo "sim". Mas meu coração e minha realidade
nem sempre se alinham.

ACOLHIDA

81

Então, eu sabia que precisava passar por um processo de avaliação dessa decisão. E minha avaliação teria que incluir minha capacidade.

É bom usar sabedoria, conhecimento e compreensão da sua capacidade de recursos para avaliar suas decisões.

Na verdade, Lucas 14:28–30 (KJA) encoraja isso: "Porquanto, qual de vós, desejando construir uma torre, primeiro não se assenta e calcula o custo do empreendimento, e avalia se tem os recursos necessários para edificá-la? Para não acontecer que, havendo providenciado os alicerces, mas não podendo concluir a obra, todas as pessoas que a contemplarem inacabada zombem dele, proclamando: 'Este homem começou grande construção, mas não foi capaz de terminá-la!'".

Analisei esta situação pelo filtro de cinco perguntas:

1. Tenho os recursos para lidar com esta solicitação junto com minhas responsabilidades atuais?
2. Isso se encaixa fisicamente?
3. Isso se encaixa financeiramente?
4. Isso se encaixa espiritualmente?
5. Isso se encaixa emocionalmente?

Vasculhei minha bolsa para recuperar o único papel que pude encontrar, um recibo aleatório. Eu rabisquei uma lista de coisas a considerar ao tomar essa decisão.

Dizer sim a isso fez sentido em cada uma dessas áreas?

- *Fisicamente?* Tínhamos um quarto vago.
- *Financeiramente?* O pagamento do aluguel dela cobriria quaisquer despesas adicionais.
- *Espiritualmente?* Somos cristãos e queremos amar outras pessoas. Isso parecia estar de acordo com nossos valores fundamentais.

Mas havia mais um aspecto a ser considerado. Eu poderia lidar com isso *emocionalmente*? Eu realmente tinha espaço em branco para fazer isso e manter uma atitude de amor?

Foi aqui que senti mais cautela. Lembra como eu estava me sentindo na época? Tão cansada. Tão esgotada.

Aprendi a prestar atenção à minha capacidade emocional e ser honesta comigo mesma quando não estou bem. Quando me permito ficar sobrecarregada emocionalmente, surge a pior versão de mim. E isso não é bom para ninguém.

Enquanto continuava a calcular o custo e avaliar meus recursos disponíveis, senti que deveria dizer "não". Mas também senti que era esperado que eu dissesse "sim". Faço o que é esperado de mim? Ou o que eu sinto que devo fazer?

Sempre que houver um conflito entre o que sentimos ser esperado de nós e o que sentimos ser nosso dever, é hora de recuar na decisão e buscar clareza na única fonte livre de complicações: Deus.

Orar por sabedoria e considerar aquelas cinco perguntas me deu a paz que Deus seria o provedor dela. Portanto, dizer "sim" quando eu sabia que deveria dizer "não" impediria minha amiga de experenciar a melhor providência de Deus.

> É bom usar sabedoria, conhecimento e compreensão da sua capacidade de recursos para avaliar suas decisões.

Surpreendentemente, quando liguei para ela a fim de explicar por que isso não funcionaria, ela procurou outras possibilidades e ficou empolgada com um apartamento que encontrou e estava de acordo com seu orçamento.

Deus proveu. Ele proveu à minha amiga uma ótima situação de vida. Ele me deu outra garantia de que nem todas as oportunidades deveriam ser minhas atribuições.

Querido Senhor, obrigada por prover sabedoria sempre que pedimos. Por favor, guia-me nas decisões que preciso tomar hoje. Em nome de Jesus, amém.

24

DEUS, ESTOU EXAUSTA

Quando estou desistindo,
ele sabe o que devo fazer.
SALMOS 142:3 (NTLH)

Você já teve um daqueles momentos de ir a Jesus tarde da noite, quando o peso do arrependimento pressiona o seu peito?

Para mim, geralmente acontece porque, no ritmo agitado do dia, explodi com um ente querido, passei desinteressada por um momento de conexão com alguém que Deus colocou em meu caminho ou corri por todos os momentos sem parar para aproveitá-los.

Descobri uma grande fonte de estresse, distração e exaustão na minha vida. Eu digo "sim" em excesso. Eu me comprometo com muitas coisas boas, o que me faz perder as melhores oportunidades. É tão difícil dizer "não" e abrir mão de oportunidades que surgem no meu caminho. Mas, se eu não aprender o dom da libertação, lutarei contra a falta de paz.

Eu vi isso de maneira perceptível alguns anos atrás, quando viajei para visitar uma amiga. Assim que ela me pegou no aeroporto e saiu dirigindo, vi o resultado de uma enorme nevasca de cinquenta centímetros no meio do outono. Mas não foi a quantidade de neve ainda no chão que chamou minha atenção.

Foram as árvores quebradas. Os galhos estavam empilhados por toda parte, todos agarrados às folhas que ainda não haviam caído. E porque as folhas não caíram, as árvores quebraram.

ACOLHIDA

Isso é o que acontece quando a neve chega mais cedo. As árvores não foram projetadas para enfrentar a neve antes de soltar suas folhas. Elas não foram feitas para carregar mais do que deveriam. E nós também não.

Eu sei o peso de carregar mais do que deveria. E, geralmente, é porque me recusei a liberar algo antes de assumir outra coisa.

Vemos como a recusa em se libertar coloca as pessoas em apuros em toda a Escritura.

Eva se recusou a se libertar do fruto proibido. E porque ela se concentrou demais nessa única coisa, ela perdeu o paraíso.

Esaú se recusou a deixar sua necessidade urgente de um pouco de ensopado. E porque ele se concentrou demais em comer aquela sopa, ele perdeu seu direito de ser reconhecido como primogênito.

Moisés se recusou a se libertar do seu medo de que a água não seria realmente trazida apenas por falar com a rocha, como Deus havia ordenado. E por ele ter batido na rocha duas vezes, perdeu a oportunidade de entrar na Terra Prometida.

A recusa em se libertar muitas vezes significa a recusa em ter paz.

Cada uma dessas pessoas pagou um preço alto por sua recusa em se libertar – em deixar seus caminhos para que pudessem andar no maravilhoso caminho de Deus.

Não era desejo de Deus que nenhuma dessas pessoas sofresse as consequências que sofreram. Cada um de nós tem livre-arbítrio, o que significa que temos a liberdade de fazer escolhas.

Deus nos diz o caminho certo a seguir, mas temos que escolher segui-lo. Escolhas e consequências vêm em pacotes. Quando fazemos uma escolha, acionamos as consequências que podem vir junto com ela.

Foi assim com Eva, Esaú e Moisés. E é verdade para você e para mim. A recusa em se libertar muitas vezes significa a recusa em ter paz. Troco minha paz por um peso de arrependimento.

A libertação é um presente para uma mulher sobrecarregada, segurando suas folhas no meio de uma tempestade de neve, tão desesperada por ajuda. Ela pode sentir as pontadas e ouvir os rangidos de uma ruptura prestes a acontecer.

Ela sabe que não pode aguentar muito mais. Ela se lembra do salmo 142:3: "Quando estou desistindo, Ele sabe o que devo fazer". Lágrimas brotam de seus olhos suplicantes. *Deus me ajude. É tudo demais. Estou cansada e frustrada e muito desgastada.*

O vento passa por ela, deixando um sussurro: "Li-ber-te-se". Ela deve ouvir ou vai quebrar seus galhos. Sua árvore precisa ser despida e preparada para o inverno. Mas ela não pode abraçar o inverno até que abandone o outono. Como uma árvore, uma mulher não pode carregar o peso de duas estações simultaneamente. Na luta violenta da tentativa, ela perderá toda a alegria que cada estação promete trazer.

A libertação traz consigo o dom da paz. Há algumas oportunidades que preciso recusar hoje. Há algumas coisas às quais preciso dizer "não" nesta temporada atual. Há coisas boas das quais preciso abrir mão para abrir espaço para as melhores. Então, e só então, meu belo e nu galho de inverno pode receber sua neve. Quando nos libertamos em paz, sinalizamos que agora estamos prontas para receber o que é destinado a esta estação, agora mesmo.

Então, vamos nos libertar. Com a libertação vem mais paz. Eu vejo isso agora. Eu acredito nisso agora. E, em breve, eu oro. Você também vai.

Querido Senhor, só o Senhor pode me ajudar com esta libertação. Meu coração procura obedecer a ti. Em nome de Jesus, amém.

25

No fluxo

Seu divino poder nos deu todas as coisas de que
necessitamos para a vida e para a piedade, por
meio do pleno conhecimento daquele que nos
chamou para a sua própria glória e virtude.

2 PEDRO 1:3

Quando meus filhos estavam crescendo, todo verão, minha família e eu passávamos uma semana em um acampamento nas montanhas Adirondack. Era uma escapada incrível. Ótima pregação na capela todas as manhãs, sem TV, lindo lago, fogueiras, pesca, minigolfe, *shuffleboard* e mais jogos do que você pode imaginar.

A natureza explode com beleza imaculada e implora para ser explorada. Então, um ano, quando meus amigos amantes de exercícios com quem passamos as férias sugeriram que nos juntássemos a eles para uma caminhada familiar moderada, concordamos.

Bem, a minha definição e a deles da palavra moderada não vêm do mesmo dicionário. Na verdade, não são do mesmo planeta, sendo completamente honesta. Meu bem... esta não foi uma caminhada *moderada*.

Imaginei um caminho com uma inclinação suave, sinuosa e ascendente. O que realmente fizemos foi uma escalada completamente ascendente de rochas e raízes.

Não estou brincando.

Isso tudo em uma altitude em que o ar estava tão rarefeito que meus pulmões pareciam estar grudados e recusando a respiração do meu peito. Adorável.

Subimos, subimos e subimos. E, quando outro grupo passou por nós descendo, brincou alegremente "Vocês estão quase na metade do caminho", tive vontade de desistir. *Metade do caminho?* Como poderíamos estar apenas no meio do caminho?!

Eu insisti. Eu persisti. Eu me esforcei. Eu fiquei sem fôlego. E posso até ter passado alguns minutos fazendo bico.

Apesar disso, finalmente chegamos ao topo. Inclinei-me recuperando o fôlego e me perguntando como uma mulher que corre quase todos os dias de sua vida pode estar tão fora de forma! Subir contra a força da gravidade foi difícil. Muito, muito difícil.

No entanto, descer foi uma experiência completamente diferente. Navegamos pelas mesmas rochas e raízes sem nos sentirmos tão estressados. Gostei da viagem. Notei melhor os belos arredores e tive fôlego suficiente para conversar com aqueles que estavam comigo durante todo o caminho.

E, na metade da trilha, me ocorreu como essa caminhada era semelhante à caminhada cristã.

Buscar obedecer a Deus em meio a qualquer circunstância que enfrente me posicionará para trabalhar no fluxo de seu poder.

Começar de cima e trabalhar com a força da gravidade era muito mais fácil do que começar de baixo e trabalhar contra ela.

Embora navegássemos exatamente pelo mesmo caminho em ambas as direções, seguir o fluxo da gravidade tornou a jornada muito melhor.

Assim como quando enfrento um problema na vida, operar *no fluxo* do poder de Deus é muito melhor do que trabalhar *contra* o fluxo de seu poder.

Em outras palavras, buscar obedecer a Deus em meio a qualquer circunstância que enfrente me posicionará para trabalhar no fluxo de seu poder. Ainda terei que navegar pelas realidades da minha situação, mas não farei isso com as minhas forças.

Meu trabalho é ser obediente a Deus. Aplicar a Palavra dele. Andar de acordo com os caminhos dele, não com as sugestões do mundo. Participar de sua natureza divina em vez de afundar nas minhas próprias más atitudes e inseguranças.

Não terei que perder o fôlego e fazer bico enquanto tento descobrir tudo. Eu fico no fluxo. Deus, à sua maneira e no seu tempo, resolve tudo.

Então, a pergunta do dia... vamos trabalhar dentro ou fora do fluxo hoje? Vá com o fluxo do poder de Deus. A passagem 2Pedro 1:3 nos diz: "Seu divino poder nos deu todas as coisas de que necessitamos para a vida e para a piedade, por meio do pleno conhecimento daquele que nos chamou para a sua própria glória e virtude". Uau. Quando deixo isso internalizar, fico muito inspirada para lidar com tudo que enfrento hoje da maneira que Deus instrui. Tudo!

E se você está pensando em me convidar para uma caminhada, exijo fotos do caminho primeiro. Certo?

Querido Senhor, ajuda-me a operar no fluxo do teu poder hoje e não contra ele. Teu poder divino me deu tudo que preciso para uma vida piedosa. Eu creio nesta verdade hoje. Em nome de Jesus, amém.

26

PRATICANDO A SABEDORIA

*Meu filho, se você aceitar as minhas palavras
e guardar no coração os meus mandamentos;
se der ouvidos à sabedoria e inclinar o
coração para o discernimento… se procurar a
sabedoria como se procura a prata e buscá-la
como quem busca um tesouro escondido,
então você entenderá o que é temer ao Senhor
e achará o conhecimento de Deus.*

PROVÉRBIOS 2:1–2, 4–5

Minha filha Ashley praticava salto com vara no ensino médio. Ela aprendeu a correr pela pista com sapatos pontiagudos, plantar a longa vara que carrega em um pequeno buraco, dobrar a vara para baixo o suficiente para criar força para levantar seu corpo do chão, torcer para que sua cabeça fique para baixo e seus pés, que agora estão apontados para o céu, se arqueiem sobre uma barra a pelo menos dois metros e meio do colchão de recepção. Na sequência, jogar a vara para longe dela no último segundo, enquanto ela cai no colchão, esperançosamente de costas e não de cara.

Ufa.

Eu mencionei que ela teve que fazer tudo isso sem empurrar ou bater na barra sobre a qual ela estava caindo, para que a barra não caísse e seu salto fosse invalidado? Não é brincadeira.

ACOLHIDA

91

O primeiro e o segundo ano de salto com vara foram difíceis. Ela ocupou o último lugar na equipe na maior parte do tempo.

Porém, quando ela entrou no terceiro ano, algumas coisas finalmente se encaixaram. Ela se destacou sendo consistentemente classificada em segundo lugar em sua equipe. E então algo incrível aconteceu.

Certo dia, em uma competição, era a vez dela de saltar mais de 2 metros e 93 centímetros. Eu poderia dizer que ela estava nervosa. Muito nervosa.

Ela errou a primeira tentativa e depois a segunda.

Enquanto ela seguia até o ponto de partida para outra tentativa, eu podia sentir a tensão, o nervoso, a pressão. Quando ela finalmente começou a correr pela pista, nada parecia diferente de qualquer outra vez que ela correu. Quando ela fincou a vara, nada parecia diferente de qualquer outra vez que ela a fincou. Mas quando ela passou três metros com facilidade, a expressão em seu rosto era muito diferente de qualquer expressão que eu já tinha visto.

Ela saltou do colchão e explodiu em um grito exultante que nunca esquecerei. Ela correu de trás do colchão direto para os braços de uma mãe que pode ou não estar se exibindo. Gritos de alegria. Lágrimas de espanto.

Foi alucinante. Esta menina, que por anos lutou neste esporte, ficou em primeiro lugar na competição e agora era a nova detentora do recorde escolar.

Como mãe dela, estou orgulhosa de sua realização. Mas sabe o que mais me orgulha? O fato de ela continuar aparecendo nos treinos e dando tudo de si.

Corrida após corrida. Tentativa após tentativa. Dia após dia. Às vezes com sucesso, às vezes falhando, às vezes se sentindo ótima, às vezes com dor, na maioria das vezes em último lugar, mas não importava o que acontecesse, ela estava empenhada em comparecer aos treinos. E a mesma coisa pode ser verdade para nós, se quisermos saber como tomar decisões piedosas.

Se queremos saber o que fazer no momento mais importante, temos que nos comprometer a comparecer à prática. A sabedoria precisa ser praticada dia após dia se quisermos saber como aplicá-la às decisões quando elas vierem.

Da mesma forma, temos que treinar nossos músculos da sabedoria para serem fortes e capazes, de modo que, quando mais precisarmos deles, saibamos como usar a sabedoria.

Provérbios 2:1–11 nos dá instruções claras sobre como ter sabedoria, usá-la e ser protegida por ela.

> *A sabedoria precisa ser praticada dia após dia se quisermos saber como aplicá-la às decisões quando elas vierem.*

- Aceitar as palavras de Deus (a Palavra de Deus é um presente, mas de nada nos adiantará se não abrirmos e usarmos o presente).
- Guardar os mandamentos dele dentro de nós (devemos adentrar na Palavra de Deus e deixar que ela entre em nós; quanto mais versículos memorizarmos, mais nosso pensamento se alinhará com a verdade dele).
- Dar ouvidos à sabedoria (ouça ensinamentos sábios, conselhos sábios e mantenha a companhia de pessoas sábias).
- Clamar por percepções (peça a outras pessoas que nos ajudem a ver as consequências que estaríamos provocando com cada escolha).
- Inclinar o coração para o discernimento (peça ao Senhor que nos mostre como nossas escolhas afetarão outras pessoas).
- Procurar a sabedoria como quem busca um tesouro escondido (veja o valor da sabedoria como maior do que qualquer forma mundana que nos é oferecida; mantenha o foco em buscar a sabedoria, apesar das muitas distrações que o mundo coloca diante de nós que nos levariam a tomar decisões sem perder tempo para aplicar a sabedoria desejada).

ACOLHIDA

Depois de todos esses qualificadores, as Escrituras dizem: "então você entenderá o que é temer o Senhor e achará o conhecimento de Deus. Pois o Senhor é quem dá sabedoria; de sua boca procedem o conhecimento e o discernimento" (v. 5–6).

Querida amiga, estou torcendo por você daqui. Você consegue.

Basta aparecer para praticar. Pratique a sabedoria divina com tudo o que tem em você. E deixe sua mente fazer o que sabe fazer com toda essa prática.

> Deus, obrigada por tua sabedoria. Ajuda-me a comparecer para a prática todos os dias com um coração disposto e um espírito ansioso. Eu te amo. Em nome de Jesus, amém.

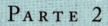

Parte 2

Acolhendo a *completude* encontrada apenas *em Deus*

21

O QUE GUARDA A CHAVE DO SEU CORAÇÃO?

> Ao ouvir isso, disse-lhe Jesus: "Falta-lhe ainda
> uma coisa. Venda tudo o que você possui
> e dê o dinheiro aos pobres, e você terá um
> tesouro nos céus. Depois venha e siga-me".
>
> LUCAS 18:22

Eu desejo ser uma mulher que segue Jesus com afinco. E não estou falando de uma vida cristã artificial, cheia de listas de tarefas religiosas e fingimento. Não, isso seria hipócrita na melhor das hipóteses e entediante na pior.

Eu quero o tipo de proximidade que satisfaça a alma, que só pode vir de manter o ritmo diário com Deus. Um nível rico e profundo de intimidade que tentativas frenéticas de seguir regras nunca produzirão.

Regras e regulamentos eram uma realidade cotidiana para o povo de Deus no Antigo Testamento. Listas do que fazer e do que não fazer para ajudar pessoas pecadoras a manter comunhão com um Deus santo. Primeiro os Dez Mandamentos. Depois, lei após lei sobre sacrifícios e cerimônias, comida e limpeza.

Mas, no Novo Testamento, Jesus aparece em cena e vira tudo de cabeça para baixo com sua mensagem de graça. Uma mensagem que declara: "Seguir as regras não o levará ao céu. Ser bom não lhe renderá pontos de bônus. Estabeleça suas listas de tarefas, suas pautas, tudo, e siga-me. Acredite em mim. Receba a mim".

ACOLHIDA

Foi uma mudança completa de pensamento. Uma mudança que deixou as pessoas perplexas, como o governante rico em Lucas 18.

Conhecemos o governante rico pela primeira vez quando ele se aproxima de Jesus com uma pergunta: "Bom Mestre, que farei para herdar a vida eterna?" (Lucas 18:18).

Jesus, já conhecendo sua mentalidade de lista de tarefas, começa a citar vários dos Dez Mandamentos. É uma lista que o governante rico sente que seguiu bem. Mas Jesus tem mais a dizer: "Falta-lhe ainda uma coisa. Venda tudo o que você possui e dê o dinheiro aos pobres, e você terá um tesouro nos céus. Depois venha e siga-me" (Lucas 18:22).

> *Sejamos capturadas pelo amor de Jesus, cativadas por seus ensinamentos e a prova viva de sua verdade.*

Seria tão fácil não falar muito desse momento e pensar que Jesus está simplesmente falando sobre dinheiro. Podemos ficar tentadas a rotular isso como uma história para "aquelas" pessoas, aquelas que pensamos ter mais dinheiro do que sabem o que fazer com ele. Mas as palavras nesta conversa são para cada uma de nós. Porque a questão central que Jesus está abordando é esta: *o que guarda a chave do seu coração?*

Ah, como eu quero que minha resposta seja "Jesus". Eu quero desejá-lo mais. Viver completamente cativada pelo amor dele. Encantada com seus ensinamentos. Prova viva de sua verdade.

Houve outros que vieram antes de mim que também desejaram isso. Lemos na Bíblia heróis imperfeitos da fé que, apesar de seus defeitos, agradaram a Deus. E não foram as ações perfeitas que abriram um caminho para o coração de Deus. Era outra coisa. Algo menos definido que não pode ser delineado e dissecado. Algo que às vezes era confuso e ofensivo. Mas algo que era tão precioso ao mesmo tempo que fez Deus parar.

Abandono.

É uma palavra usada para descrever uma garotinha pulando da beira da cama, completamente confiante de que seu pai vai pegá-la. É a mesma coisa que alimentou a corajosa corrida de Davi em direção a Golias com nada além de um estilingue e cinco pedras lisas. É o que alimenta Josué. E Moisés. E Noé. E Paulo.

E é a única coisa que Jesus está pedindo ao governante rico. Não por uma vida vivida perfeitamente, mas um coração de entrega perfeita. Então esta é a minha oração:

> *Tudo o que tenho. Tudo o que eu possuo. Tudo que espero. Tudo que temo. Tudo que amo. Tudo que sonho. É tudo teu, Jesus. Eu confio em ti em completo e absoluto abandono.*

Infelizmente, também é a única coisa que esse homem sentiu que não poderia oferecer. Ele ficou à beira de toda incerteza com os braços levantados, esperando que todas as certezas o pegassem. E ele simplesmente não conseguia pular; ele viveu sua vida envolvido em coisas menores.

Ele não foi capturado, cativado ou prova viva da realidade de Jesus. E assim ele se afastou do único que poderia realmente satisfazer sua alma.

Ah, amigas. Não vamos permitir que isso seja a tragédia de nossas vidas. Sejamos capturadas pelo amor de Jesus, cativadas por seus ensinamentos e a prova viva de sua verdade. Sejamos encontradas vivendo com abandono.

Porque a vida que segue Jesus com abandono é a vida que consegue experimentar sua presença, sua providência, suas promessas, sua abundância que satisfaz a alma.

Deus Pai, por favor, perdoa-me por todas as vezes que me contentei com coisas menores. Eu quero te querer mais. Hoje, estou entregando a ti a chave do meu coração. A chave de tudo na minha vida. Eu te amo. Eu preciso de ti. E eu quero seguir atrás de ti. Em nome de Jesus, amém.

28

A RESPOSTA MAIS PROCURADA

*"Não há salvação em nenhum outro, pois, debaixo
do céu não há nenhum outro nome dado aos
homens pelo qual devamos ser salvos."*

ATOS 4:12

Ao crescer, eu tinha um plano de como poderia tornar minha
vida boa.

Ter uma boa educação. Um bom trabalho. Uma boa família. Uma
boa casa. Um bom canteiro de flores na frente. E uma boa minivan
estacionada na garagem.

Então a vida seria… boa.

Um dia, eu tinha todas essas coisas boas. Eu estava grata por tudo.
Eu amava muito a minha família. A minivan não era tudo o que eu
pensei que seria, mas me senti como uma mãe oficial quando a dirigia.
Então até isso acabou sendo bom.

Mas algo dentro de mim ainda parecia vazio. Um pouco desligado.
Um pouco carente.

Então, concluí que precisava de outra coisa para fazer. Um lugar
onde eu pudesse usar meus dons e talentos. E enquanto essas coisas eram divertidas e satisfatórias em um nível, elas também ficavam
aquém quando chegavam àquele lugar profundo que ressoava com os
ecos do vazio.

O vazio é uma carga pesada para carregar. O mistério de querer ser
preenchida, mas não saber como ou o que poderia preencher o desejo

profundo de nossa alma, é uma dor torturante. Uma busca que pode parecer fútil e às vezes devastadora.

Quando você tenta e tenta, sempre sentindo que a resposta está na próxima esquina e então não está, isso pode despedaçar seu coração e vazar todas as suas reservas.

Isso pode fazer você se sentir insatisfeita e frustrada com tudo. Mesmo com aqueles que você ama. Talvez especialmente com aqueles que você ama.

Então você finge um sorriso e continua caminhando. Mas, em algum momento, você para de espiar a próxima esquina esperando que a resposta esteja lá. Com o tempo, a experiência diz que não vai estar.

E, envolto nessa percepção, está o laço que estrangula toda a esperança.

> *A salvação não pode ser encontrada em ninguém ou em qualquer outra coisa. Não há outro. Só Jesus.*

Infelizmente, é aqui que muitas mulheres vivem.

Conheço este lugar porque estive lá. Eu enfrentei dificuldades lá.

Sinceramente, é horrível.

Portanto, não vou fingir que você se sentirá superbem depois de ler isso.

Mas o que posso prometer é uma sequência de palavras que explica muita coisa. Uma resposta segura, sólida, verdadeira e cheia da maravilha emocionante de uma esperança redescoberta.

"Não há salvação em nenhum outro, pois, debaixo do céu não há nenhum outro nome dado aos homens pelo qual devamos ser salvos" (Atos 4:12).

Nenhum bom plano é a resposta.

Nenhuma educação, emprego ou casa pode salvá-la.

A salvação não pode ser encontrada em ninguém ou em qualquer outra coisa.

Não há outro.

Só Jesus.

E não estou falando apenas de dizer que somos cristãs. Seguir as regras e seguir Jesus são duas coisas totalmente diferentes.

Seguir os movimentos da religião nunca vai satisfazê-la. É somente quando nos ajoelhamos, abrimos nossos corações em completa rendição e dizemos: "Jesus, é o Senhor. Só o Senhor. Não há outro. Não há outra posse, pessoa ou posição que possa preencher o profundo lugar da alma moldado apenas para o Senhor".

Esta é a minha oração. Embora eu tenha sido salva há muito tempo, quero recapturar a essência dessa realidade de "não há outro".

E é verdadeiro realmente viver assim.

Porque é. Verdadeiro.

Jesus, só tu podes salvar, preencher e dar o que minha alma deseja. Por favor, lembra-me de me aproximar de ti e confiar na promessa de que tu se aproximarás de mim quando eu fizer isso. Em nome de Jesus, amém.

29

SE EU TIVESSE...

A lei do Senhor é perfeita
   e restaura a alma;
o testemunho do Senhor é fiel
   e dá sabedoria aos símplices.
Os preceitos do Senhor são retos
   e alegram o coração;
o mandamento do Senhor é puro
   e ilumina os olhos.

SALMOS 19:7–8 (ARA)

Há um pequeno roteiro simples, mas incrivelmente perigoso, que muitas de nós reproduzimos em nossas mentes. Pode até ser uma das maiores coisas que nos impede de nos sentirmos realizadas no nosso relacionamento com Deus. É um roteiro entrelaçado em uma mentira que normalmente é mais ou menos assim: *eu poderia realmente ser feliz e realizada se ao menos tivesse...*

... um corpo mais magro.

... mais dinheiro.

... uma personalidade melhor.

... um bebê.

Não sei quais são as suas declarações "Se ao menos eu tivesse", mas sei disso: nenhuma delas trará satisfação. Elas podem trazer momentos temporários de felicidade, mas não a verdadeira realização. Além de um relacionamento próspero com Deus, mesmo que conseguíssemos tudo em nossa lista, ainda haveria um vazio em nossa alma.

Portanto, em vez de dizer "Se ao menos eu tivesse" e preencher o espaço em branco com alguma pessoa, posse ou posição, devemos fazer a escolha de substituir essa declaração pela verdade de Deus. O salmo 19:7–8 confirma quão poderosa e benéfica é a verdade da Palavra de Deus: "A lei do Senhor é perfeita e restaura a alma; o testemunho do Senhor é fiel e dá sabedoria aos símplices. Os preceitos do Senhor são retos e alegram o coração; o mandamento do Senhor é puro e ilumina os olhos".

Aqui estão alguns exemplos que me ajudaram a lutar contra a tentação de deixar que pessoas, posses ou cargos ocupem o lugar de Deus em minha vida.

> *Nossa alma foi feita sob medida para ser preenchida com Deus e sua verdade.*

Pessoas.

Não digo mais: "Se ao menos eu tivesse um pai que me amasse". Em vez disso, eu digo: "O salmo 68:5 promete que Deus é um pai para os órfãos".

Talvez sua lacuna não seja deixada por um pai ausente, mas por um amigo que te machucou. Ou os filhos que você desejou ter e ainda não tem. Qualquer que seja essa lacuna, Deus é o ajuste perfeito para o seu vazio.

Ore esta paráfrase de Lucas 1:78–79: "por causa das ternas misericórdias de nosso Deus, pelas quais do alto nos visitará o sol nascente para brilhar sobre aqueles que estão vivendo nas trevas e na sombra da morte, e guiar nossos pés no caminho da paz".

Posses.

Não digo mais: "Se ao menos eu tivesse mais posses". Em vez disso, recito Mateus 6:19–21: "Não acumulem para vocês tesouros na terra, onde a traça e a ferrugem destroem, e onde os ladrões arrombam e furtam. Mas acumulem para vocês tesouros no céu, onde a traça e a ferrugem não destroem, e onde os ladrões não arrombam nem furtam. Pois onde estiver o seu tesouro, aí também estará o seu coração".

Qualquer posse que eu deseje, não importa quão boa possa parecer, só será boa por um tempo limitado. À luz da eternidade, cada posse está em processo de destruição, tornando-se desvalorizada e, por fim, será tirada de nós. Se eu colocar meu coração apenas em adquirir mais coisas, me sentirei mais vulnerável com a possibilidade de perda.

As posses devem ser valorizadas e usadas para abençoar os outros. Elas nunca foram feitas para serem marcadores de identidade. Não é errado desfrutar dos bens que temos desde que não dependamos deles para a segurança do nosso coração.

Posição.

Não digo mais: "Se ao menos eu tivesse uma posição melhor". Em vez disso, digo as palavras do salmo 119:105: "A tua palavra é lâmpada que ilumina os meus passos e luz que clareia o meu caminho" . Não preciso de uma posição melhor para chegar aonde devo ir. Não preciso descobrir meu caminho e me esforçar para seguir em frente. Eu preciso da Palavra de Deus para me guiar. Ao segui-lo e honrá-lo passo a passo, posso ter certeza de que estou exatamente onde Ele quer que eu esteja para fazer o que Ele quer que eu faça.

Qualquer que seja a afirmação "Se ao menos eu tivesse" com a qual você está lutando, você pode substituí-la por verdades sólidas das Escrituras que nunca a deixarão vazia.

Quando a Palavra de Deus entra em nós, ela se torna a nova maneira como processamos a vida. Ela reorganiza nossos pensamentos, nossos motivos, nossas necessidades e nossos desejos. Nossa alma foi feita sob medida para ser preenchida com Deus e sua verdade; portanto, ela penetra em cada parte de nós e nos preenche completamente.

Querido Senhor, reconheço que somente o Senhor pode preencher esses lugares vazios no meu coração. Ajuda-me a parar o ciclo "Se ao menos eu tivesse" e, em vez disso, ser liberta com a sua verdade. Em nome de Jesus, amém.

30

A SEDUÇÃO DA SATISFAÇÃO

O meu Deus suprirá todas as necessidades
de vocês, de acordo com as suas
gloriosas riquezas em Cristo Jesus.

FILIPENSES 4:19

Você já foi tentada a fazer concessões aparentemente pequenas a curto prazo que tinham o potencial de afastá-la do melhor de Deus a longo prazo?

Conheço muito bem esta luta. Mas também sei que esses pequenos compromissos se acumulam até se tornarem uma grande pilha de arrependimento.

A tentação de qualquer tipo é o convite de Satanás para satisfazer nossas necessidades fora da vontade de Deus.

Uma das maneiras sutis de fazer isso é plantar em nossa mente o pensamento hesitante de que Deus não atenderá às nossas necessidades, de que Deus não é suficiente. Satanás quer que nos sintamos sozinhas e abandonadas, para que nos voltemos para suas ofertas. É a sedução da satisfação.

Muitas vezes, o roteiro que passa em nossa cabeça é como o que mencionei no devocional de ontem: *preciso de [insira aqui qualquer coisa que você acredita que te fará feliz] para ficar satisfeita.*

É o que envia a esposa com orçamento limitado para uma farra de gastos. Ela sente a emoção da compra no momento. Mas, enquanto ela está escondendo as sacolas do marido, a vergonha se aproxima.

É o que leva a empresária a trabalhar mais e por mais tempo e a se recusar a estabelecer limites na sua agenda. Sempre perseguindo a próxima conquista ou o próximo elogio, mas nunca é o suficiente.

É o que me levou a muitas comilanças. As crianças estavam barulhentas, a casa bagunçada, as demandas fora do meu controle. Então, com grande justificativa, eu me entregaria, apenas para ter uma barriga cheia e um coração vazio.

Essa mensagem sutil vendida a nós por Satanás pode ser exposta quando entendemos a diferença entre uma *necessidade* e um *desejo*.

Todos os exemplos acima eram desejos, não necessidades. Mas ah, como Satanás quer transformá-los na mesma coisa.

Quando a diferença entre essas duas palavras começa a ficar distorcida, começamos a nos comprometer. Começamos a justificar.

> *A tentação de Satanás drena a vida. A providência de Deus a sustenta.*

E isso nos prepara para começar a ter nossas necessidades atendidas fora da vontade de Deus. O abismo do descontentamento nos convida e ameaça obscurecer e distorcer tudo no nosso mundo.

Ouça: Satanás é um mentiroso. Quanto mais nos enchermos de seus desejos distorcidos, mais vazias nos sentiremos. Isso é verdade com cada um dos desejos mencionados acima. Quanto mais gastamos em excesso, trabalhamos em excesso ou comemos em excesso, mais vazias nos sentimos. Lembre-se, Satanás quer separar você dos melhores planos de Deus. Ele quer separá-la da providência adequada de Deus. Ele quer separar você da paz de Deus.

A tentação de Satanás drena a vida. *A providência de Deus a sustenta.*

A tentação de Satanás a curto prazo trará dor de cabeça a longo prazo. *A providência de Deus a curto prazo colherá bênçãos a longo prazo.*

A tentação de Satanás recompensa a carne. *A providência de Deus satisfaz a alma.*

Ah, querida irmã, devemos considerar essas realidades ao fazer escolhas hoje. Estamos todas a apenas algumas escolhas ruins de fazer coisas que nunca pensamos que faríamos. Especialmente quando nossos corações estão em um lugar vulnerável de desejo por algo que Deus ainda não proveu.

E o momento para evitar a destruição da tentação é antes mesmo de começar.

Estamos ou nos apegando à promessa de Deus ou sendo atraídas por uma armadilha. E não é interessante que a palavra *promessa* seja tão parecida com a palavra *compromisso*?

Deus promete: Suprirei todas as suas necessidades de acordo com as minhas gloriosas riquezas em Cristo Jesus (Filipenses 4:19, parafraseado). Ele é tudo de que precisamos e também é perfeitamente capaz de preencher as lacunas dos nossos desejos. Devemos deixar que a verdade penetre profundamente nos anseios de nossa alma. Caso contrário, as mentiras tendem a se infiltrar neste lugar de nosso desejo.

Sim. Devemos confiar em Deus. Acolha a verdade. Viva a promessa de Deus.

> *Querido Senhor, ajuda-me a focar apenas em tua providência na minha vida hoje. Não quero me separar de ti, de teus melhores planos para mim ou de tua paz. Ajuda-me a perceber quando o Inimigo está tentando me seduzir com desejos falsos, pois eles só levam ao vazio. Em nome de Jesus, amém.*

31

O CAMINHO DA HUMILDADE

Assim, ele os humilhou e os deixou passar
fome. Mas depois os sustentou com maná,
que nem vocês nem os seus antepassados
conheciam, para mostrar-lhe que nem só de
pão viverá o homem, mas de toda palavra
que procede da boca do Senhor.

DEUTERONÔMIO 8:3

Um amigo meu, que é um jovem líder em uma empresa em crescimento, recentemente me contou que vinha lutando contra um certo desânimo. Basicamente, ele trabalhou muito, obteve grande sucesso, mas não recebeu nenhum reconhecimento ou incentivo de seus líderes. E o pior de tudo, devido a algumas transições na empresa, ele foi rebaixado para um cargo inferior.

Fiz a ele uma pergunta aparentemente estranha logo após sua confissão: "Você sabe qual é o oposto de orgulho?"

Ele inclinou a cabeça e fez sua própria pergunta: "Você acha que estou lutando *contra* o orgulho?"

Eu não estava tentando insinuar que meu jovem amigo era orgulhoso. Eu estava preparando o terreno para ajudá-lo a ver suas circunstâncias com um olhar diferente.

Então eu simplesmente afirmei: "Acredito que o oposto do orgulho é a confiança em Deus. O orgulho nos implora para acreditar que tudo depende de nós. Confiar em Deus exige que coloquemos nossa dependência nele. E o caminho que nos afasta do orgulho e nos leva a um lugar de verdadeira confiança em Deus é pavimentado com humildade. A humildade nunca é comprada por um preço barato. Sempre nos custará algo, mas valerá o preço que pagarmos".

"Será que Deus está usando essas circunstâncias humildes para levá-lo a um lugar de confiança profunda e inabalável nele? Se Deus vê grandes coisas à sua frente, e acredito que Ele veja, então Ele deve remover todos os indícios de orgulho. Mesmo que o orgulho seja apenas um pequeno espinho no seu coração agora, quando você for promovido a um cargo maior com mais reconhecimento, esse orgulho crescerá de um espinho para uma adaga com o potencial de matar sua vocação".

A humildade sempre nos custará algo, mas valerá o preço que pagamos.

No Antigo Testamento, vemos Deus revelando esse mesmo tipo de processo de despojamento de orgulho ao alimentar os filhos de Israel com maná no deserto com o propósito de humilhá-los. Era crucial que Deus os preparasse para confiar nele ao saírem do deserto para a Terra Prometida destinada ao povo escolhido.

Deuteronômio 8:2 diz: "Lembrem-se de como o Senhor, o seu Deus, os conduziu por todo o caminho no deserto, durante estes quarenta anos, para humilhá-los e pô-los à prova, a fim de conhecer suas intenções, se iriam obedecer aos seus mandamentos ou não".

E então nosso versículo-chave Deuteronômio 8:3 continua a revelar: "Assim, ele os humilhou e os deixou passar fome. Mas depois os sustentou com maná, que nem vocês nem os seus antepassados conheciam, para mostrar-lhe que nem só de pão viverá o homem, mas de toda palavra que procede da boca do Senhor".

Então, por que exatamente comer maná era tão humilhante? E o que podemos extrair de Deuteronômio 8:3 para nossas próprias vidas hoje?

Aqui estão três coisas que eu acho que podemos tirar do versículo-chave de hoje:

1. **Deus é nosso provedor.** Os filhos de Israel estavam acostumados a olhar para o chão no Egito e trabalhar a terra para se sustentarem. Eles confiaram em seu próprio trabalho árduo para sua providência. Agora, eles precisariam olhar para cima e confiar em Deus para a providência dele.

2. **A providência de Deus é o que precisamos, mas nem sempre o que queremos.** Esse maná fornecido por Deus não era como a comida normal que os israelitas costumavam fornecer para si mesmos. Mas Deus sabia que era o alimento perfeito para os que estavam no deserto. Ele conhece nossas necessidades melhor do que nós. Deus está mais preocupado com nosso bem final do que com nosso prazer temporário.

3. **A providência de Deus protege nossos corações. Nossos desejos têm o potencial de corromper nossos corações.** Pão feito pelo homem não é o que dá a plenitude de vida que Deus deseja para nós. O sucesso, a riqueza e a popularidade criados pelo homem são do mesmo jeito. Eles não vão nos satisfazer como pensamos. Somente a Palavra de Deus pode penetrar nos lugares famintos de nossas almas e fazer com que os lugares mortos e desanimados se tornem plenamente vivos e profundamente satisfeitos. Devemos desejá-lo acima de tudo. E então Ele verá que nossos corações estão preparados e são confiáveis para lidar com outras coisas.

No final de nossa conversa, meu jovem amigo me agradeceu por ajudá-lo a ver que, em cada passo difícil de sua jornada como líder, ele está trilhando o caminho do orgulho, confiando em si mesmo, ou o caminho da humildade, que é confiar em Deus. A mesma coisa é verdade para cada uma de nós.

ACOLHIDA

Que todas nós escolhamos confiar em Deus e deixar que Ele seja o olhar pelo qual processamos nossas circunstâncias. Que possamos ver como Deus não está tentando partir nossos corações, mas sim nos preparar para o que Ele vê logo à frente.

Senhor, agradeço por se importar tão profundamente comigo. Procura em meu coração qualquer resquício de orgulho. E ajuda-me a viver uma vida de entrega humilde e completa a ti. Em nome de Jesus, amém.

32

O QUE VOCÊ ESTÁ PERDENDO?

> O Senhor olha dos céus para os filhos dos
> homens, para ver se há alguém que tenha
> entendimento, alguém que busque a Deus.
>
> SALMOS 14:2

Alguns verões atrás, meu filho Mark estava trabalhando em um acampamento familiar. Embora as montanhas fossem de tirar o fôlego, os amigos fossem abundantes e a comida fosse o sonho de todo adolescente, ele sentia falta de casa. Não muita falta, mas apenas o suficiente para cutucar os lugares vulneráveis do seu coração.

Eu sabia que ele precisava de um conforto de casa. Então, empacotei algumas coisas que ele precisava e alguns itens que eu sabia que o deixariam feliz e enviei meu presente de amor.

Depois de alguns dias, fiquei me perguntando quando receberia uma mensagem dele com sorrisos e as mensagens "Obrigado!" e "Uau! Você é a melhor mãe de todas!". *Uma mulher pode sonhar, certo?*

Mas nenhuma mensagem de texto chegou.

A cada dia que passava, eu ficava cada vez mais frustrada pela falta de reconhecimento do meu presente por parte dele. Comecei a me perguntar se ele tinha recebido.

Finalmente, consegui falar com Mark e perguntei sobre o pacote, e ele respondeu: "Ah, sim, recebi uma caixa, mas ainda não a abri".

Oi?

Quem recebe um presente de amor embalado e enviado e nem se dá ao trabalho de abrir?

ACOLHIDA

Naquele momento, senti o Espírito Santo tocar minha alma: "Lysa, às vezes você faz exatamente a mesma coisa. Ah, se você soubesse o número de experiências que o próprio Deus empacotou e enviou e que você não teve tempo de abrir...

"Ou o número de vezes que Deus plantou um ramo de flores silvestres no final da sua entrada apenas para fazer você sorrir, mas na pressa de chegar, você não percebeu...

"Ou a quantidade de vezes que Deus tem tesouros na Palavra dele esperando você descobrir que a preparariam perfeitamente para algo que você enfrentaria naquele dia, se você permanecesse com Ele um pouco mais".

> *A busca exige que eu sacrifique as coisas que me sinto compelida a perseguir para que eu possa estar disponível para perceber a direção clara de Deus.*

O versículo-chave de hoje, o salmo 14:2, nos lembra: "O Senhor olha dos céus para os filhos dos homens, para ver se há alguém que tenha entendimento, alguém que busque a Deus".

Eu gostaria que este versículo fosse formulado de um modo diferente. Eu gostaria que este versículo fosse lido: "O Senhor olha dos céus para os filhos dos homens, para ver *muitos* que tenham entendimento, *muitos* que busquem a Deus". Mas essa não é a realidade do versículo. E, infelizmente, às vezes, na pressa de tudo o que sinto que devo fazer, não é a realidade da minha vida.

Eu quero que seja. Mas minha alma é tão propensa a distrações...

Buscar – realmente buscar – é mais do que apenas ler alguns versículos da Bíblia pela manhã e tentar ser uma boa pessoa naquele dia. A busca exige que eu sacrifique as coisas que me sinto compelida a perseguir para que eu possa estar disponível para perceber a direção clara de Deus.

O que quer que busquemos, gostemos ou não, ganha toda a nossa atenção.

E às vezes me pergunto por que me sinto um pouco insegura, um pouco inquieta, um pouco desapontada com as coisas que pensei que me deixariam tão feliz. Eu acho que você poderia dizer que às vezes eu fico com um pouco de saudades de casa.

Embora eu ame passar férias aqui neste mundo por quantos anos o Senhor me der, sei onde é meu verdadeiro lar e sei quem está esperando por mim lá.

E agora sei que Ele reserva tempo para preparar pequenos pacotes de cuidado lá de casa: algumas coisas de que preciso, algumas coisas que devo passar para os outros e algumas coisas que Ele sabe que simplesmente me trarão alegria.

Então Deus espera para ver se eu vou notar, se eu vou lembrar, se hoje vai ser o dia que eu levanto o meu rosto... dou uma pausa na correria... e realmente busco por Ele acima de tudo.

Querido Senhor, perdoa-me por todas as vezes que me apressei em teus dons e negligenciei as tuas bênçãos. Hoje, quero fazer uma pausa e realmente buscar por ti com tudo o que tenho. Eu o amo, Senhor. Em nome de Jesus, amém.

33

ONDE A FERIDA É PROFUNDA

Senhor, tu és a minha porção e o meu cálice;
és tu que garantes o meu futuro.
As divisas caíram para mim
em lugares agradáveis:
Tenho uma bela herança!

SALMOS 16:5–6

Nossa cachorrinha, Chelsea, não é a mais inteligente quando se trata dos carros passando pela entrada da nossa garagem. Embora ela tenha muito espaço para correr e brincar dentro do nosso quintal cercado, ela era obcecada em tentar atacar os pneus que passam por cima do caminho de cascalhos sempre que alguém chega de carro na nossa casa. Como resultado, um dia ela teve um encontro infeliz com um veículo em movimento.

Chorei como um bebê quando a vi. Mas, além de uma perna dianteira quebrada, uma perna traseira severamente arranhada e um nariz com metade da carne faltando, ela ficou bem. Misericórdia.

O veterinário nos informou que, para que a perna dela sarasse bem, teríamos que mantê-la calma por três semanas. Caramba. Seria um desafio manter a Chelsea parada por três minutos. Mas três semanas? Isso parecia impossível!

Bem, duas semanas depois da jornada de cura, toda aquela quietude finalmente foi demais para a doce Chelsea. No meio da noite, ela decidiu que iria me punir com um ataque de ganidos, choro e batidas na porta do meu banheiro. Ela queria sair, e queria sair naquele momento. Ela queria correr e perseguir alguma criatura noturna desavisada. A tentação era muito forte e ela estava cansada de sacrificar sua liberdade.

Para ser honesta, eu queria que ela pudesse correr e perseguir uma criatura noturna também. Mas meu amor por Chelsea me fez não permitir que ela se machucasse. A ferida dela não poderia lidar com esse tipo de liberdade.

Ainda não.

Enquanto eu me revirava na cama nas primeiras horas da manhã, aquela declaração sobre a fragilidade de Chelsea me pareceu bem aplicável a mim também. Com que frequência me encontro em situações em que a minha ferida não consegue lidar com a liberdade fora dos limites que Deus estabeleceu para mim?

> *Eu fui criada para ser uma filha vitoriosa de Deus.*

Às vezes, precisamos de limites em torno de nossas próprias lutas e tentações. Comida. Tempo de tela. Compras. Um determinado relacionamento. Deus nos ajuda a estabelecer limites, sabendo que precisamos de mais tempo para nos curar antes de podermos sair deles. Honrar esses limites ajuda a nos fortalecer e nos levar adiante em nossa cura. Aqui estão algumas coisas que tento me lembrar quando me vejo como Chelsea, chateada, chorando e tentando ir além do que Deus quer para mim naquele momento:

- Não fui criada para ser vítima das minhas más escolhas. Eu fui criada para ser uma filha vitoriosa de Deus.
- Quando estiver lutando e considerando um compromisso, vou me forçar a pensar além deste momento e me perguntar: *Como me sentirei sobre essa escolha amanhã de manhã?*
- Se estou em uma situação em que a tentação é imensa, terei que escolher entre removê-la ou me retirar da situação.

- Eu tenho esses limites estabelecidos não para restrição, mas para definir os parâmetros da minha liberdade. O salmo 16:6 me lembra que os limites que Deus colocou em minha vida estão em lugares bons e agradáveis. Minha ferida não pode lidar com mais liberdade do que isso agora. E eu estou bem com isso.

Esta batalha é difícil. Muito difícil. Pode parecer que uma guerra está sendo travada em sua cabeça.

Parte meu coração que tantas mulheres de Deus se sintam impotentes em suas lutas. Mas podemos nos unir, ser honestas, agarrar-nos às verdades que nos libertarão e fazer algo a respeito.

Uma das minhas maiores lutas tem sido na área da alimentação. É sobre isso que alguns dos seguintes devocionais serão. Mas não quero que você os pule se a comida não for sua luta. Estou orando para que você pegue as verdades que compartilho e as aplique em suas próprias batalhas. Suas próprias áreas pessoais de fraqueza e tentação que o Senhor tem estimulado seu coração a acreditar que você pode superar.

Sim, a vitória é possível, irmãs, não descobrindo como tornar esse processo fácil, mas escolhendo – repetidamente – o poder absoluto disponível por meio da verdade de Deus.

Querido Senhor, tu sabes onde a minha ferida é profunda. Por favor, ajuda-me a estabelecer alguns limites saudáveis e a curá-la. Em nome de Jesus, amém.

34

CONSUMIDA POR DESEJOS

Como é agradável o lugar da tua habitação,
SENHOR dos Exércitos!
A minha alma anela, e até desfalece
pelos átrios do Senhor;
o meu coração e o meu corpo
cantam de alegria ao Deus vivo.

SALMOS 84:1–2

Alguns anos atrás, uma empresa de perda de peso criou uma brilhante campanha publicitária. Talvez você tenha visto alguns de seus anúncios. Um monstrinho laranja persegue uma mulher, ele a tenta e a provoca com alimentos que obviamente não fazem parte de seu plano de alimentação saudável. Os anúncios capturam perfeitamente como é ser atormentada por desejos durante todo o dia.

Embora nunca tenha visto esse monstro laranja me perseguindo, senti sua presença. Já senti isso por desejo de comida, mas sei que todas nós sentimos isso por alguma coisa. Às vezes, muitas coisas.

Atenção e satisfação. *Goste de mim.* Aprovação e apreciação. *Me siga.* Dinheiro e poder. *Me dê.* Mais, mais e mais. Às vezes parece que a busca nunca vai acabar, que os desejos nunca serão satisfeitos, que nada nunca será suficiente.

Embora o monstro laranja seja uma ótima maneira de visualizar os desejos, esses anúncios falharam em sua promessa de realmente ajudar uma mulher. A teoria da empresa de perda de peso é ensinar quais alimentos saciam mais e incentivar o consumo deles. Mas isso realmente ajuda a superar os desejos?

Sim, fomos feitos para desejar – ansiar, desejar muito, desejar ansiosamente e implorar por – Deus. Só por Deus.

Compramos e gastamos dinheiro com coisas que não precisamos. Ainda comemos a torta de chocolate quando estamos satisfeitas do jantar. Percorremos as redes sociais, conferindo nossas páginas e contando nossas curtidas e comentários. Nós nos entregamos aos nossos prazeres que nos causam culpa, escondemos nossos pecados secretos e deitamos na cama imaginando se é isso. *É isso?*

O que realmente está acontecendo aqui?

Acredito que Deus nos fez para desejar. Agora, antes que você pense que isso é algum tipo de piada cruel de Deus, deixe-me assegurar-lhe que o objeto de nosso desejo nunca deveria ser comida ou muitas outras coisas pelas quais as pessoas são consumidas.

Pense na definição da palavra *desejo*. Como você a definiria? O dicionário define o *desejo* como algo que você anseia, quer muito, anseia avidamente e implora. Agora considere esta expressão de desejo: "Como é agradável o lugar da tua habitação, Senhor dos Exércitos! A minha alma anela, e até desfalece pelos átrios do Senhor; o meu coração e o meu corpo cantam de alegria ao Deus vivo" (Salmos 84:1–2).

Sim, fomos feitos para desejar – ansiar, desejar muito, desejar ansiosamente e implorar por – Deus. Só Deus.

Querida irmã, você se identifica com isso?

Você escolheu buscar a Deus, seguir a Jesus? Ele criou você para conhecê-lo, para ser preenchida mais profundamente por conhecê-lo do que por qualquer outra experiência ou prazer que este mundo tem a oferecer. Quando admitimos nossa necessidade de Deus, quando nos humilhamos e confessamos nossos pecados e pedimos que Ele seja o Senhor de nossas vidas, é aí que a jornada começa. Ele nos salva nesse momento, e então podemos começar o processo de permitir que Ele satisfaça nossos desejos e nos torne eternas, completas e totalmente preenchidas.

É fácil?
Não.
Vale a pena?
Mil vezes *sim*.

Querido Deus, sou uma pessoa imperfeita, uma pecadora e preciso de ti. Por favor, perdoa-me por ceder a desejos que nunca vão ser satisfeitos. Eu quero te seguir. Em nome de Jesus, amém.

35

FISICAMENTE ACIMA E ESPIRITUALMENTE ABAIXO

*Disse Jesus: "A minha comida é fazer a vontade
daquele que me enviou e concluir a sua obra."*

JOÃO 4:34

Se você já participou de muitos eventos para mulheres cristãs, provavelmente já ouviu a história da mulher samaritana contada de quase todos os ângulos possíveis. Se ouço alguém começar a falar sobre ela em uma conferência, admito que meu cérebro me implora para desligar e sonhar acordada com paisagens tropicais ou itens que preciso adicionar à minha lista de compras.

Não é que eu não goste da história dela. Eu gosto. É que já ouvi isso tantas vezes que me pego duvidando que haja algo novo a dizer sobre isso. Mas em todos os meus anos ouvindo sobre a mulher samaritana, lendo sua história e sentindo que a conhecia, perdi algo. Algo realmente grande.

Bem no meio de uma das mais longas interações registradas de Jesus com uma mulher, ele começa a falar sobre comida. Comida! E eu nunca tinha percebido isso antes. De alguma forma, perdi o ensinamento crucial de Jesus de que nossos corpos devem ter dois tipos de nutrição: física e espiritual.

Assim como devo ter comida física para meu corpo sobreviver, preciso de comida espiritual para minha alma prosperar. Jesus diz: "A minha comida é fazer a vontade daquele que me enviou e concluir a sua obra" (João 4:34). E então Ele continua dizendo: "Eu lhes digo: Abram os olhos e vejam os campos! Eles estão maduros para a colheita" (João 4:35).

No meio da oferta de salvação à samaritana, Jesus parece vagar por essa tangente sobre a comida. Mas não é tangente alguma.

Na verdade, ela se encaixa perfeitamente. Relaciona-se diretamente com a questão central da desnutrição espiritual. Especificamente, trata-se de tentar usar a comida para preencher não apenas o vazio físico dos nossos estômagos, mas também o vazio espiritual de nossas almas. Durante anos, eu estava fisicamente acima, mas espiritualmente abaixo do peso.

Como mencionei antes, sei que a comida pode não ser sua área de luta. Mas acredito que todas nós temos coisas em nossas vidas às quais somos tentadas a recorrer em vez de Jesus para preencher os lugares doloridos em nossas almas. Como é crucial para nós lembrarmos:

> *Jesus quer que saibamos que somente Ele pode nos preencher e nos satisfazer verdadeiramente.*

A comida pode encher nossos estômagos, mas nunca nossas almas.
Posses podem encher nossas casas, mas nunca nossos corações.
As crianças podem preencher nossos dias, mas nunca nossas identidades.

Jesus quer que saibamos que somente Ele pode nos preencher e nos satisfazer verdadeiramente. Ele realmente quer que acreditemos nisso de todo o coração.

Somente sendo preenchida com o autêntico alimento da alma de Jesus, seguindo-o e falando sobre ele aos outros, é que nossas almas ficarão verdadeiramente satisfeitas. E libertar-se de tudo o que consome nossos pensamentos mais do que Jesus nos permite ver e buscar nossos chamados com mais confiança e clareza.

Querido Senhor, eu sei que é verdade que apenas tu podes me preencher. Reconheço que tu és o Senhor da minha vida. Quero agradar a ti hoje em tudo o que faço. Ajuda-me a seguir-te. Em nome de Jesus, amém.

36

Um coração sem divisões

O meu corpo e o meu coração poderão fraquejar,
mas Deus é a força do meu coração e a minha
herança para sempre.

Salmos 73:26

Eu sabia que meu problema com o meu peso não tinha nada a ver com ser espiritual ou mundana. Se eu fosse honesta comigo mesma, meu problema era claro e simples: falta de autocontrole. Eu poderia disfarçar e justificar o dia todo, mas a verdade é que eu não tinha problema de peso; eu tinha um problema espiritual. Eu dependia mais da comida do que de Deus para o meu conforto. E eu estava simplesmente com preguiça de arranjar tempo para me exercitar.

Ai!, essa verdade doeu.

Então, um dia, alguns anos atrás, me levantei pela manhã e fui correr. E sabe de uma coisa? Eu odiei isso. O exercício só me deu vontade de chorar.

Isso me deixou com calor e pegajosa. Fez minhas pernas doerem e meus pulmões queimarem. Nada relacionado a isso foi divertido até depois que eu terminei. Mas a sensação de dever cumprido que senti depois foi fantástica! Então, todo dia eu lutava contra as lágrimas e desculpas e me esforçava para correr.

No começo, eu só conseguia correr lentamente de uma caixa de correio até outra, em um bairro onde as casas são próximas, é claro. Lentamente, comecei a ver pequenas evidências de progresso. Todos os dias eu pedia a Deus que me desse forças para perseverar desta vez. Eu tentei tantas outras vezes e falhei. Quanto mais eu me preocupava com o crescimento espiritual e a disciplina, menos me concentrava no peso. Cada quilo perdido não era uma busca para emagrecer, mas uma prova de obediência a Deus.

Um dia, saí para correr e um mandamento claro de Deus ressoou em meu coração: "Corra até não poder dar mais nenhum passo. Faça isso não com a sua força, mas com a minha. Toda vez que você quiser parar, ore, mas não pare até que eu mande".

Eu tinha um recorde até aquele ponto de correr quase 5 km, o que achei excelente. Então, talvez Deus quisesse que eu corresse um pouco além do marcador de 5 km e me alegrasse em confiar na força dele para fazer isso. Mas quando cheguei a esse ponto em minha corrida, meu coração traiu meu corpo dolorido e disse: "Continue".

A cada passo seguinte, eu tinha que orar e confiar em Deus. Quanto mais me concentrava em correr em direção a Deus, menos pensava em meu desejo de parar. E este versículo do salmo ganhou vida: "O meu corpo e o meu coração poderão fraquejar, mas Deus é a força do meu coração e a minha herança para sempre" (73:26).

Enquanto corria naquele dia, me conectei com Deus em um nível diferente. Eu experimentei o que significa exigir absolutamente a fé de Deus para ver algo. Quantas vezes afirmei ser uma mulher de fé, mas raramente vivi uma vida que exigisse fé? Naquele dia, Deus não me fez parar até que eu corresse quase 14 km.

> *Quantas vezes afirmei ser uma mulher de fé, mas raramente vivi uma vida que exigisse fé?*

Deixe-me contar. Eram *minhas* pernas que davam cada passo. Era a *minha* energia sendo usada. Foi *meu* esforço que me levou dos 5 km aos 14 km. Mas foi *a força de Deus* substituindo minhas desculpas passo a passo.

Para a mulher que corria de caixa de correio em caixa de correio, que chorava quando pensava em se exercitar e era alérgica à disciplina física, era um milagre moderno. Rompi a barreira do "não posso" e ampliei os horizontes da minha realidade. Foi difícil? Sim. Foi tentador desistir? Com certeza. Eu poderia fazer isso com minhas próprias forças? Nunca. Mas isso realmente não era sobre correr. Era sobre perceber o poder de Deus tomando conta da minha total fraqueza.

Voltei à minha trilha padrão de 5 km na próxima vez que corri. Mas lentamente aumentei minhas corridas diárias para 6 km e estou muito feliz com essa distância. Correr 14 km diariamente não é realista para mim. Mas naquele dia foi glorioso. Principalmente pelo que descobri quando cheguei em casa.

Como estava pensando em um versículo do salmo durante minha corrida, peguei minha Bíblia assim que cheguei em casa e a abri no salmo 86, em homenagem aos meus 14 km, que equivalem a 8,6 milhas.

Aqui está parte do que li: "Ensina-me o teu caminho, Senhor, para que eu ande na tua verdade; dá-me um coração inteiramente fiel, para que eu tema o teu nome. De todo o meu coração te louvarei, Senhor, meu Deus; glorificarei o teu nome para sempre" (Salmos 86:11–12).

Um coração sem divisões. É disso que se trata toda a minha jornada para conquistar meus desejos. Quando se trata do meu corpo, não posso viver com lealdades divididas. Posso ser leal a honrar o Senhor com meu corpo ou leal a meus anseios, desejos e muitas desculpas para não me exercitar.

Não sei onde você pode ter dividido lealdades ou que luta a faz pensar, *não posso*. Mas você está aberta à orientação de Deus sobre como Ele deseja mostrar o poder dele em sua vida?

Querido Senhor, quero ter um coração totalmente leal a ti. Por favor, mostra-me se há coisas que eu não recorro a ti. Ensina-me a confiar na tua força e poder nas áreas em que sou fraca. Em nome de Jesus, amém.

31

SURPREENDIDA PELO MEU
PRÓPRIO CONSELHO

"Entrem pela porta estreita, pois larga é a porta
e amplo o caminho que leva à perdição, e são
muitos os que entram por ela. Como é estreita
a porta, e apertado o caminho que leva à vida!
São poucos os que a encontram".

MATEUS 7:13–14

Os versículos-chave de hoje não são fáceis para uma garota em cresci-mento que não queria nada mais do que se encaixar. Não se desta-que. Não chame atenção. Não arrume confusão com a norma de maneira alguma. Apenas siga o fluxo na mesma direção que todos os outros.

Mas em algum momento da minha jornada cristã, seguir o fluxo começou a me incomodar.

Versículos como os de Mateus 7, acima, ou Romanos 12:2, "Não se amoldem ao padrão deste mundo, mas transformem-se pela renovação da sua mente", começaram a mexer com o meu *status quo* de existência.

Conformada ou transformada? A escolha é minha. Se eu quero ser alguém totalmente entregue a Deus, tenho que me afastar da multidão.

Esta é uma mensagem que compartilhei com meu filho há vários anos, quando ele veio até mim, assustado. Ele admitiu que as coisas foram longe demais com sua namorada e queria ajuda para processar o que fazer. Eles não cruzaram todas as linhas, mas o suficiente para que ele soubesse que estavam indo em uma direção perigosa.

ACOLHIDA

Sentamos no deque nos fundos da casa e processamos a situação juntos. Lemos uma lista de versículos bíblicos fortalecedores que buscam filtrar cada parte dessa situação por meio da verdade de Deus. No final, ele e a namorada chegaram à conclusão de que precisavam terminar. É realmente difícil inverter as coisas depois que certas linhas foram cruzadas.

Voltei para casa depois daquela conversa com duas coisas passando pela minha cabeça. Fiquei emocionada porque meu filho veio até mim para falar sobre um assunto tão delicado. Que honra respirar a Verdade em sua luta física.

Mas também estava um pouco em pânico com a realidade de criar filhos adolescentes. E esse sentimento me levou direto para a despensa, convencida de que *precisava* de um pouco de chocolate. Eu *merecia* algumas batatas fritas! Enquanto enchia meus braços de guloseimas, de repente, fui atingida por uma pergunta angustiante. Como eu poderia esperar que meu filho aplicasse a Verdade à sua área de luta física, se eu me recusava a aplicá-la à minha área de luta física com a comida?

Ai. Fui surpreendida pelo meu próprio conselho.

Se eu quisesse ser modelo de como é viver a verdade nas minhas lutas físicas, teria que romper com escolhas prejudiciais. Deus me criou para consumir comida, mas a comida nunca deveria me consumir.

> *Conformada ou transformada? A escolha é minha. Se eu quero ser alguém totalmente entregue a Deus, tenho que me afastar da multidão.*

Fazer escolhas saudáveis na minha alimentação teria que fazer parte do meu rompimento. Eu teria que me distanciar da minha distração se quisesse ser verdadeiramente transformada.

Qual é a sua distração? Qual é a única maneira de começar a se afastar da multidão?

A multidão diz: "Se é bom, é bom". A multidão diz: "Não negue a si mesma... isso é tão antiquado". A multidão diz: "Todo mundo está vivendo isso, você também deveria viver". Conformada ou transformada? A escolha é nossa. Se queremos nos destacar para Deus, temos que nos separar da multidão.

Querido Senhor, eu quero e preciso viver separada da multidão. Liberta-me das minhas distrações. Remove as minhas inseguranças. Ajuda-me a te seguir com todo o meu coração. Em nome de Jesus, amém.

O valor do vazio

Mas ele me disse: "Minha graça é suficiente para você, pois o meu poder se aperfeiçoa na fraqueza". Portanto, eu me gloriarei ainda mais alegremente em minhas fraquezas, para que o poder de Cristo repouse em mim.

2 Coríntios 12:9

Certa vez, tive uma discussão fascinante sobre disciplina com três pastores. A pergunta foi lançada: "A disciplina é realmente sustentável?" Um riu enquanto enfiava um segundo pãozinho na boca e dizia: "Obviamente, não para mim".

O segundo recostou-se na cadeira e também expressou sua dúvida.

O terceiro respondeu com um sim absoluto e deu suporte bíblico para sua resposta enfática.

Eu não cheguei a dar a minha resposta naquele dia. Tínhamos uma agenda apertada e nossa conversa se voltou para outros assuntos. Mas se eu pudesse dar a minha resposta, teria sido essa: não e sim.

Não, não acredito que em nossa própria força possamos manter um nível de disciplina que exija sacrifício real por um longo período de tempo.

No entanto, minha resposta é sim quando você considera uma verdade espiritual crucial. Fazer a conexão entre minhas disciplinas diárias e meu desejo de buscar a santidade é crucial. Santidade não lida apenas com minha vida espiritual; trata de cada parte da minha vida. Meu corpo. Minha mente. Meus relacionamentos. Meu tempo.

É bom que o povo de Deus seja colocado em um lugar de anseio para que sinta um leve desespero. Só então podemos estar vazias o suficiente e abertas o suficiente para descobrir a santidade para a qual fomos criadas. Quando estamos cheias de outras coisas e nunca nos permitimos estar em um lugar de anseio, não reconhecemos a batalha espiritual mais profunda que está acontecendo.

Satanás quer nos manter distraídas, fazendo-nos perseguir um preenchimento temporário após o outro. Deus quer que demos um passo para trás e deixemos o processo de esvaziamento acontecer até que comecemos a desejar uma abordagem mais santa da vida. A lacuna entre nossa frágil disciplina e a força disponível de Deus é superada com nada além de uma simples escolha de nossa parte de buscar essa santidade.

> *Quanto mais nos tornamos dependentes da força de Deus, menos fascinados por outras escolhas ficaremos.*

A cada momento, temos a escolha de viver em nossa própria força e arriscar o fracasso ou atravessar a lacuna e nos apegar à força inabalável de Deus. Ele nos promete em 2Coríntios 12:9 que sua graça será suficiente para nós, mesmo em nossas áreas de maior fraqueza. E o mais bonito é que, quanto mais nos tornamos dependentes da força de Deus, menos fascinados por outras escolhas ficaremos.

Querido Senhor, eu sou fraca. Por favor, ajuda-me a fazer uma pausa e sentir o vazio e o desejo profundo dentro de mim. Eu quero viver por tua santidade e força. Em nome de Jesus, amém.

O plano de Satanás
contra você

Pois tudo o que há no mundo – a cobiça da
carne, a cobiça dos olhos e a ostentação dos
bens – não provém do Pai, mas do mundo.

1João 2:16

Algo pelo qual oro regularmente é que Deus me dê uma consciência aguçada dos planos e esquemas do Inimigo contra mim. Quero ser capaz de reconhecer e evitar as armadilhas dele.

Acredito que parte da resposta de Deus veio um dia enquanto eu estudava a história de Satanás tentando Eva em Gênesis 3 e nosso versículo-chave: "Pois tudo o que há no mundo – a cobiça da carne, a cobiça dos olhos e a ostentação dos bens – não provém do Pai, mas do mundo" (1João 2:16).

Ao comparar essas passagens, tive uma epifania séria sobre como Satanás vai atrás de nós. Esses versículos descrevem o plano triplo de Satanás para atacar nossos corações. E é o mesmo plano que o vemos usando ao tentar Jesus no deserto em Mateus 4:1–11! Um fato que me diz que, embora o Inimigo seja poderoso, ele também é previsível.

Vamos dar uma olhada no plano de Satanás, conforme revelado na história de Eva e na história de Jesus:

1. **Fazer com que desejem algum tipo de gratificação física a ponto de se preocuparem com isso, seja sexo, drogas, álcool ou comida.** Satanás tentou Eva com uma fruta que "era boa para se comer" (Gênesis 3:6 [ARA]).

   Satanás tentou Jesus com pão enquanto o Senhor estava jejuando.

   E Satanás nos tenta com qualquer estímulo físico com o qual estamos muito preocupadas, seja gosto, cheiro, som, toque ou visão. Essas coisas são boas dentro dos limites que Deus orienta que sejam desfrutadas. Mas se aventurar nessas coisas fora da intenção de Deus se torna uma tentativa de satisfazer nossas necessidades fora da vontade dele.

   O poder de Satanás sobre nós não é nada comparado às promessas libertadoras de Deus.

2. **Fazê-los querer adquirir coisas a ponto de se curvarem ao deus do materialismo. Mantê-los distraídos fazendo com que seus olhos desejem as coisas brilhantes do mundo.** Satanás tentou Eva chamando sua atenção para o que era "agradável aos olhos" (Gênesis 3:6 [ARA]).

   Satanás mostrou a Jesus os reinos do mundo e disse a Ele que Ele poderia ter tudo.

   Satanás nos mostra as coisas mais novas, maiores e aparentemente melhores deste mundo, tentando nos seduzir a pensar que devemos tê-las. *Isso me deixará realizado. Isso vai me deixar feliz.* E então ela se desgasta, quebra, envelhece e revela o quão temporária cada coisa material é.

3. **Fazer com que se gabem das coisas que têm ou fazem. Mantê-los distraídos e obcecados com seu *status* e significado. Sufocar a vida deles usando os tentáculos de seu próprio orgulho.** Satanás tentou Eva prometendo uma maior consciência que a tornaria mais semelhante a Deus.

Satanás tentou Jesus dizendo-lhe que se jogasse do ponto mais alto do templo e então ordenasse aos anjos que o salvassem. Isso impressionaria a todos que estivessem assistindo e certamente aumentaria o *status* e a importância de Jesus.

Da mesma forma, Satanás nos tenta para que desejemos nos elevar acima dos outros. Pensamos erroneamente que temos que nos tornar algo que o mundo chama de digno. Isso cria uma necessidade em nossa carne de que as pessoas nos notem, nos elogiem, nos reverenciem e acariciem nosso orgulho. Ousamos, então, nos vangloriar de tudo o que somos.

Ah, queridas irmãs, é aqui que devemos parar e nos lembrar de que não precisamos ser reféns de Satanás. Estamos cientes dele e de seus esquemas. E seu poder sobre nós não é nada comparado às promessas libertadoras de Deus.

Havia uma enorme diferença entre a resposta de Eva a Satanás e a resposta de Jesus a Satanás. Eva dialogou com Satanás e permitiu que ele tecesse sua teia emaranhada de justificativas. Jesus, por outro lado, imediatamente citou a verdade. A cada tentação, Jesus citava Deuteronômio ao responder: "Está escrito..." e Ele calou Satanás com a verdade de Deus.

Qual será a nossa resposta?

A escolha é nossa.

Momento a momento, decisão a decisão, passo a passo – vamos operar na verdade todo-poderosa de Deus ou permitir que Satanás nos envolva em suas mentiras?

Querido Senhor, obrigada por me alertar sobre os planos do Inimigo contra mim. Declaro hoje que, embora o Inimigo possa ser cruel, ele não será vitorioso em minha vida. Não com o Senhor me ajudando a andar na Verdade e na Luz. Em nome de Jesus, amém.

40

QUANDO O OBJETIVO FINAL
PARECE MUITO DIFÍCIL

*Por isso mesmo, empenhem-se para acrescentar
à sua fé a virtude; à virtude o conhecimento; ao
conhecimento o domínio próprio; ao domínio
próprio a perseverança; à perseverança a piedade.*

2 PEDRO 1:5–6

Não importa qual tenha sido sua luta, a vitória é possível hoje. Infelizmente, a maioria de nós não acha que isso seja verdade. O problema é que tendemos a medir o sucesso de longo prazo enquanto minimizamos a vitória absoluta encontrada nos pequenos sucessos.

Recentemente, uma amiga minha ligou para dizer que desistiu de uma compra *on-line* impulsiva. Esse é um pequeno sucesso vitorioso. Não posso dizer que sua conta bancária vai se levantar e bater palmas e recompensá-la com um saldo muito maior. Mas, se ela se basear nesse pequeno sucesso, escolha após escolha, dia após dia, verá mudanças positivas.

Este princípio também se aplica a outras lutas. Se eu optar por não atacar um ente querido e, em vez disso, responder com ternura, isso é um pequeno sucesso vitorioso.

Se eu optar por fazer uma pausa antes de responder à vendedora rude, dando-lhe um sorriso em vez de perpetuar seu sorriso malicioso, isso é um pequeno sucesso vitorioso.

ACOLHIDA

137

Gosto da maneira como 2Pedro 1:5–6 coloca isso. Somos lembradas de "acrescentar" algumas coisas à nossa fé. Duas dessas adições são o autocontrole e a perseverança. Para mim, tenho que decidir praticar o autocontrole e a perseverança que são meus, pois o Espírito de Deus vive em mim.

Pense nisso como um músculo. Temos músculos como parte de nossos corpos. Mas devemos adicionar atividade a esses músculos para torná-los eficazes e fortes. Nossos músculos trabalharão para nós se os exercitarmos. O autocontrole e a perseverança funcionarão para nós quando os praticarmos continuamente. Comece com as pequenas vitórias e vitórias maiores virão.

> *Grandes coisas são construídas um tijolo de cada vez. As vitórias são alcançadas uma escolha de cada vez. Uma vida bem vivida é escolhida um dia de cada vez.*

Às vezes a vitória parece tão distante porque a medimos pelo objetivo final. E os objetivos finais podem parecer extremamente grandes, assustadores e simplesmente difíceis de alcançar. Em vez disso, se começarmos a medir nossas vitórias pelas escolhas menores que fazemos a cada dia, a vitória não parecerá tão impossível.

Grandes coisas são construídas um tijolo de cada vez.

As vitórias são alcançadas uma escolha de cada vez.

Uma vida bem vivida é escolhida um dia de cada vez.

Querido Senhor, sei que contigo a vitória é realmente possível. Dia após dia e escolha após escolha. Ajuda-me a crer nesta verdade hoje. Em nome de Jesus, amém.

41

Substituindo velhas
mentiras por novas verdades

*Pois estou convencido de que nem morte nem
vida, nem anjos nem demônios, nem o presente
nem o futuro, nem quaisquer poderes, nem altura
nem profundidade, nem qualquer outra coisa
na criação será capaz de nos separar do amor de
Deus que está em Cristo Jesus, nosso Senhor.*

Romanos 8:38-39

Eu estava passando por alguns dias ruins, horríveis, nada bons, e não sabia de jeito algum o que orar. Adquiri o hábito de fazer orações orientadas para as circunstâncias, listando todos os problemas e pedindo a Deus que, por favor, os resolva. Até dei sugestões de soluções, caso minha opinião pudesse ser útil. Mas nada mudou.

Certo dia, irritada, sentei para orar e não tive palavras. Nenhuma. Eu sentei lá olhando fixamente de maneira inexpressiva. Não tinha sugestões. Não tinha soluções. Não tinha nada além de lágrimas silenciosas. Mas, por fim, Deus abriu caminho para o meu coração exausto. Um pensamento passou pela minha mente e me pegou desprevenida. *Eu sei que você quer que eu mude suas circunstâncias, Lysa. Mas, agora, quero me concentrar em mudar você. Mesmo circunstâncias perfeitas não vão satisfazê-la, apenas me permitir mudar a maneira como você pensa é que a satisfará.*

Não gostei do que ouvi durante esta primeira vez em que me sentei silenciosamente com o Senhor, mas pelo menos senti que estava me

ACOLHIDA

139

conectando com Deus. Eu não sentia isso há muito tempo. E então comecei a criar o hábito de sentar em silêncio diante do Senhor.

Às vezes, eu chorava. Às vezes, eu me sentava com um mau comportamento. Às vezes, eu me sentava com o coração tão pesado que não tinha certeza se seria capaz de continuar por muito mais tempo. Mas enquanto me sentava, imaginei Deus sentado ali comigo. Ele já estava lá e eu finalmente senti isso. Experimentei o que o apóstolo Paulo ensinou quando escreveu: "Da mesma forma o Espírito nos ajuda em nossa fraqueza, pois não sabemos como orar, mas o próprio Espírito intercede por nós com gemidos inexprimíveis" (Romanos 8:26).

> *Se quisermos realmente progredir em direção a mudanças duradouras em nossas vidas, temos de nos livrar da mentira de que outras pessoas ou coisas podem preencher nossos corações ao máximo.*

Enquanto eu estava sentada em silêncio, o Espírito intercedeu com orações perfeitas em meu nome. Não precisei descobrir *o que* orar ou *como* orar sobre essa situação que parecia tão desgastante. Eu só tinha que ficar quieta e sentar com o Senhor. E durante aqueles momentos, comecei a discernir as mudanças que precisava fazer em resposta às minhas circunstâncias.

Se quisermos realmente progredir em direção a mudanças duradouras em nossas vidas, temos de nos livrar da mentira de que outras pessoas ou coisas podem preencher nossos corações ao máximo. Então, temos de nos encher deliberada e intencionalmente com as verdades de Deus e permanecer seguros no amor dele.

Tenho que substituir mentalmente as mentiras usando alguns dos meus versículos favoritos para me lembrar de como o amor de Deus realmente é gratificante. Aqui está um que realmente me ajuda:

> Pois estou convencido de que nem morte nem vida, nem anjos nem demônios, nem o presente nem o futuro, nem quaisquer poderes,

nem altura nem profundidade, nem qualquer outra coisa na criação será capaz de nos separar do amor de Deus que está em Cristo Jesus, nosso Senhor (Romanos 8:38–39).

Falaremos mais sobre isso no devocional de amanhã, mas por enquanto quero encorajá-la a pensar em alguns de seus versículos favoritos e escrever algumas velhas mentiras e novas verdades por conta própria. Querida amiga, o processo de despir velhas mentiras é difícil e pode produzir sentimentos indigestos. É por isso que é tão crucial ter verdades com as quais substituí-las.

Querido Senhor, por favor, ajuda-me a reconhecer as mentiras das quais preciso me livrar. Em vez disso, quero me encher da tua verdade. Em nome de Jesus, amém.

Indo para o norte

Então o Senhor me disse: "Vocês já
caminharam bastante tempo ao redor destas
montanhas; agora andem para o norte".

Deuteronômio 2:2–3

Todas nós temos problemas em nossas vidas. Problemas financeiros. Problemas no relacionamento. Problemas de saúde. Problemas com as crianças. Problemas domésticos. Problemas nos negócios. Problemas que nos deixam empacadas. Como se estivéssemos presas neste lugar de turbulência e inquietação para sempre.

Não posso deixar de pensar no povo de Israel, enquanto eles vagavam pelo deserto. Lemos no livro de Deuteronômio sobre como eles estavam presos em um problema sem fim à vista. Deus os libertou milagrosamente da opressão e da servidão da escravidão no Egito. Mas a falta de vontade deste povo em confiar plenamente em Deus e sua recusa flagrante em tomar posse da Terra Prometida os colocaram em uma grande confusão. Uma confusão errante de quarenta anos no deserto.

Em Deuteronômio 2, Moisés os lembra de uma época em que eles ficaram presos ao redor da mesma montanha por muito tempo. Deus falou em sua peregrinação e os deixou saber que era hora de seguir em uma nova direção.

Então o Senhor me disse: "Vocês já caminharam bastante tempo ao redor destas montanhas; agora andem para o norte" (Deuteronômio 2:2–3).

Foi um momento crucial para eles se lembrarem. Um momento em que eles enfrentaram uma escolha de mudança de vida. Eles podiam ficar presos, rodeando indefinidamente o mesmo lugar ou poderiam escolher a esperança e seguir uma nova direção com o Senhor.

Eles poderiam ir para o norte.

Acho que este é o momento perfeito para fazer uma pausa e perguntar a Deus se há algum lugar em que precisamos "ir para o norte" em nossas próprias vidas. Estamos ao redor dos mesmos problemas por anos e anos sem fim à vista? Existem áreas que sabemos que precisamos mudar, mas sentimos que isso exigirá muito sacrifício?

Aqui está uma pergunta que podemos nos fazer bem no meio dos nossos problemas...

Estou deixando esse problema me *definir* ou me *aperfeiçoar*?

A resposta a esta pergunta é crucial.

Se estou deixando um problema me *definir*, vou me sentir *sem esperança*.

Se estou deixando um problema me *aperfeiçoar*, terei *esperança*.

Se os israelitas tivessem olhado para seu histórico de quarenta anos de peregrinação sem rumo e se definido como rebeldes fracassados, teriam perdido toda a esperança e continuado andando em círculos. Mas, porque eles aceitaram a correção e o redirecionamento do Senhor, eles foram capazes de dar meia-volta e seguir em direção às promessas de Deus com a esperança firmemente plantada em seus corações.

> Estou deixando esse problema me definir ou me aperfeiçoar?

Está na hora de os nossos problemas pararem de nos definir. Está na hora de abraçar o processo de aperfeiçoamento e ir para o norte.

Então, como começamos a ir para o norte? Substituindo nossos velhos pensamentos por verdades fortalecedoras da Palavra de Deus, exatamente como falamos ontem. Eu os chamo de "Roteiros de acesso". Em outras palavras, essas declarações podem se tornar nossos novos padrões de pensamento. E esses novos padrões de pensamento nos capacitarão para uma nova maneira de viver.

Aqui estão alguns dos meus "Roteiros de acesso" favoritos para ir para o norte:

1. **Fui criada para mais do que ficar presa em um ciclo vicioso de derrota.** Deuteronômio 2:3: "Vocês já caminharam bastante tempo ao redor destas montanhas; agora andem para o norte".
2. **Quando tentada, eu removo a tentação ou me afasto da situação.** Em 1Coríntios 10:13–14, "E Deus é fiel; ele não permitirá que vocês sejam tentados além do que podem suportar. Mas, quando forem tentados, ele lhes providenciará um escape, para que o possam suportar. Por isso, meus amados irmãos, fujam da idolatria".
3. **Não preciso me preocupar em decepcionar Deus porque ele nunca se apoiou em mim. A graça de Deus é suficiente.** Em 2Coríntios 12:9–10: "Mas ele me disse: 'Minha graça é suficiente para você, pois o meu poder se aperfeiçoa na fraqueza' […] Pois, quando sou fraco, é que sou forte".

Que possamos ouvir a voz do Pai, cheia de graça e livre de qualquer indício de condenação, declarando para nós hoje: "Está na hora de ir para o norte, amadas". E que possamos ser encontradas voltando-nos para Deus e avançando com Ele.

Querido Senhor, obrigada por olhar para mim com amor e continuamente me oferecer esperança. Estou escolhendo acreditar hoje que não preciso ficar presa nos meus problemas. Estou sintonizando meus ouvidos para a tua voz hoje. Estou enchendo meu coração e minha mente com a verdade da tua Palavra. E estou indo em uma nova direção contigo. Em nome de Jesus, amém.

43

QUANTO ESSA ESCOLHA REALMENTE VAI CUSTAR PARA MIM?

*A fim de que Satanás não tivesse vantagem sobre
nós; pois não ignoramos as suas intenções.*

2 CORÍNTIOS 2:11

Alguns anos atrás, me sentei no Departamento de Veículos Motorizados com uma das minhas filhas, enquanto uma funcionária lhe dizia a importância das boas escolhas. Ela estava obtendo a habilitação provisória e entrando no mundo assustador dos motoristas adolescentes.

"Tivemos 320 adolescentes mortos este ano em acidentes de carro fatais, então queremos fazer todo o possível para mantê-los seguros", disse a funcionária com firmeza ao destacar para minha filha todas as muitas regras para novos motoristas. Então, ela sugeriu que minha filha assinasse um contrato com os pais incorporando essas regras.

Eu nunca quis abraçar uma funcionária daquele departamento. Mas tudo o que eu queria fazer naquele momento era estender os braços por cima da mesa e abraçá-la. Pois, veja bem, eu já havia criado um contrato de direção que cada um dos meus filhos adolescentes deveria assinar.

Tenho certeza de que as crianças acharam o contrato um pouco exagerado. Afinal, nenhum dos seus amigos precisou assinar um documento assim com os pais. Então foi bom ouvir outro adulto falar a verdade na vida da minha filha.

E o que mais gostei no sermão da policial sobre direção segura foi sua ênfase no custo das escolhas erradas.

Como eu gostaria que todas pudéssemos ver o custo de nossas escolhas tão claramente quanto a etiqueta de preço dos itens em uma loja. Se eu sei quanto algo vai me custar, faço escolhas muito mais sábias. Mas temos um Inimigo que trama contra nós para manter oculto o custo de decisões estúpidas até que seja tarde demais.

> *Se eu sei quanto algo vai me custar, faço escolhas muito mais sábias.*

Satanás quer derrotar, desencorajar e destruir nossa família. Seus ataques não são apenas tentativas aleatórias de nos fazer tropeçar ou nos derrubar. Ele quer nos destruir.

Você sabe por que as táticas de Satanás são chamadas de planos em 2Coríntios 2:11 (NTLH)? Um plano é um intento, projeto ou programa de ação. Os planos de Satanás são planos bem elaborados especificamente direcionados para aumentar seu desejo por algo fora da vontade de Deus, fazer você pensar que ceder a uma fraqueza não é grande coisa e minimizar sua capacidade de pensar nas consequências de cair nessa tentação.

Satanás é mestre em manter esse custo oculto até que seja tarde demais.

Queridas irmãs, vale a pena pensar nisso. E é algo que vale a pena conversar com nossos filhos e com as pessoas que amamos. Considere exemplos apropriados para a idade de como as escolhas erradas podem custar caro. Seja real, direta e ousada ao conduzi-los por diferentes cenários de tentações que eles podem enfrentar.

Aquela funcionária certamente foi ousada em sua explicação sobre o custo quando um motorista adolescente se distrai com o celular ou com amigos agindo como bobos. Ao ouvi-la explicar para minha filha como as más escolhas dos outros custaram caro, essas "regras" parecem mais presentes que salvam vidas.

Pense em como a vida seria diferente se parássemos e fizéssemos esta pergunta crucial: *quanto essa escolha realmente me custará?* Se não ensinarmos a nós mesmos e aos que nos foram confiados nada mais esta semana do que fazer esta pergunta, já teremos investido sabiamente. Muito, muito sabiamente.

Querido Senhor, lembro-me de que seguir-te com ousadia é muito melhor do que qualquer experiência de curto prazo que não seja agradável a ti. Dê-me teus olhos para que eu possa ver a tentação e suas muitas faces diferentes. Em nome de Jesus, amém.

44

A ESCOLHA CORAJOSA

Aguardo ansiosamente e espero que em nada
serei envergonhado. Pelo contrário, com toda
a determinação de sempre, também agora
Cristo será engrandecido em meu corpo,
quer pela vida, quer pela morte.

FILIPENSES 1:20

Um dia, tive uma conversa muito interessante com uma amiga que mora em Hollywood. Embora a família dela viva no meio de brilho, glamour e excessos extremos, ela disse que eles estão determinados a ensinar aos filhos algo raro – a escolha corajosa.

Veja, existem dois tipos de coragem. Há o ato de coragem que faz nosso coração bater mais rápido quando o cavaleiro luta contra o dragão ou o bombeiro corre para dentro do prédio em chamas. Estes são eventos extremos que muitas de nós não teremos que enfrentar. E como a maioria de nós não está em posição de participar de um ato de coragem, não nos consideramos necessariamente corajosas.

No entanto, há um segundo tipo de coragem que está amplamente disponível, mas que não é adotado na mesma medida. É a *escolha corajosa*. Esta é a decisão de fazer a coisa certa mesmo quando é impopular, não comemorada e até despercebida.

Você tem se deparado com um desses tipos de escolha nos últimos tempos? Decerto, uma das minhas escolhas corajosas mais difíceis foi na área das minhas escolhas alimentares. Foi a minha luta oculta.

Uma luta com a qual eu não queria lidar ou sobre a qual eu não queria falar nem com meus amigos e certamente nem com Deus.

No entanto, comecei a encontrar versículos após versículos na Bíblia que falavam diretamente sobre o meu problema. Embora eu não quisesse falar com Deus sobre isso, Ele certamente parecia querer falar comigo. Versículos como Filipenses 1:20: "Aguardo ansiosamente e espero que em nada serei envergonhado. Pelo contrário, com toda a determinação de sempre, também agora Cristo será engrandecido em meu corpo, quer pela vida quer pela morte".

Ele também falou comigo por meio do salmo 73:26: "O meu corpo e o meu coração poderão fraquejar, mas Deus é a força do meu coração e a minha herança para sempre". E em 2Coríntios 7:1: "Amados, visto que temos essas promessas, purifiquemo-nos de tudo o que contamina o corpo e o espírito, aperfeiçoando a santidade no temor de Deus".

> *É possível colocar uma escolha corajosa sobre a outra e encontrar a vitória na sua área de luta.*

Deus me garantiu que me amava exatamente como eu era, mas me amava demais para me deixar em estado de derrota.

Fiz uma escolha corajosa de ler a Bíblia procurando que Deus falasse comigo sobre minha luta. Fiz a escolha corajosa de trilhar voluntariamente o caminho da disciplina. Fiz a escolha corajosa de escolher algo saudável mesmo na quietude da minha despensa, quando ninguém mais estava olhando.

Fiz a escolha corajosa de dar o primeiro passo e dizer a mim mesma: *sou mais do que a soma total das minhas papilas gustativas. Meu coração não quer essa porcaria de comida. Meus braços não querem essa porcaria. Minhas pernas não querem essa porcaria. E minha alma certamente não quer essa porcaria.*

É possível colocar uma escolha corajosa sobre a outra e encontrar a vitória na sua área de luta. Não importa qual seja a sua luta, você está disposta a fazer uma escolha corajosa hoje?

Faça essa escolha.
E depois faça de novo.
E depois faça de novo.
Você é uma mulher corajosa. Vá e prove isso a si mesma.

Querido Senhor, reconheço que preciso da tua ajuda divina em cada escolha que faço todos os dias. Eu nunca quero sair da tua vontade e direção para a minha vida. Sou corajosa apenas contigo, em ti e através de ti. Por favor, ajuda-me a abraçar tuas escolhas corajosas para mim. Em nome de Jesus, amém.

45

DIZENDO NÃO À MINHA CARNE

Peço também que, por meio da fé, Cristo viva no
coração de vocês. E oro para que vocês tenham
raízes e alicerces no amor, para que assim,
junto com todo o povo de Deus, vocês possam
compreender o amor de Cristo em toda a sua
largura, comprimento, altura e profundidade.

EFÉSIOS 3:17–18 (NTLH)

Eu não gosto de sentir dor. De qualquer maneira. E, se eu não tomar cuidado, essa aversão à dor pode me levar a agarrar qualquer um e qualquer coisa para preencher a dor profunda na minha alma.

Talvez você consiga se identificar.

Quando você está sozinha e vê suas amigas postarem uma foto juntas em uma reunião para a qual você não foi convidada, sua carne vai querer agarrar alguma coisa. É difícil não se consolar desabafando todas as suas frustrações com outra amiga ou familiar.

Quando você está ouvindo outras mães falarem sobre todo o progresso que os filhos delas estão fazendo na leitura e seu filho ainda não consegue identificar as letras, sua carne vai querer agarrar alguma coisa. É difícil não se exibir, dizendo que seu filho está se destacando em alguma área, só para superar as mães que se gabam demais.

E todas essas coisas que somos tentadas a agarrar? Elas não vão nos preencher da maneira que pensamos. No final, elas só fazem com que nos sintamos mais vazias. Como dizemos não à nossa carne quando estamos desesperadas por alívio?

Descobri que quanto mais nos enchemos do amor revigorante de Deus, menos seremos impostas pela avidez da nossa carne.

Uma das mais belas descrições da plenitude de Deus é encontrada na oração de Paulo para os efésios:

> Por essa razão, ajoelho-me diante do Pai, do qual recebe o nome toda a família nos céus e na terra. Oro para que, com as suas gloriosas riquezas, ele os fortaleça no íntimo do seu ser com poder, por meio do seu Espírito, para que Cristo habite em seus corações mediante a fé; e oro para que vocês, arraigados e alicerçados em amor, possam, juntamente com todos os santos, compreender a largura, o comprimento, a altura e a profundidade, e conhecer o amor de Cristo que excede todo conhecimento, para que vocês sejam cheios de toda a plenitude de Deus (Efésios 3:14–19).

Minha parte favorita da oração de Paulo é ele pedindo que tenhamos o poder de compreender a plenitude do amor de Cristo… pois então seremos cheios da plenitude de Deus.

Se compreendermos todo o amor de Cristo, não nos agarraremos a outras coisas para nos preencher. Ou, se o fizermos, sentiremos isso. Sentiremos uma pontada nos nossos espíritos quando nossa carne der golpes frenéticos de felicidade e faremos uma pausa.

Nessa pausa está a maior escolha diária que podemos fazer. *Estou disposta a dizer não à minha carne, para poder dizer sim à plenitude de Deus nesta situação?*

E não se trata de fazermos cara de brava e esperar o melhor quando nos sentimos impotentes. Temos o poder por meio de Cristo, que está acima de todo poder, incluindo a atração da carne. Quando temos Cristo, somos plenas – totalmente amadas, aceitas e capacitadas para dizer não.

Isso é verdade nos dias em que sentimos isso e ainda é verdade quando não sentimos o amor de Jesus. Se vivermos enraizadas e estabelecidas no amor dele, não apenas temos conhecimento desse amor nas nossas mentes, mas Ele se torna uma realidade que nos ancora. Embora os ventos da dor soprem, eles não podem nos extirpar e nos separar. O amor de Jesus nos sustenta. Esse amor nos fundamenta. Esse amor é um peso glorioso que impede palavras duras e situações danosas de serem uma força destrutiva. Sentimos o vento, mas não somos destruídos por ele. Esta é a "plenitude de Deus".

Se compreendermos todo o amor de Cristo, não nos agarraremos a outras coisas para nos preencher.

Há poder em realmente saber disso. Isso não depende do que você realizou. Ou em outra pessoa amando você ou aceitando você. Nem é porque você sempre se sente completa. Você está completa, porque Cristo trouxe a plenitude para você.

Sim, sou totalmente amada, totalmente aceita e totalmente capacitada para dizer não à minha carne. Fale essa verdade no poder que Ele lhe deu. Acredite nessa verdade no poder que Ele lhe deu. Viva essa verdade no poder que Ele lhe deu.

É assim que dizemos não à nossa carne. É assim que vivemos totalmente preparadas na plenitude de Deus.

Deus Pai, obrigada por teu amor por mim que não tem fim. Ajuda-me a olhar para ti e somente ti para me preencher. Quero que minhas raízes se aprofundem cada vez mais no teu amor. Em nome de Jesus, amém.

46

POR QUE TENHO
TANTAS QUESTÕES?

Portanto, agora já não há condenação
para os que estão em Cristo Jesus.

ROMANOS 8:1

Você já olhou para outras pessoas e pensou consigo mesma: *como é que todo mundo tem tudo sob controle? E por que parece que tenho tantos problemas?*

Eu entendo. Como você já leu nos devocionais anteriores, lutei com meu peso e me comprometi com um estilo de vida saudável a maior parte da minha vida. Minha alma ficou ferida por anos de tentativas e falhas.

Queria algo para resolver instantaneamente os meus problemas.

Queria parar de me chamar de nomes horríveis que nunca deixaria outra pessoa me chamar.

Queria ser naturalmente magra como minha irmã.

Queria parar de chorar quando entrei no meu *closet* para me vestir de manhã.

Dessa forma, quando perdi 11 kg há alguns anos e mantive o peso pela primeira vez na vida, foi uma grande vitória.

Porém, minha verdadeira comemoração não é o tamanho menor das roupas e os números reduzidos na balança. Minha verdadeira celebração é sobre as perspectivas espirituais que ganhei ao perder peso e manter meu progresso saudável.

ACOLHIDA

Para mim, esta foi uma jornada espiritual – uma jornada espiritual significativa com grandes benefícios físicos. Eu estava acima do peso fisicamente e abaixo do peso espiritualmente e, finalmente, relacionar essas duas coisas foi uma mudança de vida.

Uma das lições mais ricas foi perceber a quantidade de energia mental e espiritual que desperdicei durante anos apenas desejando que as coisas mudassem. O tempo todo, eu me punia por não ter disciplina para fazer essas mudanças.

Se você tem problemas com peso e comida, sabe o que quero dizer. Não importa com qual problema você esteja lidando no momento, posso oferecer um pouco de incentivo?

Como é perigoso apoiar o conhecimento íntimo das nossas imperfeições na embalagem externa dos outros.

Jesus quer ajudá-la com essa questão. Ele quer mesmo. Mas você precisa parar de se culpar por isso e decidir seguir a liderança dele.

Gostamos de identificar nossos defeitos, juntá-los e bater em nós mesmos mentalmente. Repetidamente. Nós nos rotulamos e logo perdemos nossa identidade real para a fragilidade surrada e machucada que chamamos de "eu".

Comparamos, supomos, avaliamos, medimos e, na maioria das vezes, saímos balançando a cabeça ao ver como nosso "eu" é terrivelmente insuficiente em comparação com todos os outros. Como é perigoso apoiar o conhecimento íntimo das nossas imperfeições na embalagem externa dos outros.

Se há uma coisa que viver mais de quarenta anos me ensinou é isso: *todas as mulheres de Deus têm problemas. Cada uma de nós.*

Entretanto, podemos fazer a escolha de identificar nossos defeitos e, em vez de usá-los contra nós mesmas, entregá-los a Jesus e deixá-lo moldar as nossas dificuldades.

A maneira cheia de graça que Jesus molda é muito diferente da maneira como eu me bato mentalmente.

Meus roteiros mentais costumam estar cheios de mentiras exageradas que me deixam com uma sensação de derrota. O cuidado de Jesus é cheio da verdade que me liberta.

Que diferença.

Jesus não compara.

Jesus não exagera.

Jesus não condena. Romanos 8:1 confirma isso: "Portanto, agora já não há condenação para os que estão em Cristo Jesus". Que graça.

Ele simplesmente diz: "Ei, eu te amo. Eu te amo do jeito que você é. Mas, eu te amo demais para deixá-la presa nisso. Então, vamos trabalhar nisso juntos. Você consegue fazer isso".

Ter problemas não é a ausência de vitória nas nossas vidas. É simplesmente um apelo à ação, nos lembrando que a vitória está próxima. Hoje é um ótimo dia para começar a acreditar que você foi feita para a vitória e dizer a Jesus: "Sim, com a tua verdade como minha guia, eu consigo".

Querido Senhor, ajuda-me a me ver da maneira que o Senhor me vê. Remove as mentiras que me derrotam com mais frequência do que quero reconhecer. O Senhor me libertou. Ajuda-me a viver como quem realmente acredita nisso. Em nome de Jesus, amém.

47

SE AO MENOS SOUBÉSSEMOS

Pois não temos um sumo sacerdote que não
possa compadecer-se das nossas fraquezas, mas
sim alguém que, como nós, passou por todo
tipo de tentação, porém, sem pecado. Assim
sendo sendo, aproximemo-nos do trono da graça
com toda a confiança, a fim de recebermos
misericórdia e encontrarmos graça que nos
ajude no momento da necessidade.

HEBREUS 4:15–16

Aqui está minha oração por você: *Que você tenha o mínimo vis-lumbre da terna misericórdia do nosso Senhor Jesus. Pois uma gota da misericórdia do Senhor é melhor do que um oceano de conforto do mundo.*

A situação que parece impossível.

As finanças que nunca se equilibram.

A esperança tão adiada que deixa seu coração esgotado.

A ansiedade por uma criança que segue geniosa.

A dieta da qual você está cansada.

As promessas quebradas de uma amiga.

A falta de amigas verdadeiras.

A bagunça constante sempre distraindo a paz que você deseja na sua casa.

A impaciência e a frustração, a raiva e a decepção de perder a calma. De novo.

Se soubéssemos quão profundamente Jesus nos entende e cuida de nós. Se ao menos pudéssemos ver a maravilha do amor dele. Os céus que Ele pinta, as flores que Ele floresce, o mundo que Ele providencia só para nós. As cartas de amor que Ele nos escreveu ao longo da Bíblia.

Todas essas são misericórdias dele.

O mundo nos oferecerá conforto na forma de fugas. Fugimos para cinemas, revistas, shoppings, chocolates, férias, afirmações de amigos. Não que alguma dessas coisas seja ruim. Elas não são. Mas são muito temporárias. Elas nos fazem sentir bem no momento, mas esse bem nunca fica. Precisamos de mais e mais. Tentar encher nossos corações ansiosos com essas coisas é como tentar encher um oceano com uma colher de sopa. Nunca é o bastante. Então, cerramos os punhos e continuamos tentando encontrar algo para nos confortar.

Se ao menos soubéssemos parar de cerrar os punhos para abrir as mãos e colher as gotas da terna misericórdia de Jesus. Se ao menos soubéssemos como liberar o peso de tentar consertar tudo sozinhas. Se ao menos soubéssemos parar no meio de tudo isso e sussurrar: "Jesus, me ajude". Apenas um murmúrio formado na totalidade do nome dele carrega todo o poder, misericórdia, sabedoria e graça de que precisamos para lidar com o que enfrentamos.

Uma gota da misericórdia do Senhor é melhor do que um oceano de conforto do mundo.

Se ao menos soubéssemos.

Se você deseja escapar hoje para um dos confortos do mundo, primeiro invista algum tempo pedindo a Jesus para ajudá-la, mostrar o caminho e direcioná-la. Hebreus 4:15–16 nos lembra de como Ele é acessível, como entende nossas lutas e graciosamente nos oferece ajuda e esperança: "Pois não temos um sumo sacerdote que não possa compadecer-se das nossas fraquezas, mas sim alguém que, como nós, passou por todo tipo de tentação, porém, sem pecado. Assim sendo, aproximemo-nos do trono da graça com toda a confiança, a fim de recebermos misericórdia e encontrarmos graça que nos ajude no momento da necessidade".

Especificamente, peça a Ele para ajudá-la a ver e perceber suas ternas misericórdias. Dessa forma, você verá que, de fato, uma gota da misericórdia do Senhor é melhor do que um oceano de confortos temporários do mundo.

> *Jesus, não quero passar mais um dia correndo atrás de coisas que nunca vão me satisfazer. Em vez disso, oro para que eu comece a ver verdadeiramente quão alto e quão profundo é o amor que o Senhor tem por mim. Ajuda-me a pegar as gotas tenras de sua misericórdia e me ensina como aceitar plenamente o teu amor. Em nome de Jesus, amém.*

A PAZ VERDADEIRA DE QUE PRECISAMOS

*Ao cair da tarde daquele primeiro dia da semana,
estando os discípulos reunidos a portas trancadas,
por medo dos judeus, Jesus entrou, pôs-se
no meio deles e disse: "Paz seja com vocês!"*

JOÃO 20:19

Quando Jesus ressuscitou da sepultura e apareceu no meio de seus discípulos reunidos atrás de portas trancadas, imagino que eles ficaram surpresos, chocados e muito felizes. Intencionalmente, Jesus escolheu as palavras que usou para cumprimentá-los. De todos os temas que Ele poderia ter selecionado naquele momento, escolheu o que eles mais precisavam. Qual foi?

Alegria?

Esperança?

Amor?

Embora todos esses certamente fossem apropriados, Jesus não tocou em nenhum deles. Ele simplesmente disse repetidas vezes: "Paz seja com vocês!". De acordo com João 20, é a primeira coisa que Jesus disse. Ele disse isso novamente antes de soprar sobre eles para receberem o Espírito Santo. Logo, ao se dirigir a Tomé e suas dúvidas, disse isso novamente.

Cada vez que Jesus é registrado dizendo isso, o escritor termina a frase com um ponto de exclamação. Jesus não apenas foi intencional, mas também enfático. As palavras dele foram transmitidas com grande ênfase e urgência.

Por que paz?

E por que Jesus usou a frase específica "Paz seja com vocês!"?

Eu tenho uma teoria. Este mundo é muito bom em criar fachadas. Momentos temporários de felicidade mundana podem parecer alegres. O mundo pega a esperança e a confunde com uma ilusão. E o mundo fez do *amor* uma palavra cotidiana usada para descrever um sentimento que pode mudar rapidamente.

> *A paz que flui apesar das circunstâncias só pode ser encontrada quando Jesus está conosco.*

A oferta de alegria, esperança e amor do mundo é passageira, temporária e perigosamente instável, mas pode dar um bom show a curto prazo.

"Consegui aquela promoção – alegria!"

"Acho que podemos pagar por esta casa – esperança!"

"Ele gosta de passar tempo comigo – acho que estou apaixonada!"

No entanto, empregos podem ser perdidos em um instante, hipotecas de casas podem ser executadas e relacionamentos podem terminar.

Dessa forma, na verdade, o que o mundo oferece – por alguns momentos – são falsas versões de alegria, esperança e amor.

Porém, não pode oferecer falsa paz. Pode oferecer ambientes e rituais para evocar pensamentos pacíficos, mas não o verdadeiro contentamento da alma. A paz que flui apesar das circunstâncias só pode ser encontrada quando Jesus está conosco. É por isso que Jesus se expressou dessa maneira: "Paz seja com vocês!". Em outras palavras: "Você pode passar por qualquer coisa, minha querida filha, se perceber que sou a paz e estou com você".

Obrigado, Senhor, porque tu és a paz e estás comigo. Ajuda-me a lembrar que tu estás comigo aonde quer que eu vá, não importa o que o dia traga. Em nome de Jesus, amém.

Parte 3

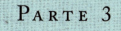

Acolhendo *Deus*
no meio da *dor*
e da *mágoa*

TENHO PROBLEMAS DE CONFIANÇA

Deus disse: "Eu nunca abandonarei você, nem o desampararei." É por isso que nós podemos afirmar com toda a confiança: "O Senhor é o meu ajudador, e eu não terei medo. O que os simples homens podem me fazer?"

HEBREUS 13:5–6 (NBV)

Quero que a vida seja tão estável quanto um problema de matemática. Dois mais dois são sempre igual a quatro. Será igual a quatro hoje, amanhã e daqui a alguns anos.

As equações matemáticas não experimentam desgostos e decepções. Elas não têm câncer. Não fazem com que sua melhor amiga seja transferida e se mude para o outro lado do país. Elas são altamente previsíveis. Portanto, são fáceis de confiar.

No entanto, a vida não soma. As pessoas não somam. E nos momentos mais cruéis de dor honesta, Deus não soma. Tudo isso nos faz manter nossa confiança perto demais dos nossos peitos até que ela se torne mais ligada aos nossos medos do que à nossa fé.

Era onde eu estava quando Bob e Maria estenderam a mão para apertar a minha e me convidar para a casa de campo deles. Eu precisava de Deus para resolver alguns dos meus problemas de confiança.

Eles estavam tendo um retiro em sua casa de campo com um grupo eclético de algumas de suas pessoas favoritas e, de alguma forma, entrei nessa lista.

Tudo estava indo bem até que alguém me entregou um capacete. Estávamos prestes a praticar arvorismo.

E não apenas qualquer arvorismo. A grande descida deste exercício era um salto de uma plataforma para pegar uma barra suspensa a vários metros de distância. Comecei a procurar a saída de emergência porque não *havia nenhuma maneira no mundo de eles me convencerem a pular.*

E então Bob apareceu. Com seu enorme sorriso, cabelos grisalhos e braços magnéticos com a mais pura graça, ele me puxou para a borda.

"Lysa, não se trata de terminar o percurso. Trata-se de vencer sua hesitação, resistência e medo. Essas cordas te segurando só vão deixar você cair um pouco se você errar a barra. Então, elas vão pegar e você não vai cair de jeito nenhum", ele sussurrou como se pudesse ver, através de uma janela, dentro da minha alma.

Olhei para o espaço entre a borda da plataforma e a barra. Eu vi a morte. Bob viu a vida.

Que imagem para a palavra *confiança*.

O que vemos violará o que sabemos, a menos que o que sabemos dite o que vemos.

O que vemos violará o que sabemos, a menos que o que sabemos dite o que vemos.

Bob sabia que as cordas iriam me segurar. E sabia que minha capacidade de sobreviver a esse salto não tinha absolutamente nada a ver com meus esforços. Eu estava segura em pé na plataforma. Ficaria segura no ar. E eu ficaria absolutamente segura, pegando a barra ou não.

Bob sussurrou: "Você é muito amada. Agora, quando estiver pronta, pule".

Não consigo dizer quanto tempo fiquei lá. Pareciam dias e milissegundos, tudo ao mesmo tempo. O mundo girou e se inclinou e mudou sem que eu contraísse uma fibra muscular. Esqueci de respirar. Não conseguia nem piscar.

Imagino que você já esteve em situações em que também se sentiu paralisada. E é nesses momentos que tenho que atar meu coração a versículos que firmam a alma, como Hebreus 13:5–6: "Porque Deus disse: 'Eu nunca abandonarei você, nem o desampararei'. É por isso que nós podemos afirmar com toda a confiança: 'O Senhor é o meu ajudador, e eu não terei medo. O que os simples homens podem me fazer?'" (NBV).

Assim como aquelas cordas enroladas em volta do meu corpo me segurando no curso do começo ao fim, a Palavra de Deus pode envolver nossas almas com segurança constante.

A paz das nossas almas não precisa subir e descer com pessoas ou situações imprevisíveis. Nossos sentimentos mudarão, é claro. As pessoas nos afetam. Mas a paz das nossas almas está ligada a tudo o que Deus é. E embora não possamos prever os planos específicos dele, o fato de que Deus fará tudo cooperar para o bem é uma promessa completamente previsível.

Bob sussurrou uma última coisa: "Já está feito".

Não sei exatamente o que ele quis dizer, mas sei o que minha alma ouviu. *Deus já me pegou. A bondade e amor dele me perseguiram e me conquistaram. Eu só preciso mergulhar nessa realidade.* E sem qualquer outro pensamento consciente, minha alma entrou em ação quando meu cérebro não conseguiu. Meus pés explodiram da plataforma e pularam no ar.

Toquei a barra, mas não a peguei. Não precisava. Porque a confiança me pegou.

> *Senhor, não posso agradecer o suficiente pela promessa de que posso confiar em ti o tempo todo. Mesmo que as pessoas falhem comigo, mesmo que outros me abandonem, tu nunca o farás. Estou escolhendo deixar essa verdade firmar meu coração hoje. Em nome de Jesus, amém.*

50

Deus é bom?

O Eterno está a caminho:
sim, Ele está vindo para julgar a terra.
Ele corrigirá o mundo de acordo com a sua moral,
e por sua lealdade, Ele julgará as pessoas.

SALMOS 96:13 (VFL, ADAPTADO)

Eu costumava ter uma abordagem cautelosa com Deus. Basta uma olhada nas notícias e logo se pode pensar: *Como um bom Deus pode permitir toda essa loucura, tragédia e dor?* Por anos, eu teria respondido: *O que eu acredito sobre Deus?* com uma cabeça inclinada e uma expressão tensa. *Eu acredito que Ele é imprevisível e um pouco assustador.*

Não duvidei do poder de Deus. Não duvidei da autoridade de Deus. Mas duvidei muito da bondade de Deus. No entanto, quando buscamos a verdade em vez de nossos sentimentos pela resposta a essa pergunta, podemos entender a bondade de Deus sob uma luz totalmente nova.

A bondade de Deus tem sido aparente desde a criação. Quando Ele criou, moldou, pintou e esculpiu este mundo e suas criaturas, a bondade dele penetrou em cada pensamento e toque. "E Deus viu tudo o que havia feito, e tudo havia ficado muito bom. Passaram-se a tarde e a manhã; esse foi o sexto dia" (Gênesis 1:31).

Quando Adão e Eva escolheram pecar, o pecado deles infectou e se infiltrou na bondade de tudo o que Deus havia criado. Dessa maneira, embora ainda existam coisas boas neste mundo, o mundo não é mais um reflexo perfeito da bondade de Deus. Em Romanos 8:21, Paulo explica que o mundo está em "escravidão da decadência" ou, como dizem algumas versões, no "cativeiro da corrupção" (ARA). Essa decadência e corrupção são evidências da fragilidade deste mundo. Eu pessoalmente vejo essa evidência toda vez que o verão chega. Gente, a celulite é real! Meu corpo é escravo da decadência. Mas isso é papo para outro dia.

> *Deus é bom. Seus planos são bons. Suas condições são boas. Sua salvação é boa. Sua graça é boa. Seu perdão é bom. Sua restauração é boa.*

O mundo está em um estado de decadência e corrupção. Vemos isso em padrões climáticos mortais, desastres naturais e fomes que não faziam parte do bom plano de Deus. Câncer, doenças e enfermidades não faziam parte do bom desígnio de Deus. Acidentes de carro, afogamentos e assassinatos não faziam parte do bom desígnio de Deus. O primeiro pecado fez essas coisas. Quando o pecado entrou no mundo, quebrou a bondade do desígnio de Deus. E o pecado parte o coração de Deus. Mas de forma alguma o pecado afetou a bondade de Deus. Ele tem um plano, um bom plano para livrar este mundo de todo efeito do pecado.

> O Eterno está a caminho:
> sim, Ele está vindo para julgar a terra.
> Ele corrigirá o mundo de acordo com a sua moral,
> e por sua lealdade, Ele julgará as pessoas.
> (Salmos 96:13, VFL, adaptado)

Embora possamos ter nossos corações partidos pelos efeitos do pecado neste período intermediário, a bondade de Deus acabará por consertar o mundo. Enquanto isso, devemos nos apegar à verdade de quem Deus é e sua natureza imutável: Deus é bom. Seus planos são bons. Suas condições são boas. Sua salvação é boa. Sua graça é boa. Seu perdão é bom. Sua restauração é boa. Isso é o que eu acredito sobre Deus. Deus é bom.

Querido Senhor, tu és bom. Ajuda-me a manter a visão da tua bondade no desolamento deste mundo. Em nome de Jesus, amém.

51

DEUS É BOM PARA MIM?

*Quem vive segundo a carne tem a mente voltada
para o que a carne deseja; mas quem vive de acordo
com o Espírito, tem a mente voltada para o que o
Espírito deseja. A mentalidade da carne é morte,
mas a mentalidade do Espírito é vida e paz.*

ROMANOS 8:5–6

É difícil quando você é uma garotinha desesperada para ser uma filha querida, mas seu pai deixa bem claro que nunca quis uma filha.

Lembro-me das orações que realizava quando a escuridão da noite fazia meu coração martelar no peito. Escondida debaixo do meu cobertor, eu sussurrava sem parar: "Deus, não deixe meu pai me abandonar. Só não deixe que ele me abandone". Porque se ele fosse embora, quem eu seria? Uma menina sem pai me parecia uma menina sem lugar neste mundo. Afinal, se ele não pudesse me amar, quem me amaria?

Também me lembro do dia em que meu pai finalmente deixou de voltar para casa. A última parte do que mantinha unida minha segurança e minha identidade se estilhaçou, enquanto ele arrumava suas coisas sem ao menos olhar para mim. Eu pressionei meu rosto contra a janela da frente e observei seu carro desaparecer em um borrão. Então, ele foi embora.

A rejeição se instalou profundamente no meu coração. E cheguei a uma conclusão surpreendente: *eu não importo. Eu não valho nada para o meu pai.* E ainda mais perturbador: *tenho medo de não valer nada para Deus.* A soma dos meus sentimentos se tornou minha nova identidade.

Quem é Lysa?

A indesejada.

> *Tenho que manter minha mente focada no que o Espírito Santo sussurra, não no que minha carne grita.*

Os anos que se seguiram serviram apenas para reforçar a mágoa e as dúvidas que residiam no meu coração. Com base nas minhas experiências com meu pai me rejeitando, fiquei imaginando qual seria a atitude do meu Pai celestial em relação a mim. Afinal, como Deus poderia simplesmente ficar parado e permitir tanto desgosto no mundo de uma garotinha? Parecia que a cada três anos, começando no ano em que meu pai foi embora, havia algum tipo de tragédia terrível que lançava sombras escuras e persistentes na minha vida. Abuso. Abandono. Doença mental. A morte da minha irmã. O ciclo continuava.

Mesmo sendo cristã por um longo tempo e sabendo que Deus me ama, eu ainda tinha essa pergunta incômoda sobre por que as coisas difíceis tinham que ser tão dolorosas. Deus estava realmente sendo bom para mim nisso? Acho que C. S. Lewis disse melhor: "Não estamos necessariamente duvidando de que Deus fará o melhor por nós; estamos imaginando quão doloroso será o melhor". E é neste ponto que alguém no estudo da Bíblia apresenta Romanos 8:28: "Sabemos que Deus age em todas as coisas para o bem daqueles que o amam, dos que foram chamados de acordo com o seu propósito". Eu gosto desse versículo. E acho que ajuda a esclarecer a realidade de que, mesmo que algo não pareça bom, Deus ainda pode fazer o bem a partir disso. Mas os versículos 5 e 6 deste mesmo capítulo me dão outra camada de segurança: "Quem vive segundo a carne tem a mente voltada para o que a carne deseja; mas quem vive de acordo com o Espírito, tem a mente voltada para o que o Espírito deseja. A mentalidade da carne é morte, mas a mentalidade do Espírito é vida e paz".

O que não parece bom na minha carne não fará sentido nela. Mas se eu tenho o Espírito Santo em mim, meu espírito é diferente porque Deus está lá, Ele está presente dentro de mim. Ele fala de garantias no espírito. Ele fala de conforto no espírito. Ele me lembra que está bem ali comigo no espírito. Outros podem me decepcionar e me deixar, mas Deus nunca fará isso. Portanto, tenho que manter minha mente focada no que o Espírito Santo sussurra, não no que minha carne grita. E no meu espírito sei que Deus é bom para mim.

Querido Senhor, obrigada pela tua bondade comigo. Quando estou em sofrimento, por favor, ajuda-me a lembrar da tua fidelidade no passado. Em nome de Jesus, amém.

52

EU CONFIO EM DEUS PARA SER DEUS?

*Tu guardarás em perfeita paz aquele cujo
propósito está firme, porque em ti confia.
Confiem para sempre no Senhor, pois o Senhor,
somente o Senhor, é a Rocha eterna.*

ISAÍAS 26:3-4

Depois que meu pai foi embora, tentei me apoiar no que restava de mim para não desabar sobre minha desolação interior. Boas notas. Conquistas e elogios. Amigos divertidos e bons momentos. Meninos que me fizeram me sentir especial. Tentei me firmar com qualquer coisa que me ajudasse a me sentir melhor.

No entanto, eu não precisava apenas me sentir melhor, eu precisava de uma maneira completamente nova de definir minha identidade. Precisava da verdade para informar o que eu acreditava sobre mim. Caso contrário, o que eu acreditava sobre mim mesma se tornaria uma base frágil, fraca e defeituosa. As crenças que mantemos devem nos sustentar mesmo quando a vida parece estar desmoronando. Portanto, meus velhos padrões de pensamento tiveram que ser arrancados e uma nova maneira de olhar para o âmago de quem eu sou, usando a verdade de Deus, teve que ser posta em prática.

Nossa identidade deve estar ancorada na verdade de quem Deus é, e de quem Ele é para nós. Só então podemos encontrar uma estabilidade além do que nossos sentimentos jamais permitirão. Quanto mais alinharmos nossa verdade com a verdade dele, mais nos identificamos com Deus – e mais nossa identidade realmente está nele.

Nos nossos dois devocionais anteriores, estabilizamos nossas identidades substituindo velhos sentimentos pelas sólidas verdades de que Deus é bom, e que Deus é bom para nós. Agora temos que responder a uma pergunta final: eu confio em Deus para ser Deus?

Isso não apenas estabilizará nossas identidades, mas também nos ancorará por inteiro. Eu adoro esses versículos de Isaías 26:3–4:

> *Nossa identidade deve estar ancorada na verdade de quem Deus é, e de quem Ele é para nós.*

Tu guardarás em perfeita paz
aquele cujo propósito está firme,
porque em ti confia.
Confiem para sempre no Senhor,
pois o Senhor, somente o Senhor, é a Rocha eterna.

A palavra hebraica para *firme* usada no versículo 3 é *samak*, que significa "segurar, apoiar, sustentar". Incrível, não é? Em outras palavras, aqueles com mentes totalmente preparadas, apoiadas e sustentadas pela verdade e confiança em Deus serão mantidos em perfeita paz.

Vou confiar que Deus vê e sabe coisas que eu não sei? Vou confiar nele quando não entender? Quando as circunstâncias são difíceis? Quando as pessoas me traem ou me rejeitam? Quando meu coração fica partido? Vou confiar nele a ponto de entregar totalmente o controle da minha vida e daqueles que amo para Ele?

Se Deus é bom e bom para mim, devo preencher as lacunas de todas as incógnitas da minha vida com uma declaração retumbante de confiança: Deus é bom em ser Deus.

Eu não tenho que descobrir minhas circunstâncias atuais. Eu não tenho que saber todos os "porquês" e "e se". Tudo o que tenho a fazer

ACOLHIDA

175

é confiar. Assim, em humildade silenciosa e sem uma pauta pessoal, tomo a decisão de deixar que Deus resolva tudo. Sento em silêncio na presença dele e simplesmente digo: "Deus, quero que tua verdade seja a voz mais alta na minha vida. Corrige-me. Conforta-me. Aproxima-te ainda mais. E eu vou confiar. Deus, o Senhor é bom em ser Deus".

Querido Senhor, sou muito grata pelo Senhor ser Deus e eu não! Eu confio na tua bondade. Obrigada pela paz que me dás. Em nome de Jesus, amém.

53

TEMPOS DEVASTADORES

De todos os lados somos pressionados, mas
não desanimados; ficamos perplexos, mas não
desesperados; somos perseguidos, mas não
abandonados; abatidos, mas não destruídos.

2CORÍNTIOS 4:8-9

Ninguém quer ter o coração partido. Mas pode acontecer de sermos feridos profundamente. Às vezes, parece apenas fazer parte do ritmo da vida.

E quando esses tempos difíceis chegam, sentimos tudo muito profundamente. E nos perguntamos se os outros têm esses momentos difíceis. Afinal, não tiramos fotos dos tempos devastadores e as publicamos no Instagram.

Nós apenas nos perguntamos se temos o que é preciso para sobreviver...

... quando o médico liga e diz que precisa falar comigo pessoalmente sobre o resultado do exame.

... quando a professora manda um "daqueles" e-mails sobre meu filho.

... quando me sinto tão incapaz, incompetente e com medo.

Suspeito que você conheça o lugar cheio de lágrimas de que falo.

Então, vamos viajar para a oliveira e aprender.

Para chegar ao lugar que eu quero te levar, devemos atravessar o vale do Cedrom em Israel.

João 18:1-2 nos diz: "Tendo terminado de orar, Jesus saiu com os seus discípulos e atravessou o vale do Cedrom. Do outro lado havia um olival, onde entrou com eles. Ora, Judas, o traidor, conhecia aquele lugar, porque Jesus muitas vezes se reunira ali com os seus discípulos".

Muitas vezes Jesus se encontrava à sombra da oliveira no jardim.

Este jardim é o Jardim do Getsêmani, onde Jesus, pouco antes de sua prisão, disse a Pedro, Tiago e João: "A minha alma está profundamente triste, numa tristeza mortal" (Marcos 14:34).

Jesus conhecia o sentimento de devastação. Ele sentiu isso. Ele lutou com isso. Ele o carregou.

E não acho que foi por acaso que a oliveira estava ali neste momento de profunda dor por Jesus.

A oliveira é uma ilustração de por que nossos corações devem passar por momentos difíceis.

Os tempos de devastação são necessários.

Primeiro, para ser frutífera, a oliveira tem que ter tanto o vento leste quanto o vento oeste. O vento leste é o vento quente e seco do deserto. Esse vento é tão forte que pode soprar sobre a grama verde e fazê-la murchar completamente em um dia.

O vento oeste, por outro lado, vem do Mediterrâneo. Traz chuva e vida.

A oliveira precisa desses dois ventos para produzir frutos e nós também. Precisamos que ventos de sofrimento e alívio varram nossas vidas se quisermos ser realmente frutíferas.

Os tempos de devastação são tempos de processamento.

Outra coisa a considerar sobre a oliveira é como a azeitona é naturalmente amarga e o que ela deve passar para ser útil. Se você pegasse uma azeitona da árvore e tentasse comê-la, seu amargor a deixaria enjoada.

Para que a azeitona seja comestível, ela precisa passar por um longo processo que inclui:

- lavagem,
- quebra,
- imersão,
- às vezes salmoura,
- e mais um pouco de espera.

É um longo processo para ser curada da amargura e preparada para o proveito.

Se quisermos escapar da amargura natural do coração humano, também teremos que passar por um longo processo... O processo de cura.

Os tempos devastadores são tempos de preservação.

A melhor forma de conservar a azeitona a longo prazo é esmagá-la para extrair o azeite. O mesmo é verdade para nós. O caminho bíblico para ser preservada é ser pressionada. E ser pressionada certamente pode dar a sensação de ser esmagada.

E quanto a 2Coríntios 4:8, o qual diz que somos "pressionados, mas não desanimados"? Vamos ler os versículos 8 e 9 na versão King James Atualizada: "Sofremos pressões

Precisamos que ventos de sofrimento e alívio varram nossas vidas se quisermos ser realmente frutíferas.

de todos os lados, contudo, não estamos arrasados; ficamos perplexos com os acontecimentos, mas não perdemos a esperança; somos perseguidos, mas jamais desamparados; abatidos, mas não destruídos".

Este foi um dos maiores momentos de descoberta para mim, à sombra da oliveira: esmagar não é o fim da azeitona.

O esmagamento é a forma de preservação da azeitona. É também a forma de tirar o que há de mais valioso, o azeite, da azeitona. Manter essa perspectiva é como podemos ser atribuladas por todos os lados, mas não angustiadas, pressionadas a ponto de ser esmagadas, mas não esmagadas e destruídas.

Preciso revisitar essas verdades com frequência:

- Quando sopram os ventos pesarosos do leste, esqueço que são necessários.
- Quando estou sendo processada, esqueço que é para me livrar da amargura.
- E quando estou sendo esmagada, esqueço que é para o bem da minha preservação.
- Eu esqueço essas coisas tão facilmente. Luto e choro e honestamente quero resistir a tudo isso. Ah, como eu esqueço.
- Talvez Deus soubesse que todas nós esqueceríamos.
- E, assim, Ele criou a oliveira.

Querido Senhor, sou muito grata porque, do outro lado do processo de desolação e espera, existe um coração útil e livre de amargura. Ajuda-me a me apegar a ti quando os dias estiverem especialmente difíceis. Em nome de Jesus, amém.

54

O QUE NUNCA PERCEBI SOBRE JESUS

*Então subiu no barco para junto deles, e o
vento se acalmou; e eles ficaram atônitos, pois
não tinham entendido o milagre dos pães.
Seus corações estavam endurecidos.*

MARCOS 6:51–52

Passei a mão pela grande rocha e fechei os olhos. Que momento incrível foi para mim estar onde Jesus esteve uma vez na Terra Santa. Abri minha Bíblia e deixei toda a realidade de tudo o que Ele estava enfrentando me atingir.

Eu queria ler as Escrituras que antecederam este momento em que ele se sentou no Monte Arbel, orou e observou os discípulos, pouco antes de caminhar sobre as águas.

Porém, tive o cuidado de ler as frases incomuns. Muitas vezes, eu destaco versículos que falam dos milagres de Jesus, mas passo direto por aqueles que falam de realidades profundamente humanas.

No capítulo 5 de Marcos, vemos Jesus interagindo com uma mulher desesperada para ser curada de uma hemorragia. Ele a liberta de seu sofrimento e lhe dá paz. E nós o encontramos curando a jovem filha de um dirigente da sinagoga.

Milagre!

No entanto, também encontramos em Marcos 5:40: "Mas todos começaram a rir de Jesus". No capítulo 6, vemos Jesus enviando os doze discípulos e enquanto eles pregavam: "Expulsavam muitos demônios, ungiam muitos doentes com óleo e os curavam" (Marcos 6:13).

Milagre!

Porém, também encontramos anteriormente no versículo 3: "E ficavam escandalizados por causa dele".

Nós vamos tendo grande compaixão pelas pessoas que o seguiram na alimentação dos cinco mil. Todos comeram e ficaram satisfeitos com cinco pães e dois peixes.

Milagre!

> *Fico tão focada nos problemas que perco os milagres.*

Entretanto, também vemos que Jesus e seus discípulos estavam fisicamente esgotados, "havia muita gente indo e vindo, a ponto de eles não terem tempo para comer" (v. 31).

Realidades confusas escondidas no meio dos milagres.

E não é típico de nós sentirmos falta disso na vida cotidiana de Jesus? Nós nos concentramos tanto nas linhas das Escrituras que contêm os milagres que perdemos o detalhe do problema.

As pessoas riram de Jesus, o rejeitaram e o interpretaram erroneamente. Sabemos disso em teoria, mas quando me sentei naquela pedra naquele dia, de repente percebi como isso era uma realidade cotidiana para Ele.

Eis o que acontece comigo na minha vida: fico tão focada nos problemas que perco os milagres.

É exatamente isso que acontece com os discípulos, logo após a alimentação dos cinco mil. Eles entraram em um barco e os ventos fortes fizeram com que a água ficasse muito agitada. Os discípulos estavam se esforçando nos remos, enquanto as realidades da vida batiam contra eles.

Jesus estava na montanha orando. Do Monte Arbel, Jesus podia ver o meio do lago onde estavam os discípulos. Marcos 6:47–48 diz: "Ao anoitecer, o barco estava no meio do mar, e Jesus se achava sozinho em terra. Ele viu os discípulos remando com dificuldade, porque o vento soprava contra eles. Alta madrugada, Jesus dirigiu-se a eles, andando sobre o mar; e estava já a ponto de passar por eles".

Jesus os viu. Ele desceu até eles. E perderam o milagre no meio da confusão.

O mesmo operador de milagres que multiplicou os peixes e os pães estava agora andando sobre a água perto deles, e eles pensaram que Ele era um fantasma. Eles ficaram apavorados e depois maravilhados, mas não entenderam, pois as Escrituras dizem: "seus corações estavam endurecidos" (v. 52).

Parece que Jesus tem um padrão de realizar atos milagrosos no cenário de confusões.

Essa revelação me levou a uma oração sincera: *Ó, Senhor, deixe-me ver isso. Por favor, não deixe que as confusões da vida endureçam meu coração e me ceguem para a sua presença. Em vez de ficar tão apavorada no meio da confusão, posso manter a imagem do Senhor, me observando, sempre me observando. E que eu encontre coragem na certeza de que o Senhor virá a mim com sua presença milagrosa.*

Sim, preciso gastar muito menos tempo tentando resolver os problemas da minha vida... e muito mais tempo mantendo meu coração terno no processo.

Dessa forma, não vou perder a obra milagrosa de Jesus no meio da minha confusão.

Querido Senhor, tu és tão bom. Ajuda-me a ver tua mão trabalhando mesmo em meio às coisas que parecem problemas. Em nome de Jesus, amém.

55

LIDANDO COM
UM LUTO PROFUNDO

O Senhor está perto dos que têm o coração
quebrantado e salva os de espírito abatido.

SALMOS 34:18

Perder alguém que você ama pode partir seu coração de forma tão cruel que redefine para sempre quem você é e como pensa. É o que chamo de *luto profundo*.

Isso vai contra tudo o que você já acreditou. Tanto que você se pergunta como as promessas que ontem pareciam tão reais naquelas finas páginas da Bíblia poderiam resistir ao peso dessa enorme tristeza hoje.

Certa vez, fiquei ao lado de um caixão pequeno demais para aceitar. Rosas cor de rosa penduradas em todos os lugares. E observei minha mãe, enquanto ela se deitava sobre o caixão, recusando-se a se despedir. Como ela poderia? Parte do seu coração estava lá dentro, tão quieto e silencioso.

Fiquei paralisada e atordoada. Apenas alguns dias antes, estávamos rindo e fazendo coisas cotidianas e presumindo que as nossas vidas se estenderiam diante de nós por muitos, muitos anos. E, então, de repente… tudo parou.

Na enxurrada de planos funerários e serviços fúnebres, todos operamos no automático. As pessoas estavam por toda parte. A conversa branda preencheu as lacunas que nosso silêncio atordoado não conseguiu. E as pessoas trouxeram comida suficiente para alimentar toda a vizinhança.

Entretanto, em algum momento, as pessoas voltaram para suas próprias vidas. A conversa branda se dissipou. A comida parou de chegar. E fomos forçados a continuar. Só que tínhamos uma dor profunda nos envolvendo que fazia nossas gargantas parecerem sufocadas e nossos pés presos na lama.

Lembro-me de, naquela época, tentar ir a um *drive-thru* para pedir comida. Mas não consegui. Fiquei lá com o alto-falante jorrando palavras que não conseguia processar. A atendente ficava perguntando se ela poderia anotar o meu pedido.

Sim, eu tinha um pedido. Tire meus olhos vermelhos de chorar. Tire meu desejo de ferir os médicos que não puderam salvar minha irmãzinha. Tire minha raiva de Deus. E então tire minha culpa por ser aquela que viveu. "Vou levar tudo isso sem cebola e com ketchup extra, por favor."

Eu fui embora soluçando. *Como eles ousam oferecer lanches felizes? Ninguém deveria estar feliz hoje. Ou amanhã. Ou no próximo ano.*

Esta é a realidade do luto profundo. Mesmo quando você ama a Deus e acredita nas promessas dele. Mesmo quando você sabe, sem dúvida, que um dia verá seu ente querido novamente. Mesmo quando você sabe que a esperança ainda está lá. Mesmo quando você sabe que Ele está próximo.

Querido Senhor, obrigada por me garantir que tuas promessas são verdadeiras mesmo quando a vida parece me trair.

É preciso tempo.

É preciso atravessar um oceano de lágrimas.

É preciso encontrar um pertence de um ente querido que você pensou estar perdido e perceber que Deus fez isso apenas para confortá-la. É preciso descobrir um dia que o sol ainda brilha. É preciso ser pega desprevenida quando você se vê sorrindo, apenas para perceber que está tudo bem.

É preciso orar. É preciso tomar a decisão de parar de pedir respostas e começar a pedir perspectiva. É preciso acreditar que o salmo 34:18

é verdadeiro mesmo nos dias em que não parece verdadeiro, que o Senhor está realmente perto dos desolados e salva aqueles que têm o espírito arrasado. É preciso dizer às pessoas para, por favor, não evitarem dizer o nome dela: você quer ouvi-lo repetidamente.

Dessa forma, um dia, você tira o cobertor do luto profundo. Você o dobra cuidadosamente e guarda. Você não o odeia mais ou resiste a ele. Por baixo dele, coisas maravilhosas aconteceram ao longo do tempo. Coisas que só poderiam ter acontecido quando a Esperança Divina se cruza com um mundo desolado.

E, finalmente, você pode ver os anos se estendendo diante de você mais uma vez. Você olha para cima, manda um beijo, enxuga uma lágrima e descobre que ainda é possível dançar.

Querido Senhor, obrigada por me garantir que tuas promessas são verdadeiras mesmo quando a vida parece me trair. Tu és a minha força e a minha esperança. Em nome de Jesus, amém.

56

Por que Deus não responde às minhas preces?

*Assim Ana engravidou e, no devido tempo, deu
à luz um filho. E deu-lhe o nome de Samuel,
dizendo: "Eu o pedi ao Senhor".*

1 Samuel 1:20

Você já chorou tanto por algo que as lágrimas acabaram? Seus olhos inchados simplesmente desistem e secam, enquanto uma corrente de inquietação ainda jorra pela sua alma. E você olha para o céu em total frustração.

Eu já.

A Bíblia narra a história de alguém que também já passou por isso.

Ela se sentiu provocada e irritada. Sua angústia era tão intensa que ela chorava e não queria comer. Diante do Senhor, ela clamou com a alma amargurada: "Ó Senhor dos Exércitos, se tu deres atenção à humilhação de tua serva, te lembrares de mim e não te esqueceres de tua serva…" (1Samuel 1:11).

Essas palavras descrevem e articulam a profunda aflição de uma mulher de milhares de anos atrás, mas aqui estou eu, nos tempos modernos, me identificando com tudo de forma tão completa. São palavras de uma mulher chamada Ana encontradas em 1Samuel 1.

As lágrimas de Ana por causa de seu ventre vazio tornaram-se ainda mais dolorosas devido à outra esposa de seu marido, Penina. Ela teve muitos filhos e filhas e fazia questão de esfregar esse fato na cara de Ana sempre que podia.

Um fio comum tece a história de Ana, a sua e a minha. Todas nós podemos ser encontradas querendo desesperadamente algo que vemos o Senhor dando a outras mulheres. Nós o vemos abençoando-as nas mesmas áreas que Ele está afastando de nós. Nós olhamos para elas e nos sentimos colocadas de lado.

Por que elas? Por que não eu?

Então o silêncio aparentemente injusto de Deus nos conduz de um coração agitado para uma alma amarga. E começamos a sentir algo lá no fundo que contradiz tudo o que consideramos verdadeiro: *se Deus é bom, por que Ele não está sendo bom comigo nisso?*

Deus nos ama demais para responder às nossas orações em qualquer outro momento que não seja o momento certo.

E neste momento de pura honestidade da alma, somos forçadas a admitir que desconfiamos um pouco de Deus. Fizemos tudo o que sabemos fazer. Nós oramos tudo o que sabemos orar. Nós nos firmamos em inúmeras promessas com uma cara corajosa. E ainda nada.

Então, o que fazemos quando nos sentimos deixadas de lado? O que fazemos quando nossos corações estão lutando para fazer as pazes entre a capacidade de Deus de mudar as coisas difíceis e a aparente decisão de Deus de não mudá-las para nós?

Fazemos o que Ana fez. Continuamos pedindo.

Em vez de resolver o problema com as próprias mãos, Ana levou seus pedidos a Deus. Em vez de se afastar dele com suspeita, ela se aproximou cada vez mais, preenchendo o espaço de sua espera com oração.

Ah, como eu amo a fé inabalável dela. Onde a esterilidade e os maus-tratos por Penina poderiam ter feito Ana desanimar completamente, ela se recusou a ser dissuadida de confiar em Deus. Ela possuía uma fé que não dependia de suas circunstâncias, mas baseada no que ela sabia ser verdade sobre seu bom e fiel Deus. Uma fé que a levou a orar com tanta paixão e ousadia no santuário que Eli, o sumo sacerdote, a acusou de estar bêbada (1Samuel 1:13–14)!

E em questão de quatro versículos (17–20), seus gritos de angústia deram lugar aos gritos de seu filho recém-nascido. É claro que 1Samuel 1:20 usa palavras muito claras para nos informar que a resposta de Ana não veio imediatamente: "Assim Ana engravidou e, *no devido tempo*, deu à luz um filho" (grifo meu).

Samuel nasceu no tempo perfeito de Deus. E o momento de seu nascimento era imperativo, porque Samuel estava destinado a desempenhar um papel integral na transição do tempo dos juízes para o estabelecimento final da realeza para os israelitas.

Deus não fez Ana esperar para puni-la. Ele não tinha sido insensível ou indiferente aos seus gritos. E Ele também não está ignorando aquelas de nós que estão esperando.

Deus nos ama demais para responder às nossas orações em qualquer outro momento que não seja o momento certo.

Existe uma oração que você espera que Deus responda há tanto tempo que está prestes a desistir? Continue pedindo a Ele, amiga. Não se afaste. Preencha com oração o espaço onde seu coração dói, confiando que, com o passar do tempo, tudo se resolverá de acordo com o plano perfeito de Deus.

Deus Pai, muito obrigada por me lembrar hoje que tu não estás me ignorando. Tu ouves cada grito do meu coração. Poderias, por favor, me ajudar na espera? Ajuda-me a confiar no teu momento perfeito. Em nome de Jesus, amém.

57

Um pouco brava
e muito confusa

Desde os confins da terra eu clamo a ti,
com o coração abatido;
põe-me a salvo na rocha mais alta do que eu.

Salmos 61:2

Conversamos em nosso último devocional sobre como pode ser difícil quando Deus parece não estar respondendo às nossas orações. Aqueles momentos em que nossos corações doem e nossos olhos vazam enquanto as perguntas "por que" saem uma após a outra. E nesses momentos cruéis podemos nos sentir um pouco bravas e muito confusas.

Não quero simplificar demais o que devemos fazer nesses momentos. Sei que, pelos pedidos de oração que recebi ao longo dos anos, muitas de nós enfrentamos problemas difíceis. Situações em que as respostas não são fáceis ou claras.

Porém, descobri algumas coisas que me ajudam quando Deus parece silencioso.

Peça a Deus quando você quiser se afastar.

Quando eu realmente quero ouvir de Deus, mas Ele parece silencioso, às vezes descubro que quero me desligar das minhas atividades espirituais normais. Não ir à igreja. Colocar minha Bíblia na estante. E deixar os meus momentos de oração mais e mais espaçados.

Entretanto, o salmo 61:2 nos lembra que a melhor coisa que podemos fazer quando nossos corações estão desanimados é clamar a Deus, não nos afastar dele. A Bíblia também promete que encontraremos a Deus se o buscarmos de todo o coração. Em Jeremias 29:13: "Vocês me procurarão e me acharão quando me procurarem de todo o coração". Todo o meu coração inclui as partes que estão desoladas. Leve tudo a Deus.

> *Nosso Deus é grande o suficiente para lidar com nossos sentimentos honestos.*

Ele pode lidar com sua honestidade e responderá. Mas temos que nos posicionar para ir aonde está a verdade. Ir à igreja. Ouvir uma música de louvor. Ler os versículos. Memorizar os versículos. E continuar falando com Deus.

Louve a Deus em voz alta quando estiver perdida em reclamações.

Em meio ao que você está enfrentando, encontre coisas simples pelas quais louvar a Deus. Não significa que você deve agradecer a Ele pelas coisas difíceis. Quero dizer que você deve agradecê-lo pelas outras coisas simples e boas que ainda estão por vir. A risada de uma criança. Um arbusto que floresce. O calor de um cobertor. A dádiva desta respiração e depois da seguinte.

O salmo 40:3 lembra que Deus me dará uma nova canção quando eu fizer do louvor o hábito do meu coração e da minha boca. "Pôs um novo cântico na minha boca, um hino de louvor ao nosso Deus. Muitos verão isso e temerão, e confiarão no Senhor".

Coloque-se na companhia da verdade.

Aquela amiga que fala a verdade? Ouça-a. Fique ligada a ela. Deixe-a falar a verdade na sua vida, mesmo quando você estiver cansada de ouvi-la. Fique na sombra da fé dela quando sentir que sua própria fé está fraca. Deixe que ela a leve de volta a Deus repetidas vezes.

Provérbios 12:26, "O justo serve de guia para o seu companheiro" (ARA).

Não há problema em se sentir um pouco brava e muito confusa. Nosso Deus é grande o suficiente para lidar com nossos sentimentos honestos. Mas não deixe que seus sentimentos a afastem de Deus ou da verdade dele. Peça a Deus. Louve-o. E coloque-se na companhia da verdade.

Ao permanecer com Deus dessa maneira, você estará pronta para receber a resposta dele quando ela vier.

Querido Senhor, obrigada por ouvir cada "por que" que meu coração envia a ti. Perdoa-me quando me afasto de ti e da tua Palavra. Eu quero confiar mais em ti. Em nome de Jesus, amém.

58

A FERIDA DA DECEPÇÃO

Mesmo não florescendo a figueira,
não havendo uvas nas videiras;
mesmo falhando a safra de azeitonas,
não havendo produção de alimento nas lavouras,
nem ovelhas no curral nem bois nos estábulos,
ainda assim eu exultarei no Senhor
e me alegrarei no Deus da minha salvação.
O Senhor Soberano é a minha força;
ele faz os meus pés como os do cervo;
ele me habilita a andar em lugares altos.

HABACUQUE 3:17-19

Recentemente, uma amiga me perguntou se alguma vez me decepcionei. Eu disse que sim e dei uma resposta espiritualmente sólida. Então, no dia seguinte aconteceu. Uma grande decepção me atingiu na cabeça e fez meu coração afundar. Fui convidada para fazer parte de um evento realmente grande – um dos maiores da minha vida – e então as coisas desmoronaram.

Convidada, emocionada, entusiasmada, honrada e incluída, transformou-se em… sem convite, chateada, triste, desiludida e deixada de fora. E enquanto eu ainda tinha perspectivas espirituais sólidas para me agarrar, minha carne só precisava de um minuto para dizer: "Que porcaria!"

Porque às vezes as coisas são uma porcaria. E surgem decepções que nos fazem duvidar que Deus realmente trabalha para o nosso bem.

ACOLHIDA

193

Bem quando eu queria dizer "que porcaria" mais algumas vezes, vi uma tigela que estava na minha mesa da sala de jantar por um tempo. Minha filha Brooke encontrou algumas lagartas semanas antes, colocou-as em uma tigela e as manteve como reféns desde então. Quero dizer, ela estava admirando as lagartas com amor sob uma camada de celofane.

Prefiro me alegrar com o que é e o que será do que afundar no que não é.

Você não sabia que aquelas lagartas formavam casulos dentro daquele ambiente improvável? E então, enquanto eu murmurava: "Que porcaria!", olhei por cima da mesa para aquela tigela e engoli a palavra de volta.

Os casulos estavam vazios.

Esperando borboletas gloriosas, fiquei confusa quando passei direto pela tigela e examinei de perto o produto das esperanças da minha filhinha por uma nova vida.

Mariposas.

Eu só tive que rir. Mais uma coisa no meu dia que não estava certa. Ou estava?

Quando Brooke avistou as mariposas, ela ficou muito emocionada. Agarrando minha mão, ela me levou para fora, arrancou a barreira de plástico e observou a beleza de minúsculas asas batendo… batendo… batendo… e, finalmente, vibrando em voo.

Hmmmm.

Enquanto observava a alegria pura de Brooke, percebi que ela não dava a mínima se eram mariposas ou borboletas. Criaturas que antes conheciam apenas a sujeira da terra acabaram de receber o dom de voar. Esticando-se, voando para cima, para cima e para longe.

E, com essa percepção, esta simples criatura fez os cantos de sua boca se abrirem em um sorriso.

A reação dela me desafiou a olhar para minha situação com novos olhos, assim como nosso versículo-chave faz:

Mesmo não florescendo a figueira, não havendo uvas nas videiras; mesmo falhando a safra de azeitonas, não havendo produção de alimento nas lavouras, nem ovelhas no curral nem bois nos estábulos, ainda assim eu exultarei no Senhor e me alegrarei no Deus da minha salvação. O Senhor Soberano é a minha força; ele faz os meus pés como os do cervo; ele me habilita a andar em lugares altos (Habacuque 3:17–19).

Em meio a tudo o que é decepcionante ou doloroso nas nossas vidas, podemos fixar nossos olhos naquilo que parece estar dando errado ou podemos escolher louvar a Deus de propósito com um coração cheio de confiança. Um coração que lembra que Ele é amoroso, bom e vê muito mais propósito em nossa situação do que nós.

Decidi sair de perto da decepção e dar um passo em direção ao bom Deus que estava trabalhando com a perda do evento. Não sei por que essa oportunidade incrível foi oferecida a mim, apenas para ser tirada. Mas eu sei disso: prefiro me alegrar com o que é e o que será do que afundar no que não é. Afinal, a decepção só dói enquanto eu permitir.

Querido Senhor, obrigada pela tua misericórdia e paciência nesta jornada de progresso imperfeito. Perdoa-me por permitir que a decepção tomasse conta de meu coração tão facilmente. Ajusta minha perspectiva e ajuda-me a ver as coisas que tu trouxeste à vida em mim. Em nome de Jesus, amém.

59

POR QUE DEUS DEIXARIA
ISSO ACONTECER?

Embora os montes sejam sacudidos
    e as colinas sejam removidas,
ainda assim a minha fidelidade para com você
não será abalada,
        nem a minha aliança de paz será removida",
        diz o Senhor, que tem compaixão de você.

ISAÍAS 54:10

Eu me pergunto o que aconteceria nas nossas vidas se realmente vivêssemos na certeza absoluta do amor de Deus. Quero dizer, como cristãs sabemos que Ele nos ama. Cantamos as músicas, citamos os versículos, vestimos as camisetas e ostentamos os adesivos. Sim, Deus nos ama.

Não estou falando sobre saber que Ele nos ama.

Estou falando de viver como se realmente acreditássemos nisso.

Estou falando de caminhar com confiança na certeza do amor de Deus, mesmo quando nossos sentimentos nos imploram para não fazer isso.

Estou falando sobre treinar nossos corações e nossas mentes para processar tudo por meio do filtro da certeza absoluta do amor de Deus. Ponto. Sem o possível ponto de interrogação.

Não muito tempo atrás, conversei com uma mãe preciosa cuja filha mais velha está perto dos trinta anos e nunca teve namorado.

Os irmãos mais novos passaram por toda essa coisa de namoro e um deles agora está noivo. A filha mais velha sentou-se ao lado da cama de sua mãe recentemente com lágrimas escorrendo pelo rosto e disse: "Por que, mãe? Por que não consigo encontrar alguém que me ame? O que há de errado comigo?"

Esta mãe estava me pedindo conselhos para ajudar sua filha a processar essas perguntas. Esses sentimentos são reais. Esses sentimentos são difíceis.

E tenho certeza que se eu fosse capaz de desvendar todas as emoções envolvidas nessas perguntas, em algum lugar lá no fundo eu encontraria essa garota duvidando do amor de Deus por ela.

Entretanto, aqui está o que aprendi com meu próprio desgosto e dúvida... Devemos processar nossas mágoas através do filtro do amor de Deus, não através dos lugares confusos de nossos corações.

Quando processamos as coisas por meio dos lugares confusos dos nossos corações, muitas vezes o resultado é: *Se Deus me ama tanto, por que Ele permitiria que isso acontecesse?* Em vez disso, quando processamos as coisas através do filtro da certeza absoluta do amor de Deus, o resultado é: *Deus me ama tanto, portanto, tenho que confiar no motivo pelo qual Ele está permitindo que isso aconteça.*

> *Devemos processar nossas mágoas através do filtro do amor de Deus, não através dos lugares confusos de nossos corações.*

Peguei a mão da mãe que pedia conselhos e disse a ela para ajudar a filha a reescrever a maneira como ela está processando isso. Não há problema em se sentir magoada, solitária e triste. Mas esses sentimentos não deveriam ser um gatilho para duvidar do amor de Deus por ela. Eles devem ser um gatilho para buscar a proteção, providência e possíveis oportunidades de crescimento de Deus.

Eu sei que isso pode ser difícil. Mas e se realmente vivêssemos na certeza absoluta do amor de Deus? Ah, querida irmã, seja o que for que você esteja enfrentando hoje, eu oro Isaías 54:10 por você: "As montanhas podem desaparecer, os montes podem se desfazer, mas o meu amor por você não acabará nunca" (NTLH).

Querido Senhor, tu és bom. E tu és bom em ser Deus. Portanto, confio no teu plano e acredito que estás permitindo que isso aconteça por um motivo. Pode ser difícil, mas prefiro estar perto de ti em mil momentos difíceis do que longe de ti em mil momentos bons. Em nome de Jesus, amém.

60

O QUE TORNA A REJEIÇÃO TÃO HORRÍVEL?

"Eu vim ao mundo como luz, para
que todo aquele que crê em mim não
permaneça nas trevas".

JOÃO 12:46

Minha boca estava seca. Minhas mãos estavam um pouco dormentes. Havia um aperto agudo no meu peito. Minha mente ficou turva quando meus pensamentos se tornaram um caleidoscópio fragmentado de um milhão de esperanças retratadas que eu pensei que estavam muito próximas de mim. De nós. O "nós" que agora estava se tornando... apenas "eu" de novo.

Estávamos apenas namorando. Mas minha mente já havia avançado no tempo e construído uma vida com esse homem. No futuro, tínhamos piqueniques românticos para fazer, risos durante guerras de bola de neve, um casamento para planejar, uma casa para construir e filhos com o sorriso dele e meus olhos para nomear.

Não tenho certeza se isso já foi real para ele. Mas, para mim, eles eram tão reais quanto o café gelado agora diante de mim. Aquele que eu ficava mexendo para ter algo em que focar, mas que nunca tive a intenção de beber. Beber café parecia um pouco normal demais quando toda a minha vida interior acabava de ser declarada em estado de emergência. Porque, de repente, o resto da minha vida planejada em detalhes estava em chamas. Eu não estava apenas perdendo um namorado hoje. Eu estava perdendo a conexão com meus sonhos para amanhã que nunca se realizariam.

As palavras dele atravessaram meus ouvidos e chegaram ao meu coração. Senti todo o impacto de sua dura chegada. Enquanto deslizavam pelos lugares mais sensíveis dentro de mim, seu peso penetrante queimou, cortou e dilacerou o que eu pensei que seria tão permanente. A rejeição sempre deixa as marcas mais profundas e escuras.

> *Só porque fui ferida não significa que agora tenho que viver ferida.*

Isso foi há décadas. Mas posso relembrar essa memória como se fosse ontem. Eu tenho que procurar um pouco no meu passado, mas lá está. A ferida não está mais pulsando de dor. É mais uma cicatriz. Como uma ferida de guerra, é apenas uma história agora.

Peguei meu diário hoje e tentei capturar a essência crua do que torna a rejeição tão terrível. Mas não consegui capturar a profundidade disso com palavras finamente elaboradas. Em vez de mergulhar fundo nos meus pensamentos, deixo-os vir em frases simples e pessoais:

Eu gosto de estabilidade.

Não gosto de ser pega desprevenida.

Eu gosto de me sentir reconhecida.

Não gosto de me sentir jogada fora.

Enquanto escrevia esta lista, uma linha finalmente surgiu para resumir a rejeição melhor do que as outras: *não quero que meu normal seja roubado.* A vida parece impossivelmente arriscada quando me lembro de como circunstâncias imprevisíveis podem destruir e mudar para sempre o que conheço e amo na minha vida. E na precipitação, algumas peças nunca voltam ao lugar.

É como tirar uma fotografia contendo todas as pessoas que você ama e, de repente, algumas delas se cortam propositalmente fora da foto. O buraco deixado para trás de certa forma é pior do que a morte. Se eles tivessem falecido, você lamentaria sua perda. Mas quando a ausência deles é causada por rejeição, você não apenas lamenta a perda, mas também luta contra o fato de que eles queriam isso. *Eles escolheram se retirar.*

Embora você esteja arrasada, eles estão indo embora sentindo-se aliviados. Ou pior, eles podem até se sentir felizes. E aí está você sentada, olhando para uma fotografia adulterada que nenhuma cola no mundo pode consertar. Normal? Roubado. Não por acaso. Mas muito de propósito por alguém que você nunca esperou que pudesse ser um ladrão.

A rejeição rouba a segurança de tudo o que pensávamos ser belo e estável e nos deixa assustadas, frágeis e mais vulneráveis do que nunca.

No entanto, Deus está lá. Jesus disse: "Eu vim ao mundo como luz, para que todo aquele que crê em mim não permaneça nas trevas" (João 12:46). Com Jesus posso sair deste lugar escuro.

Sim, Ele é quem pode me ajudar. Me curar. Me mostrar o que fazer quando estou sofrendo. Portanto, devo fazer tudo o que Ele me instrui a fazer. Devo aceitá-lo. E sei que não posso continuar a aceitar Deus plenamente enquanto rejeito seus caminhos.

Assim, eu me volto para Ele. E realmente ouço para onde Ele está me guiando com um coração disposto.

Deus coloca uma palavra no meu coração. Como um gole de suco de laranja logo após escovar os dentes, eu recuo com o gosto inesperado. De graça.

Por que graça?! Porque a graça dada quando menos merecida é o único antídoto para a amargura. Só porque fui ferida não significa que agora tenho que viver ferida. Posso ficar brava e amarga e espalhar mais mágoa por aí. Ou posso escolher respostas graciosas e gentis e espalhar mais esperança por aí.

Pessoas machucadas machucam pessoas.

Pessoas curadas curam pessoas.

E eu quero estar nesse último grupo.

Não há nada que possamos fazer para eliminar a dor da rejeição. Ah, como eu gostaria que houvesse. Com cada fibra do meu ser, gostaria de poder removê-la do meu mundo e do seu. Mas eu não posso. A única coisa que ajuda meu coração a se curar dessas feridas profundas é a busca constante da mais doce graça.

Amar a Deus é cooperar com a sua graça. E já que estou tão consciente da minha própria necessidade de graça, devo estar disposta a doá-la livremente. Cada buraco deixado pela rejeição é uma oportunidade de criar mais e mais espaço para a graça no meu coração.

Deus Pai, por favor, ajuda-me a ser uma mulher que é rápida em dar graça, mesmo quando é a última coisa que quero fazer. Obrigada pela graça que me estendes todos os dias. Em nome de Jesus, amém.

61

SE JÁ SE SENTIU SOZINHA, LEIA ISSO

> Volta-te para mim e tem compaixão,
> porque estou sozinho e aflito.
> Alivia-me as tribulações do coração;
> tira-me das minhas angústias.
>
> SALMOS 25:16–17 (ARA)

Havia muitos sentimentos que eu esperava ter em uma conferência da qual estava ansiosa para participar. Aceitação. Diversão. Camaradagem.

No papel, essas eram as minhas pessoas.

Elas lideram organizações. Eu lidero uma organização. Elas estão vulneráveis. Eu estou vulnerável. Como eu, elas conhecem o estresse dos prazos, tentando equilibrar os filhos com o ministério e a sensação incômoda de que devemos manter oculto o fato de que temos a pizzaria na discagem rápida.

Sim. Eu mal podia esperar para estar com essas pessoas.

E eu mal podia esperar pelas amizades profundas que certamente floresceriam como resultado do nosso tempo juntas.

Entrei na sala de reuniões e rapidamente localizei a mesa das pessoas que estava ansiosa para conhecer. Cada assento tinha um crachá preso, então circulei a mesa procurando o meu. Quando cheguei à última cadeira e percebi que meu nome não estava lá, tive uma sensação de desânimo.

ACOLHIDA

Andei pela sala procurando meu nome, sentindo-me cada vez mais deslocada. Finalmente, em uma mesa do outro lado da sala, encontrei o meu nome. Eu confiei de todo meu coração que o Senhor devia ter um plano especial para eu encontrar e me conectar com os outros designados para minha mesa. Sentei e peguei meu celular enquanto esperava nervosamente por meus companheiros de mesa.

Eu esperei.

E esperei.

E esperei.

Quando a oração pela refeição terminou e o evento começou, ficou dolorosamente claro para mim que os outros designados para a minha mesa não puderam vir por algum motivo. Então, eu ficaria sentada sozinha. *Muito* sozinha.

> *Há algo maravilhosamente sagrado que acontece quando uma mulher escolhe olhar além de ser deixada de lado para ver o chamado de Deus para que ela seja deixada de lado.*

Na verdade, acho que ninguém mais percebeu minha situação. Afinal, a essa altura, todos na sala estavam ocupados com pãezinhos e molhos para salada.

Na minha cabeça, comecei a ter uma pequena conversa de autopiedade: *Bem, gostaria de um pãozinho? Ou dez talvez? Certamente é uma opção quando você está sentada sozinha em uma mesa para dez.*

E foi aí que uma frase muito clara surgiu na minha cabeça: *você não foi deixada de lado, Lysa. Você está separada.* Não foi audível. E não foi meu próprio pensamento. Eu sabia que era um pensamento designado por Deus que eu precisava refletir.

Ser posta de lado é ser rejeitada.

Isso é exatamente o que o Inimigo gostaria que eu sentisse. Se ele pudesse me fazer sentir isso, então eu ficaria completamente absorta na minha própria insegurança e perderia qualquer motivo que Deus tivesse para eu estar neste evento.

Ser posta de lado é receber uma designação que requer preparação.

Isso é o que eu acredito que Deus queria que eu visse. Se Ele pudesse me fazer ver isso, eu seria capaz de aceitar a lição desta situação.

Você já esteve nessa situação?

Eu não estive nessa situação apenas no jantar daquela noite. Já estive em épocas inteiras da minha vida em que, embora tivesse pessoas por perto, me sentia muito sozinha na minha vocação.

Posso lhe dar três pensamentos que podem encorajá-la hoje?

1. **Procure o dom da humildade.** Provérbios 11:2 nos lembra que "a sabedoria está com os humildes". Nesse lugar separado, Deus lhe dará a sabedoria especial necessária para a tarefa que tem pela frente.
2. **Procure o dom da solidão.** Isso ajudará você a desenvolver um sentimento mais profundo de compaixão por seus companheiros de viagem. Agora, quando entro em uma conferência, procuro alguém sentado sozinho e me certifico de que alguém os notou.
3. **Procure o dom do silêncio.** Se eu estivesse cercada pelas vozes daquelas pessoas que estava tão ansiosa para conhecer naquela noite, certamente teria perdido a voz de Deus. Estou tentando tecer mais silêncio no ritmo da minha vida agora para poder sussurrar: "Deus, o que você quer me dizer agora? Estou ouvindo".

Eu sei que pode ser doloroso ficar sozinha. E eu sei que os pensamentos de ser deixada de lado são altos e irresistivelmente tentadores para acreditar nos buracos de se sentir despercebida e indesejável.

Porém, enquanto você ora por meio dos seus sentimentos, pergunte a Deus exatamente o que o salmista faz no salmo 25:16–17 (ARA), *volta-te para mim e tem compaixão* em sua solidão. E então veja se talvez sua situação tenha mais a ver com você estar preparada do que negligenciada.

Há algo maravilhosamente sagrado que acontece quando uma mulher escolhe olhar além de ser deixada de lado para ver o chamado de Deus para que ela seja deixada de lado.

Querido Senhor, ajuda-me a ver os dons escondidos nesta época de solidão. Estou crendo hoje que estou posta de lado, não separada. Em nome de Jesus, amém.

A GAROTA CHAMADA DE PERDEDORA

*Portanto, santos irmãos, participantes do chamado
celestial, fixem os seus pensamentos em Jesus,
apóstolo e sumo sacerdote que confessamos.*

HEBREUS 3:1

O ano era 1982. Eu estava na sétima série.

Com meus cabelos castanhos com *frizz* e dentes salientes, caminhei pelo corredor verde-ervilha da minha escola. Era o dia seguinte às eleições do conselho estudantil.

Naquele dia, meus colegas confirmaram o que eu tanto temia: "Se você não tivesse beleza e namorado, ninguém votaria em você".

Arrastei-me em direção ao meu armário, desejando ser invisível. Eu mantive meus olhos baixos enquanto desejava que meus pés continuassem andando. Finalmente, meu armário estava à vista. Aquela gloriosa caixa de metal era onde eu poderia escapar desse mundo de garotas críticas com roupas bonitas e cabelo com permanente. Eu poderia esconder meu rosto, deixar as lágrimas escorrerem e fingir estar ocupada folheando livros.

Entretanto, em vez de encontrar descanso naquele minúsculo espaço de metal, encontrei um dos meus pôsteres eleitorais colado na frente, com a palavra "perdedora" rabiscada no topo. *Como você esconde do mundo rapidamente uma proclamação do tamanho de um pôster que você não é boa o suficiente, legal o suficiente, bonita o suficiente ou aceita o suficiente?*

ACOLHIDA

Livros caindo, garotas rindo, fitas rasgando e pôsteres sendo arrancados eram os sons latejando nos meus ouvidos enquanto a cartolina resistia às minhas tentativas de enrolá-la o suficiente para caber na lata de lixo do corredor.

Tomara que caiba, por favor, por favor! Deus, por favor, ajude este pôster idiota desta eleição idiota com minha cara idiota a desaparecer nesta lata de lixo idiota!

O sinal tocou. E, enquanto todas as pessoas "normais" passavam correndo por mim, ouvi a voz de Stephanie como o golpe mortal de uma adaga sussurrando: "Perdedora".

Eu me virei e vi minha única confidente. Minha única amiga. Minha única detentora de segredos, sendo recebida no círculo das garotas populares. A rejeição pública a mim foi seu ingresso para o grupo que secretamente detestávamos juntas. *Juntas.*

> *Nenhuma quantidade de sucesso exterior pode lhe dar aceitação interior.*

Afundei ao lado da lata de lixo onde o pôster se desenrolou lentamente no chão à minha frente. *Perdedora.*

Lembrei-me disso uma noite recentemente, quando me sentei na frente de um grupo de jovens estudantes do ensino médio. Meninas que compartilharam de maneira vulnerável como os relacionamentos entre colegas podem ser difíceis. Elas descreveram relações conturbadas e sentimentos de solidão tão intensos que às vezes desejavam que o chão se abrisse e as engolisse inteiras.

Eu compreendia os sentimentos delas muito bem. Conheço a dor da solidão. Sabia disso no ensino médio e sei agora na idade adulta. Relacionamentos podem ser difíceis, não importa a sua idade.

E aqui está a verdadeira pegadinha.

Sempre pensei que meu ingresso para a aceitação teria chegado se eu tivesse vencido aquela eleição escolar. Não teria. Pois descobri do outro lado das conquistas: se você estava sozinha antes de vencer, ficará sozinha depois de vencer. Nenhuma quantidade de sucesso exterior pode lhe dar aceitação interior.

Só consegui encontrar isso no conforto de Jesus.

Uma rápida olhada no nosso versículo-chave confirma que Jesus é exatamente aquele para quem devemos olhar: "Portanto, santos irmãos, participantes do chamado celestial, fixem os seus pensamentos em Jesus, apóstolo e sumo sacerdote que confessamos" (Hebreus 3:1).

Pensamentos fixos em Jesus, coração cheio dele, vida definida por Ele.

Jesus.

Aquele que nunca nos rejeitará. Aquele que sabe como é ser rejeitado – embora Ele devesse ter sido o mais aceito. Aquele que se sentará conosco e nos lembrará que a rejeição do homem não é igual à rejeição de Deus. Aquele que sussurra para cada um de nós: "As vozes da vergonha e da rejeição podem vir até você, mas não precisam residir em você".

Eu gostaria de poder voltar e pregar esta verdade para o meu eu da sétima série, mas, já que não posso, vou pregá-la para o meu coração adulto. E ao seu também. Somos amadas. E a rejeição de ninguém pode tirar esse amor de nós.

Deus Pai, obrigada pelo lembrete de que não preciso deixar os rótulos dos outros grudarem em mim. Tu dizes que eu sou amada. Tu dizes que eu sou escolhida. Tu dizes que eu sou para sempre tua. E tua é a voz em que estou escolhendo acreditar. Em nome de Jesus, amém.

As dores de ontem nos relacionamentos de hoje

Meus amados irmãos, tenham isto em mente:
Sejam todos prontos para ouvir, tardios
para falar e tardios para irar-se.

Tiago 1:19

"Não precisamos de você lá".

Uma frase simples. Cinco palavras. Nove sílabas. Contudo, no meu cérebro, a interpretação dessa frase era tudo menos simples.

Isso desencadeou uma onda de incertezas. Meu cérebro disparou instantaneamente setas localizadoras que viajaram para rejeições passadas na minha memória. Lembrar o passado dói na conversa atual. De repente, eu não estava ouvindo *"Não precisamos de você lá"*. Eu estava ouvindo *"Você não é desejada"*.

A rejeição sempre quer roubar o melhor de quem eu sou, reforçando o pior do que foi dito para mim.

O melhor de quem sou, certamente, não foi quem interpretou este comentário.

A versão mais magoada de mim pegou o que foi dito e acrescentou páginas de comentários. Esse diálogo adicional destacou minhas inseguranças, trouxe à mente todos os muitos motivos pelos quais eu certamente estava sendo excluída e difamou a pessoa que pronunciou aquelas cinco palavras que deram início a tudo isso.

De repente, essa pessoa estava insegura. Ela era insensível. E o pior de tudo, eu a imaginei incitando os outros a acreditarem no pior sobre mim também.

Eu pisquei para conter minhas lágrimas. Engoli o discurso prolixo que estava morrendo de vontade de descarregar em retaliação à sua proclamação dolorosa. E com um simples "Está bom", eu caminhei até o meu carro.

Mais tarde naquela noite, recontei toda a história a um membro da minha família. Com muita emoção e muitos comentários adicionados, dei a eles o lance a lance do acontecido. No fim, fiz uma pausa longa o suficiente para recuperar o fôlego e esperava que eles viessem de imediato com apoio absoluto e uma oferta para correr em minha defesa.

Em vez disso, eles disseram: "O que mais ela quis dizer com essa declaração? Existe alguma chance de ela não ter a intenção de machucá-la, mas simplesmente de afirmar o fato de que tinham pessoas suficientes participando e você não precisava se sentir pressionada a comparecer?".

Eu respondi: "Ah não, estou dizendo a você que foi *muito mais* do que isso". Bem quando eu estava prestes a desencadear outra recontagem dramática de toda a situação, eles me pararam e disseram: "Apenas certifique-se de não responsabilizá-la por palavras que ela nunca disse. Ela não disse que você não era desejada. Ela não disse que você não era capaz. Ela não disse que os outros estavam pensando da mesma maneira que ela. Ela simplesmente disse que eles não precisavam de você lá".

A rejeição sempre quer roubar o melhor de quem eu sou, reforçando o pior do que foi dito para mim.

Depois de pensar por um tempo, ousei considerar o que meu familiar havia dito. Liguei para ela e fiz algumas perguntas. E, no final, percebi que não havia absolutamente nenhuma ideia por trás da declaração dela.

Na verdade, ela pensou que estava me fazendo um favor ao garantir que eu não era necessária para que eu não sentisse a pressão de sair de casa durante aquela estação tão movimentada.

Essa situação aconteceu há oito anos, mas penso nela com frequência. Ela me ensinou três perspectivas que não quero esquecer:

1. **Quando estou cansada ou estressada, provavelmente interpreto as interações de maneira mais emocional do que deveria.** Portanto, devo esperar para responder aos outros até ter a chance de descansar e desestressar. Uma mulher esgotada pode rapidamente se tornar uma mulher derrotada quando permite que as emoções ditem suas reações.

   Essa é uma das razões pelas quais eu amo o versículo-chave de hoje e a maneira como ele me atravessa: "Meus amados irmãos, tenham isto em mente: Sejam todos prontos para ouvir, tardios para falar e tardios para irar-se" (Tiago 1:19).

2. **Acredite no melhor antes de presumir o pior.** Mesmo que não tivessem o meu melhor interesse em mente, provavelmente também não tinham as piores intenções. Independentemente disso, ser positiva me manterá em um lugar muito melhor.

3. **Esclareça. Esclareça. Esclareça.** Em caso de dúvida, devo pedir-lhes que me ajudem a entender o que realmente significam. E quando esclareço, devo reconhecer e resistir a acrescentar qualquer comentário adicional que minha mágoa do passado possa acrescentar a esta situação.

Você consegue pensar em um momento de sua vida em que essas perspectivas podem ajudar? Certamente não me aperfeiçoei fazendo dessas perspectivas a primeira coisa em que penso quando estou numa situação incerta. Mas, pelo menos, eu penso nelas. E isso é um grande progresso, então os sentimentos das mágoas de ontem não prejudicam os relacionamentos de hoje.

Querido Senhor, não quero permitir que mágoas do meu passado ou emoções descontroladas roubem meus relacionamentos atuais. Eu entrego meu coração a ti hoje, pedindo por tua sabedoria e toque de cura. Em nome de Jesus, amém.

TEM UMA MULHER NA ACADEMIA QUE ME ODEIA

O Senhor, o seu Deus, está em seu meio,
poderoso para salvar.
Ele se regozijará em você,
com o seu amor a renovará,
ele se regozijará em você
com brados de alegria.

SOFONIAS 3:17

Tem uma mulher na minha academia que me odeia.

É sério. Ela me vê chegando e posso sentir os olhares de desdém que ela lança enquanto seus pés giram a 200 km por hora no aparelho elíptico. Eu honestamente não sei como ela vai tão rápido. Uma vez tentei acompanhá-la.

Foi terrível.

E acho que foi nesse dia que começou a fúria dela comigo.

Deixe-me voltar e confessar meus pecados que começaram tudo isso.

Os elípticos são muito próximos e completamente desajeitados com suas peças móveis angulares. Pense se um arranha-céu de Nova York e um elefante tivessem um bebê; seriam esses elípticos.

Crie uma imagem na sua mente da pessoa mais atlética que você conhece. A que não tem uma gota de gordura no corpo inteiro, nem no umbigo, o que deveria ser ilegal na minha opinião cheia de celulite. Certo, pensou nessa pessoa?

É ela. Ela é incrivelmente bonita. De verdade.

Em seguida, imagine um *marshmallow* vestido com uma camiseta e calças de elastano. A única coisa firme nela é seu rabo de cavalo. Essa sou eu. Oi, gente!

Então, tive que entrar um pouco no espaço dela para subir no meu aparelho e acho que a fiz perder o ritmo. Esse foi o pecado número um.

Aí resolvi tentar ficar em sincronia com ela porque queria ensinar para todo o pessoal da academia que, embora minhas pernas e meu bumbum não demonstrem, estou em forma. Esse foi o pecado número dois.

E então pode ter havido um pequeno problema comigo atendendo um telefonema durante o treino. Em minha defesa, essa não é minha prática comum. Mas foi a ligação de uma amiga que precisava muito de mim.

Eu tentei conversar baixinho, mas quando você sente que um pulmão pode muito bem saltar da sua boca a qualquer momento, é difícil sussurrar. Pecado número três.

Três infrações e ela me considerou fora. Fora do juízo. Fora da linha. Fora de controle.

Ela abandonou o elíptico e foi para a esteira. E acho que ela me odiou desde então. Mas, outro dia, algo aconteceu. Algo estranho que me surpreendeu.

Ela sorriu para mim.

Não era um sorriso do tipo quero-acabar--com-a-sua-raça. Era mais como um "Ei, eu já vi você aqui antes, certo?", esse tipo de sorriso.

> *Viva do lugar abundante onde você é amada e não se verá implorando aos outros por restos de amor.*

E quanto mais eu penso sobre isso, mais eu percebo que dizer que ela me odiava era tão somente uma percepção da minha parte.

O que me fez pensar em todas as vezes que atribuo pensamentos a outras pessoas que elas nunca realmente pensam. Eu as responsabilizo por julgamentos severos que elas nunca fazem. E eu possuo uma rejeição delas que elas nunca me deram.

Eu sei que nem toda rejeição é assim. Algumas são completamente certificadas e inegáveis.

No entanto, temos que saber que também existem rejeições percebidas, como eu tive com a minha colega de academia.

Eu nem acho que estava realmente no radar dela.

Entretanto, na minha mente, eu com certeza estava na mira dela. E assim vai a loucura dentro das nossas cabeças, às vezes.

Felizmente, o Senhor nos lembra no nosso versículo-chave que Ele é capaz de "renovar" nossos pensamentos malucos com seu amor.

Isso me faz lembrar de algo que vi uma autora, amiga minha, fazer há vários anos, quando estava autografando um livro. Sua abordagem era simples. Antes de assinar seu nome, ela escreveu: "Viva amada".

Não apenas uma instrução, mas uma proclamação. Uma que prende minha alma e é muito aplicável à nossa discussão em questão.

Viva do lugar abundante onde você é amada e não se verá implorando aos outros por restos de amor.

Não é decidir em sua mente: *eu mereço ser amada.* Ou manipular seu coração para se sentir amada.

Está se estabelecendo na sua alma: *fui criada por um Deus que me formou porque Ele amou muito o próprio pensamento de mim. Quando eu não era nada, Ele viu algo e declarou que era bom. Muito bom. E muito amado.*

Este deve ser o pensamento gênese de cada novo dia.

Eu sou amada.

Não por causa de quão incrível eu sou. Deus não baseia sua afeição em meus esforços murchos.

Não, o amor de Deus não é baseado em mim.

É simplesmente colocado em mim.

E é o lugar onde eu deveria viver. Amada.

Querido Senhor, sou tão grata por não ter que andar por aí o dia todo tentando descobrir quem gosta de mim e quem não gosta. Posso simplesmente descansar na verdade de que sou completa e perfeitamente amada por ti. Ajuda-me a viver amada hoje. Em nome de Jesus, amém.

65

PORQUE EU SOU AMADA

Nada façam por ambição egoísta ou por
vaidade, mas humildemente considerem os
outros superiores a si mesmos. Cada um
cuide, não somente dos seus interesses, mas
também dos interesses dos outros.

FILIPENSES 2:3–4

Há alguns anos, minha amiga me desafiou com esta pergunta: você está fazendo isso *porque* é amada ou *para* ser amada? A pergunta dela é ótima.

Fazer algo "para que sejamos amadas" é uma armadilha em que muitas de nós podemos cair. Quando faço algo porque estou tentando fazer com que outra pessoa me note, goste de mim, diga algo para me edificar ou me respeitar mais, meus motivos ficam distorcidos.

Esqueço o lembrete em Filipenses 2:3–4 de não fazer nada por ambição egoísta e de cuidar dos interesses dos outros. Em vez disso, fico muito focada no "eu". Eu coloco expectativas irreais em mim e na outra pessoa. E posso ficar muito magoada quando não me sinto mais notada, estimada ou respeitada.

No entanto, fazer algo porque *sou amada* é incrivelmente libertador.

Não vejo o relacionamento do ponto de vista do que posso ganhar. Em vez disso, olho para o que tenho a oportunidade de dar. Sou "focada em Deus" e dirigida pelo amor. Eu mantenho minhas expectativas sob controle. E sou capaz de esbanjar a graça de que sei que preciso tão desesperadamente. Eu vivo livre de arrependimento com clareza de coração, mente e alma.

Então, como saber se estou fazendo as coisas porque sou amada ou para ser amada? Veja como é fácil ou difícil aplicar essas verdades bíblicas:

- Porque sou amada, posso ser humilde. Quando estou tentando ser amada, devo me fortalecer para parecer melhor.
- Porque sou amada, posso lançar sobre Deus toda a minha ansiedade. Quando estou tentando ser amada, coloco toda a minha ansiedade no meu desempenho.

> *Você está fazendo isso porque é amada ou para ser amada?*

- Porque sou amada, posso resistir a Satanás e permanecer firme na minha fé. Quando estou tentando ser amada, ouço Satanás e fico insegura tentando confiar nos meus sentimentos.
- Porque sou amada, sei que Deus usará isso para me tornar mais forte – e eu quero isso. Quando estou tentando ser amada, não quero ficar mais forte – quero que a vida seja mais fácil.

Sim, quero buscar a vida, os relacionamentos e as metas que estabeleço de um ponto de vista saudável e livre – porque sou amada.

Esses não são apenas bons princípios de vida, são os princípios de vida de Deus.

Querido Senhor, não quero que meus motivos sejam distorcidos hoje. Ajuda-me a não ser tão "focada em mim". Quero viver cada dia sabendo que sou amada. Viver porque sou amada é libertador. Eu desejo parar de tentar tanto. Sei que me amas, Senhor, e que me fortaleces. Obrigada. Em nome de Jesus, amém.

66

SOZINHA NUMA SALA LOTADA

"Um novo mandamento lhes dou: Amem-se
uns aos outros. Como eu os amei, vocês
devem amar-se uns aos outros."

JOÃO 13:34

Desejei que a pequena sala se abrisse e me engolisse inteira. Apenas me envolvesse em um abismo que simultaneamente me esconderia e me eliminaria.

É doloroso estar em uma sala lotada e se sentir sozinha.

Todo mundo tinha alguém. Suas conversas e risadas dançavam em uma sinfonia de conexão. Olhei em volta e não havia uma alma que eu reconhecesse.

Meu cérebro exigia que eu apenas me aproximasse e me apresentasse a alguém – qualquer um. Mas meu coração sentiu que eles estavam todos envolvidos em conversas que eu me sentiria constrangida demais em interromper.

Não é estranho como você pode literalmente conviver com muitas pessoas, mas se sentir totalmente sozinha? Proximidade e atividade nem sempre são sinônimos de conectividade.

Superficialmente, a conectividade parece exigir que eu me conecte com outras pessoas e elas se conectem comigo. É claro que aquela reunião foi um exemplo extremo de estar sozinha em uma sala lotada, mas esse sentimento não está restrito a esse único incidente.

Eu entendo quando as coisas ficam frias e muito silenciosas com um membro da família. E no fundo de mim, quero pedir perdão, mas meu orgulho está mantendo todas as minhas palavras gentis como reféns. Assim, o tratamento silencioso continua. E embora estejamos na mesma casa, não estamos nem perto de nos conectar.

Ou esse sentimento pode acontecer quando estou com um grupo de mulheres e não consigo entrar na conversa. Eu me culpo mentalmente por não ser mais brilhante ou por não saber dos eventos atuais do mundo e das tendências da moda. Elas parecem melhores em tudo.

Em cada uma dessas situações, estou com pessoas. Mas estou tão sozinha. E eu secretamente reflito como os eventos daquele dia apontam claramente para os problemas de outras pessoas: seu foco em si mesmas, seus problemas do passado, sua insensibilidade.

Proximidade e atividade nem sempre são sinônimos de conectividade.

Porém, o problema não eram as pessoas na festa. O problema não era minha família ou aquele grupo de mulheres. O problema era eu não sendo preparada antecipadamente com uma plenitude que só pode vir de Deus.

Era como se eu entrasse em cada uma dessas situações de repente sentindo que não seria capaz de respirar a menos que alguém me convidasse a entrar. A sala inteira estava cheia de ar completamente respirável, mas como me recusei a absorvê-lo, sofri.

Não posso esperar que outra pessoa seja o oxigênio da minha alma. Não posso viver como se minha próxima respiração dependesse de alguém me dar ou não ar suficiente para que meus pulmões não gritassem de dor.

Não, não é errado precisar de pessoas. Mas algumas das nossas maiores decepções na vida são o resultado de expectativas que temos para os outros, que eles nunca poderão cumprir. É quando o desejo de se conectar se torna uma necessidade irreal.

Aqui está a mudança secreta que aprendi que devemos fazer:

Entro em situações preparada com a plenitude de Deus em mim, livre para procurar maneiras de abençoar os outros?

Ou...

Entro em situações vazias e dependentes de outras pessoas para procurar maneiras de me abençoar?

As pessoas preparadas com a plenitude de Deus não são superpessoas confiantes. Não, a plenitude de Deus está escondida nos lugares sagrados dentro delas. A absorção total de Deus é o oxigênio da sua alma. Não é que elas não precisem de pessoas. Elas precisam. Deus as criou para a comunidade. Mas a maneira como elas amam vem da fartura, não de um desespero vazio. Elas vivem amadas.

E é assim que eu quero viver também.

Estar cheia do amor de Deus estabelece, capacita e traz à tona o melhor de quem somos.

Como eu disse antes, quando vivemos do lugar abundante onde somos amadas, não nos pegamos implorando aos outros migalhas de amor. Estaremos prontas e aptas a entrar em uma sala e viver o mandamento de Jesus em João 13:34 de amar uns aos outros e compartilhar o amor que já sabemos que é nosso.

Querido Senhor, muito obrigada pela maneira como tu me amas: com um amor que nunca pode ser abalado, tomado ou manchado. Ajuda-me a olhar para ti e somente para ti para preencher e satisfazer o meu coração. Em nome de Jesus, amém.

67

TRÊS COISAS QUE VOCÊ DEVE LEMBRAR AO SER REJEITADA

*O justo passa por muitas adversidades,
mas o Senhor o livra de todas.*

SALMOS 34:19

Corri para a mesa do restaurante ao lado da minha filha Ashley. Suas notas da faculdade do primeiro semestre foram publicadas há dois dias, mas ela se recusou a olhar para elas. Decidimos revisá-las juntas em um de nossos restaurantes favoritos.

Juntas é uma ótima maneira de superar algo que você tem medo de fazer e faz você se sentir um pouco dramática.

A escola nem sempre foi fácil para Ashley. Quando ela estava na oitava série, seus professores solicitaram uma reunião. Fiquei surpresa ao descobrir que ela estava reprovando em todas as matérias.

Não foi por falta de esforço. Ela simplesmente não estava entendendo o novo currículo que a escola tinha adotado naquele ano. E a única sugestão deles foi que ela voltasse e repetisse a sétima série.

Imediatamente, eu sabia que isso nunca funcionaria. Eu também acho que a escola sabia que isso não funcionaria. Então, eles se ofereceram para nos ajudar a transferi-la para outra escola.

Não era para ser uma rejeição. Mas com certeza parecia uma.

No entanto, lentamente, pequenos sucessos em sua nova escola lhe deram confiança suficiente para acreditar que era possível mudar as coisas. E no final daquele ano, ela estava na lista de honra. Quando ela entrou no ensino médio, estava tirando ótimas notas e até se formou com honra ao mérito.

Agora na faculdade, ela escolheu uma especialização academicamente rigorosa. Ela tinha dado tudo de si. Mas todas as provas pesavam muito nas suas notas gerais, e ela simplesmente não tinha certeza de como havia se saído. E embora aquela rejeição da oitava série estivesse muito longe dela naquele momento, o medo ainda persistia.

O Inimigo adora pegar nossa rejeição e transformá-la em um medo irracional e cru de que Deus realmente não tem um bom plano para nós.

> *Satanás sabe que o que nos consome nos controla.*

Esse medo é um companheiro corruptor. Substitui as verdades em que confiamos por mentiras sem esperança. Satanás sabe que o que nos consome nos controla. Portanto, quanto mais consumidas pela rejeição, mais ele pode controlar nossas emoções, nossos pensamentos e nossas ações.

O que, então, uma pessoa com o coração partido deve fazer? Devemos tomar de volta o controle de algo ou alguém que nunca deveria tê-lo e declarar Deus como Senhor. Para nos ajudar a ver como podemos praticar isso quando as preocupações da rejeição tentarem nos controlar, aqui estão três coisas para lembrar e proclamar.

1. **Uma rejeição não é uma projeção de falhas futuras.** É bom reconhecer a dor, mas não a veja como um obstáculo permanente. Afaste-se da fonte da rejeição e não deixe que ela a feche nessa arena da vida. Ela já roubou o suficiente do seu presente. Não deixe isso afetar seu futuro.

   Substitua a conversa negativa, que a atrapalhará. Substitua-a por louvores a Deus, que a livrará.

2. **Geralmente há algum elemento de proteção envolvido em cada rejeição.** Isso é difícil de processar no momento da rejeição. Mas, sobre muitas das minhas rejeições anteriores, posso

olhar para trás e ver como Deus estava permitindo que as coisas se desenrolassem da maneira que aconteceram para minha proteção. Em sua misericórdia, Deus permitiu isso.

3. **Este é um revés de curto prazo, não uma condição permanente.** As emoções que parecem tão intensas hoje vão diminuir com o tempo, desde que as deixemos. Nós apenas temos que observar como pensamos e falamos sobre essa rejeição. Se dermos a ela o poder de nos definir, ela nos assombrará por muito tempo. Mas se apenas permitirmos que ela tenha poder suficiente para nos refinar, a dor dará lugar à cura.

Quando me sentei naquele restaurante com Ashley e a ajudei a processar seus medos através do filtro da verdade, surgiu a coragem de que não importa o que acontecesse – bom ou ruim – ela poderia confiar em Deus.

Finalmente, ela abriu o e-mail, revelando suas notas. Ela não apenas passou; ela passou entre as melhores da sua turma.

Eu estava tão agradecida naquele dia pelas lágrimas de alegria. Mas também estou bem ciente de que nos amanhãs que virão as coisas podem ser diferentes. Rejeições grandes e pequenas parecem ir e vir ao longo da vida. Os problemas provavelmente ainda nos encontrarão. Mas o Senhor não apenas nos livra de *alguns* dos nossos problemas. O salmo 34:19 nos diz que Ele nos livra de *todos* eles!

E direi a essa verdade um grande e enorme AMÉM!

Meu Deus, não entendo essa situação. Mas eu entendo a tua bondade para comigo. Ajuda-me a substituir os medos que ameaçam me consumir pela verdade. Sei que tu me amas, tu és por mim e eu absolutamente posso confiar em ti com todo o meu coração. Em nome de Jesus, amém.

68

A MELHOR PIOR COISA

[Jesus] perguntou: "Por que vocês estão
com tanto medo, homens de pequena fé?".
Então ele se levantou e repreendeu os ventos
e o mar, e fez-se completa bonança.

MATEUS 8:26

Eu falhei em ser uma organizadora de casamentos.

Ninguém quer uma organizadora que fica tão desesperada com a neurótica mãe da noiva que vomita no estacionamento ao lado da entrada de convidados.

Realmente, o cenário não dizia: "Bem-vindo ao meu casamento".

Eu falhei em ser uma vendedora de utensílios de cozinha.

Ninguém quer ver a ponta de um polegar cortada na pizza vegetariana no exato momento em que eu estava prometendo que esse utensílio era seguro.

Incrível.

Eu falhei em ser funcionária da cantina em uma escola particular.

Minha assistente decidiu que seus braços estavam tão secos que ela precisava cobrir-se com nossa manteiga em spray. Quando levamos o lixo para fora naquele dia, nós duas fomos atacadas por abelhas e esquecemos da pizza no forno.

As crianças não gostam de pizza queimada.

Eu falhei em ser recepcionista.

Nunca é uma boa ideia simplesmente sucumbir à sonolência pós--almoço e deitar a cabeça na mesa.

Os chefes não gostam de trabalhadoras que roncam. Mesmo que estejam grávidas.

Sim, falhei muito durante aqueles anos em que estava tentando descobrir o que fazer da minha vida. Na época, cada uma dessas coisas parecia o pior que poderia ter acontecido. Agora, acho que foram *as melhores piores coisas*.

Se essas coisas tivessem dado certo, eu nunca teria descoberto a alegria de estar no ministério em que estou agora.

Vejo esse mesmo tema presente em muitas histórias da Bíblia.

Em Mateus 8:23–24 encontramos Jesus entrando em um barco com seus discípulos. "De repente, uma violenta tempestade abateu-se sobre o mar, de forma que as ondas inundavam o barco". Pior coisa.

Porém, no versículo 26, Jesus se levantou e repreendeu os ventos e as ondas, e as coisas ficaram completamente calmas. Os discípulos ficaram maravilhados. Melhor pior coisa.

Em Atos 5:18 encontramos os apóstolos sendo presos e jogados na prisão. Pior coisa.

> *Vivemos em um mundo desolado cheio de pessoas desoladas. Mas não é reconfortante saber que Deus nunca está assim?*

Já em Atos 5:19 encontramos um anjo do Senhor abrindo as portas da prisão e trazendo-os para fora. Mais tarde, os encontramos com tanta confiança que proclamam com ousadia: "Mais importa obedecer a Deus do que aos homens" (v. 29 [ARC]). *Melhor pior coisa.*

Não entendo por que temos que passar por coisas desagradáveis. E eu certamente sei que há muitas coisas piores para passar do que as que mencionei aqui.

Vivemos em um mundo desolado cheio de pessoas desoladas. Mas não é reconfortante saber que Deus nunca está assim? Ele nunca é pego de guarda baixa ou pego de surpresa pelo que acontece a seguir.

Ele pode pegar o nosso pior e acrescentar o melhor dele. Nós apenas temos que fazer a escolha de ficar com Ele e continuar seguindo-o em tudo.

Querido Senhor, sei que tu és capaz de pegar o meu pior e transformá-lo no teu melhor. Mostra-me esta verdade novamente hoje. Renoves o meu espírito. Eu quero seguir a ti através de tudo. Em nome de Jesus, amém.

69

UM LUGAR MELHOR PARA ESTACIONAR

*Finalmente, irmãos, tudo o que for verdadeiro,
tudo o que for nobre, tudo o que for correto, tudo
o que for puro, tudo o que for amável, tudo o que
for de boa fama, se houver algo de excelente ou
digno de louvor, pensem nessas coisas.*

FILIPENSES 4:8

Enquanto visualizo a linha do tempo da minha vida, posso me lembrar de momentos em que o vazio espiritual e emocional me deixou vulnerável. A minha falta foi a ausência de um pai biológico.

Ele levou consigo muito mais do que jamais poderia ter imaginado. Aquelas poucas malas e caixotes de plástico não continham apenas cuecas, gravatas, troféus antigos e livros empoeirados. Em algum lugar entre seu desodorante e os arquivos do escritório, havia pedaços despedaçados do coração de uma garotinha.

Não sou uma grande fã de apontar mágoas da minha infância e dizer: "Todos os meus problemas podem estar ligados ao que outras pessoas fizeram comigo. Deixe-me abrir minhas feridas e afundar em tudo o que vazar". Todo mundo tem mágoas do passado. E todos têm a opção de deixar que as mágoas do passado continuem a assombrá-las e prejudicá-las ou permitir que o perdão abra caminho para que sejamos mais compassivos com os outros.

ACOLHIDA

O abandono do meu pai foi tão grande, tão desgastante, que encheu minha mente apenas com lembranças negativas dele. Na minha mente, ele nunca me amou.

E sabe de uma coisa? Talvez não. Mas estacionar minha mente apenas nos pensamentos negativos sobre meu pai deixou uma grande tristeza no meu coração. Embora eu tenha sido tocada por Jesus e minha alma tenha sido preenchida com a boa perspectiva de Deus e as verdades de cura, ainda havia uma parte muito humana de mim que se sentia incrivelmente triste quando pensava no que nunca aconteceu com meu pai.

Às vezes, eu poderia afastar essa tristeza com um pequeno suspiro e declamação de quem eu sou em Cristo. Mas, em outros momentos, isso me deixou com raiva. E defensiva. E profundamente insatisfeita.

Então, um dia, Deus me surpreendeu da maneira mais incomum. Enquanto meu pai ainda não fazia nenhum esforço para se conectar comigo, uma doce lembrança dele mudou minha perspectiva sombria.

Em um inverno, viajei para Vermont, onde acordei certa manhã para observar o que uma tempestade de neve noturna havia trazido. Eu nunca tinha visto tanta neve em toda a minha vida. Mas o que realmente me chamou a atenção foram os gigantescos pingentes de gelo pendurados na linha do telhado. Eles eram gloriosos.

Enquanto eu olhava para eles, de repente uma lembrança do meu pai passou pela minha mente.

Eu cresci na Flórida, o que significava que nunca havia neve. Mas eu me lembro de orar pedindo neve. Orando como um pregador de reavivamento em um retiro cristão. Se alguma vez poderia haver neve na Flórida, certamente as orações de uma garotinha apaixonada poderiam abrir aqueles armazéns celestiais onde todos os flocos de neve são guardados.

Certa noite, as temperaturas caíram surpreendentemente e o meteorologista chamou isso de geada, o que era raro na nossa região.

Que pena que a neve não caiu. Era a única noite em que esse espetáculo poderia ser possível.

Isso partiu meu coraçãozinho de boneco de neve.

Porém, na manhã seguinte acordei com a visão mais incrível. Havia pingentes de gelo por toda parte. Pingentes de gelo brilhantes, pingando, pendurados, refletindo a luz, gloriosos, e estavam por todas as árvores em nosso quintal.

Foi mágico.

Éramos a única casa no quarteirão com essa grande exibição de inverno.

Porque eu era a única garota cujo pai pensou em ligar intencionalmente os irrigadores do jardim na noite em que congelou.

Não sei onde essa memória se escondeu por muitos anos. Mas que presente. Em algum lugar nos lugares profundos, misteriosos e partidos do coração de meu pai, havia um indício de amor.

Embora isso certamente não resolva todas as complicações de ser abandonada pelo meu pai, isso me dá um pensamento saudável para pensar no que ele está preocupado – um daqueles bons pensamentos que a Bíblia nos diz para pensar: "Tudo o que for verdadeiro, tudo o que for nobre, tudo o que for correto, tudo o que for puro, tudo o que for amável, tudo o que for de boa fama, se houver algo de excelente ou digno de louvor, pensem nessas coisas" (Filipenses 4:8). Eu gosto de chamar isso de "estacionar minha mente em um lugar melhor".

> *Insistir em coisas difíceis nos mantém em situações difíceis.*

É tão fácil estacionar nossas mentes em lugares ruins. Para habitar e refazer e desejar que as coisas fossem diferentes. Mas insistir em coisas difíceis nos mantém em situações difíceis e só serve para aprofundar nossos sentimentos de vazio emocional.

Essa memória de gelo me deu um novo lugar para estacionar.

Você tem algo do seu passado que causa um vazio emocional? Como primeiro passo para a cura, peça ao Senhor para ajudá-la com uma coisa boa dessa situação passada ou algo bom que aconteceu apesar da dor.

Querido Senhor, tu conheces as mágoas que tenho do passado que ainda me drenam. Por favor, mostra-me um bom lugar para estacionar minha mente quando essa dor me tocar de novo. Em nome de Jesus, amém.

70

Sabedoria conjunta

Quem é sábio e tem entendimento entre
vocês? Que o demonstre por seu bom
procedimento, mediante obras praticadas com
a humildade que provém da sabedoria.

Tiago 3:13

Por toda a sua vida, essa menina, minha filha do meio, soube de um segredo: quando tudo desmorona, há um lugar seguro – os braços de sua mãe. Mais do que um abraço, este lugar pulsa com o ritmo suave de um coração que sente o que ela sente. Dessa forma, minha menina traz para este lugar o que ela não suporta sentir sozinha. E nos reconectamos.

Assim, há alguns anos atrás, quando minha filha se arrastou para os meus braços às 3h, eu soube. Um problema havia encontrado o caminho para o seu coração. Um menino, que ela pensou que cuidaria do seu coração gentilmente, não cuidou. Seu *crush* a deixou desolada.

Ela sentia tudo tão intensamente... E, embora eu pudesse ver que essa dor era o melhor para ela naquele momento, sofri por essa menina com o coração partido, porque ela é minha – minha menina que não conseguia dormir e, por isso, deslizou para a minha cama para estar perto do batimento cardíaco que ela conhece desde que ainda estava em meu ventre.

E, no meio da noite silenciosa, eu a abracei. Afastei seus longos cabelos castanhos de seu rosto coberto de lágrimas. Eu beijei o sal molhado em suas bochechas. E sussurrei: "Eu te amo".

ACOLHIDA

233

E ela sabia que eu era seu porto seguro. O lugar para onde ela pode correr quando o mundo se torna selvagem, cruel e mesquinho de maneira desoladora.

Na manhã seguinte, ela me mostrou a fonte de sua angústia noturna: uma mensagem de texto dele, cujas palavras vinham de um coração emaranhado com imaturidade e suas próprias fontes de dor. Ele não era uma pessoa má. Ele era jovem. E, às vezes, ser jovem significa ser incapaz de lidar com as situações da maneira certa.

Eu entendi isso. A idade me deu esse dom. Mas minha menina não entendeu. Ela levou as palavras como punhais no coração. E chorou.

Ela me entregou o telefone.

"Me ajuda a responder."

Nos sentamos em meio a ovos *poché* e migalhas de torrada, conversando, pensando juntas, respondendo juntas.

Juntas é uma palavra muito boa. Juntas é o que precisamos quando passamos por momentos difíceis na vida. Não importa em que situação difícil nos encontremos, sentir-se sozinha pode nos tornar vulneráveis às más decisões. Lugares difíceis podem facilmente nos fazer querer seguir nossos sentimentos em vez de usar a sabedoria como nosso guia. Não é o melhor momento para tomar uma decisão. Muito menos sozinha.

> Quando podemos nos erguer com base na sabedoria dos outros e obter uma nova visão das nossas situações, nossos próximos passos parecem um pouco mais claros.

Eu suspeito que, se você estiver em uma situação difícil, provavelmente parece mais importante do que um sofrimento adolescente. Eu entendo. Já senti isso. E provavelmente sentirei de novo. E quando estamos lá, temos que ser honestas que não estamos no lugar de tomar grandes decisões naquele momento. Talvez nem estejamos no lugar de tomar decisões sobre pedidos simples de outras pessoas.

Isso não a torna má ou incapaz. Isso a torna inteligente. Inteligente o suficiente para saber fazer uma pausa e reservar um tempo extra quando a vida assume circunstâncias atenuantes que são difíceis.

Nesta pausa de decisões, vá para o seu lugar seguro. Quando o mundo te derrubar, abra sua Bíblia. Deixe as frases de Deus terminarem as suas. Deixe a verdade caminhar diante de você como um guia em um caminho escuro.

E vá também a alguém na sua esfera de influência que você sabe que é sábia. Como sabemos a quem recorrer? A Bíblia deixa claro: "Quem é sábio e tem entendimento entre vocês? Que o demonstre por seu bom procedimento, mediante obras praticadas com a humildade que provém da sabedoria" (Tiago 3:13). Sim, deixe essas pessoas sábias ajudá-la. Apoie-se na sabedoria deles quando a sua estiver abalada. Quando podemos nos erguer com base na sabedoria dos outros e obter uma nova visão das nossas situações, nossos próximos passos parecem um pouco mais claros.

Pai, por favor, mostra-me quem é sábio. Envolve-me com teus braços amorosos e com os braços amorosos do teu povo quando eu precisar deles. Em nome de Jesus, amém.

11

Sabedoria e humildade

Quando vem o orgulho, chega a desgraça,
mas a sabedoria está com os humildes.

PROVÉRBIOS 11:2

Frequentemente, as pessoas que têm mais sabedoria experimenta-
ram mais humildade. Ou às vezes até a maior humilhação. Uma
sabedoria como nenhuma outra pode surgir daqueles lugares difíceis
que nos abalam. Sabedoria que foi desenterrada nos lugares confusos e
lamacentos da vida. Quando esse tipo de sabedoria está no coração de
uma pessoa que é vulnerável o suficiente para abandonar seu orgulho
e compartilhar o que sabe, isso é um presente. Um presente de que
preciso desesperadamente ao passar por algumas coisas.

Nunca esquecerei um ano em que precisei de alguém que tivesse
um pouco dessa sabedoria conquistada com muito esforço. Um dos
meus filhos em idade universitária fez algo que me chocou completamente. E eu estava a dois dias de sair para palestrar em um dos maiores
eventos da minha vida quando descobri.

Meu primeiro instinto foi cancelar a viagem. Eu me enrolei na
minha cama e chorei.

Finalmente reuni energia para ligar meu computador e descobrir
como redigir meu e-mail de cancelamento. Eu nunca havia cancelado
um evento antes, então sussurrei uma oração pedindo a Deus que con-
firmasse que Ele estava bem comigo cancelando.

Foi quando vi um e-mail do meu assistente dizendo que outro
palestrante havia cancelado este evento e eles estavam solicitando que

eu fizesse duas palestras principais. *É brincadeira, não é? Estou achando que não vou conseguir entregar nem uma palestra, muito menos duas!*

Eu sabia que precisava me basear na sabedoria de alguém que veio antes de mim. Alguém que já passou por algumas coisas com os filhos e ainda precisava criar coragem para falar em público.

Então liguei para outra palestrante que eu sabia que tinha alguma sabedoria encontrada naqueles lugares de humildade e humilhação. Não foi uma ligação fácil de fazer. Eu me encolhi com o sentimento de estar exposta em carne viva que essa situação me trazia. Mas eu sabia que estava segura com ela porque tivemos uma conversa anos atrás, em que ela compartilhou algumas das dinâmicas menos do que perfeitas na família dela.

Liguei. E as palavras dela foram um presente.

Ela foi generosa com sua transparência. Ela me garantiu que eu não estava sozinha com palavras como: "Eu também", "Eu sei", "Estamos passando por nossas próprias mágoas e decepções agora mesmo". Não havia uma gota de vergonha dirigida a mim em sua voz. Foi interessante ter lido Provérbios 11:2 naquela manhã: "Quando vem o orgulho, chega a desgraça, mas a sabedoria está com os humildes".

Uma sabedoria como nenhuma outra pode surgir daqueles lugares difíceis que nos abalam.

Sim, eu sabia de onde vinha sua sabedoria.

Ela acalmou meu coração descontrolado: "Você não está sozinha, Lysa. A graça de que nosso público precisa é a mesma graça na qual devemos caminhar diariamente. Deixe essa dor trabalhar para você, não contra você. Vá. Você deve ir".

Eu sabia que ela estava certa. Sábia. Eu me apoiei na sabedoria dela e respondi que faria as duas palestras. Aí liguei e informei ao meu filho adulto que íamos fazer essa viagem juntos.

Fomos juntos de avião para o evento. Enfrentamos esse momento difícil juntos. E, enquanto eu estava sendo humilde ao ponto da humilhação, descobri minha própria sabedoria adquirida com muito esforço.

A sabedoria é o nosso consolo. A sabedoria nos ajudará a não repetir os erros que cometemos, mas a nos fortalecer com eles.

Como podemos encontrá-la? Nós vamos ao Senhor e pedimos a Ele por isso. Deixamos de lado nossas desculpas, nossos hábitos e nossas justificativas e sussurramos: "Preciso da sua perspectiva, Deus. Eu venho diante de ti e humildemente admito minha desesperada dependência de Ti".

Então podemos começar a entender sobre o que Tiago estava falando quando nos instrui: "considerem motivo de grande alegria o fato de passarem por diversas provações" (1:2). Isso não soa como uma afirmação contraditória? Alegria nas provações? Até percebermos que ele está nos dizendo para *considerar* motivo de alegria". Em outras palavras, através de uma lente de sabedoria, procure alegria neste improvável lugar de provação. E então a Escritura revela a razão:

> Pois vocês sabem que a prova da sua fé produz perseverança. E a perseverança deve ter ação completa, a fim de que vocês sejam maduros e íntegros, sem lhes faltar coisa alguma (Tiago 1:3–4).

Então, sim, agora posso considerar tudo isso e encontrar pura alegria quando enfrento provações. E posso ganhar sabedoria em meio a tudo isso – sabedoria de que preciso, sabedoria que posso usar para tomar decisões ainda melhores no futuro e sabedoria que outros precisarão e que agora tenho para dar.

Querido Senhor, obrigada por nos dar o consolo da sabedoria quando passamos por momentos difíceis. Por favor, traga para minha vida pessoas com quem eu possa aprender e pessoas a quem eu possa transmitir a sabedoria que aprendi ao longo do caminho. Em nome de Jesus, amém.

72

ESTOU COM MUITO MEDO

O anjo do Senhor é sentinela ao redor
daqueles que o temem, e os livra.

SALMOS 34:7

Há alguns anos, um dos meus dentes de trás começou a doer. Não foi a primeira vez que aquele dente me deu problemas e, honestamente, eu simplesmente não queria lidar com isso. Aquele dente tinha sido uma dor completa. Literalmente.

Eu não tinha uma, nem duas, mas três coroas feitas no mesmo dente. A primeira quebrou. A segunda quebrou. E embora parecesse que a terceira finalmente funcionaria, o dente começou a doer novamente. Ai!

O dentista me informou que a única coisa a fazer era um tratamento de canal.

Estou bem com a palavra *raiz*. E estou bem com a palavra *canal*. Mas quando ele juntou essas duas palavras, um medo selvagem dominou o meu coração e retirou todas as minhas forças. Eu não poderia fazer isso. Eu simplesmente não conseguia me obrigar a agendar a consulta.

Então eu lidei com a dor latejante.

Por um ano, não mastiguei desse lado da boca. Não deixei as bebidas geladas irem para aquele lado. E tomei ibuprofeno quando o latejar tomou conta de mim.

Um ano!

ACOLHIDA

Por fim, cansei. A dor superou o medo e marquei uma consulta para o temido tratamento de canal.

E sabe de uma coisa? Eu sobrevivi! Não apenas sobrevivi, mas honestamente achei que todo o calvário do canal radicular não era grande coisa. Aquele medo era muito pior do que o procedimento em si.

> *Às vezes, viver com medo do que pode ser causa mais estresse e ansiedade do que realmente enfrentar o que tememos.*

Acho que o medo muitas vezes funciona dessa maneira. Às vezes, viver com medo do que pode ser causa mais estresse e ansiedade do que realmente enfrentar o que tememos. Existe algo que você está evitando por estar com medo?

O salmo 34:7 me lembra: "O anjo do Senhor é sentinela ao redor daqueles que o temem, e os livra". Temer ao Senhor significa honrá-lo e engrandecê-lo em meu coração acima de tudo. Quando me concentro ou amplio meus medos, eles se tornam tudo em que consigo pensar. Então, em vez disso, aprendi a me concentrar em Deus fazendo três coisas:

Eu clamo a Ele com orações honestas. Eu verbalizo para Deus do que tenho medo e como meu medo é paralisante. Peço a Ele que me ajude a ver se esse medo é um aviso ou uma preocupação desnecessária. E, então, peço a Ele que me ajude a saber o próximo passo a dar.

Abro minha Bíblia e procuro versículos que me mostrem o que Ele quer que eu faça naquele momento de medo. Eu escrevo as verdades da Bíblia sobre o medo e depois alinho meus próximos pensamentos e ações com a verdade de Deus.

Então, *ando na certeza de que estou temendo (honrando) o Senhor*, como o salmo 34:7 me diz, portanto, sei com certeza que um anjo do Senhor está acampado ao meu redor e que Deus me livrará.

Eu gosto muito dessa promessa. Ela me conforta. Ela me tranquiliza. E me desafia a realmente viver como se eu soubesse que é verdade.

Qual é o medo que você pode enfrentar hoje? Pense em um medo cotidiano que a congela. Existe um medo de enfrentar um problema com uma amiga? Existe um medo de sair em obediência a algo que Deus está chamando você para fazer? Existe medo de um diagnóstico médico que você acabou de receber?

Ah, se eu estivesse aí, eu certamente seguraria sua mão. Melhor ainda, porém, Deus está com você. E Ele está segurando você. E quando você sabe que Ele está com você, e seus anjos estão acampados ao seu redor, você pode enfrentar seus medos.

Querido Senhor, se um sentimento de medo é um aviso legítimo de Ti, ajuda-me a saber disso. Mas se esse sentimento de medo é mais uma distração prejudicial, ajuda-me a ser corajosa e a caminhar com segurança na tua presença. Em nome de Jesus, amém.

13

ME APEGANDO À VERDADE

"E conhecerão a verdade,
e a verdade os libertará".

João 8:32

Vários anos atrás, eu estava encerrando uma conferência em que havia palestrado. Minha amiga Beth e eu estávamos conversando sobre onde a equipe se encontraria para jantar naquela noite quando, de repente, um membro da equipe da arena veio correndo muito agitado e disse que havia uma emergência e que precisavam de nós imediatamente.

Uma senhora que participava da conferência acabara de saber que seus dois netos haviam morrido em um incêndio naquele dia.

Corremos para encontrar uma senhora cercada por suas amigas. Ela estava chorando a ponto de mal conseguir respirar. Ela acabara de passar um tempo com os netinhos, de oito e quatro anos. Eles passaram as férias de primavera com ela na semana anterior. Ela os segurou, embalou, acariciou seus cabelos e os beijou em todo o rosto. Como eles poderiam ter morrido?

Era demais para seu cérebro processar.

A paramédica se afastou para que pudéssemos segurar suas mãos e orar por ela. A princípio, tropecei em pedidos para que Jesus derramasse suas mais ternas misericórdias nesta situação. Orei pedindo consolo e a certeza de que essas crianças estavam sendo seguras por Jesus naquele momento.

Foi tão difícil. Meu coração de mãe doeu profundamente por esta mulher. Meus olhos se encheram de lágrimas que se recusavam a ficar contidas.

Quando Beth começou a orar, notei algo milagroso. Cada vez que dizíamos "Jesus", seu corpo se acalmava, seu choro desacelerava, sua respiração parava de soar tão apavorada.

Então, quando chegou a minha vez de orar novamente, eu apenas repeti o nome dele repetidas vezes. Esta doce avó se juntou a mim: "Jesus, Jesus, Jesus".

Enquanto dizíamos "Jesus" repetidamente, a verdade inundou minha mente.

Lembrei-me do que havia descoberto nas Escrituras sobre o medo da morte. A morte é apenas uma separação temporária. Estaremos reunidos novamente.

Lembrei-me da verdade de 2Samuel 12. Quando o bebê de Davi morreu, Davi disse com confiança: "Eu irei até ela, mas ela não voltará para mim" (v. 23). Davi sabia que veria seu filho novamente – não apenas uma alma sem nome, sem rosto e sem identidade, mas seu próprio filho.

> *Nossas almas foram criadas para reconhecer e responder à calma segurança de Jesus.*

Ele o reconheceria, o abraçaria, o beijaria e a separação causada pela morte terminaria.

A única coisa que pareceu acalmar minha devastada irmã em Cristo foi o nome de Jesus e sua verdade.

Que lembrete poderoso para todas nós.

Segure-se na Palavra de Jesus, querida irmã. Fale sua verdade e o nome de Jesus em voz alta. Nossas almas foram criadas para reconhecer e responder à calma segurança de Jesus e da verdade.

Isso nunca foi tão claro para mim.

Por favor, ore por minha amiga da conferência e sua família.

E lembre-se, não importa em que circunstâncias você se encontre...

Podemos escolher nos apegar à verdade. Deixe todo o resto ir. Estacione nossa mente com o que é verdadeiro. "E conhecerão a verdade, e a verdade os libertará" (João 8:32).

Querido Senhor, elevo minha mente a ti e peço que me ajude a lembrar de falar teu nome e tua verdade em qualquer situação em que me encontre e que pareça esmagadora, pequenas e grandes coisas. Verdadeiramente, minha alma foi criada para reconhecer e responder à calma certeza da verdade. Em nome de Jesus, amém.

74

PRESSIONANDO ATRAVÉS DA DOR

Achegai-vos a Deus, e Ele acolherá a todos vós!
TIAGO 4:8 (KJA)

Já sentiu que o desgosto na sua vida está tentando destruir você?

Eu entendo. Entendo mesmo. Já estive naquele lugar onde a dor de um desgosto bate com uma força tão repentina e aguda que parece cortar pele e osso. É o tipo de dor que nos deixa imaginando se algum dia seremos capazes de funcionar como uma pessoa normal novamente.

No entanto, Deus tem me lembrado com ternura que a dor em si não é o inimigo. A dor é o indicador de que a desolação existe.

A dor é o lembrete de que o verdadeiro Inimigo está tentando nos derrubar e nos entristecer, nos mantendo presas em lugares desolados. A dor é o dom que nos motiva a lutar com brava tenacidade e determinação feroz, sabendo que há cura do outro lado.

E no meio? Nesse lugar desesperador onde ainda não estamos do outro lado de tudo, e nosso coração ainda parece bastante indigesto?

A dor é o convite para Deus se mover e substituir nossa força vacilante pela dele. Não estou escrevendo isso para lançar banalidades espirituais que soam bem. Escrevo do fundo de um coração que sabe que é o único caminho.

Devemos convidar Deus para a nossa dor para nos ajudar a sobreviver ao desespero intermediário.

ACOLHIDA

A única outra opção é fugir da dor usando algum método de entorpecimento. Mas entorpecer a dor nunca chega à fonte do problema real para nos tornar mais saudáveis. Isso apenas silencia nossa necessidade gritantes de ajuda.

Achamos que estamos nos libertando da dor quando, na verdade, o que nos entorpece nos aprisiona. Se evitarmos a dor, a dor cria um vazio em nós. Ela mata lentamente o potencial que têm os nossos corações de sentir, conectar e amar de forma completa novamente. Até rouba o que há de melhor no nosso relacionamento com Deus.

> *Se evitarmos a dor, a dor cria um vazio em nós.*

A dor é a sensação que indica que uma transformação é necessária. Há uma fraqueza onde uma nova força precisa entrar. E devemos escolher buscar uma força de longo prazo em vez de um alívio temporário.

Então, como obtemos essa nova força? Como podemos parar de perseguir o que vai nos entorpecer quando as partes mais profundas de nós gritam por algum alívio? Como podemos parar a dor penetrante deste minuto, desta hora?

Invocamos a proximidade de Deus.

Para mim, isso significa orar. Não importa quão vasto seja o nosso buraco, a oração é grande o suficiente para nos encher com a percepção da presença de Deus como nada mais. Nosso versículo-chave (Tiago 4:8) nos lembra que quando nos aproximamos de Deus, Ele se aproxima de nós. Quando o convidamos para ficar mais próximo, Ele sempre aceita nosso convite.

E nos dias em que meu coração está ferido e minhas palavras parecem bastante vazias, deixo as Escrituras guiarem minhas orações, registrando a Palavra de Deus no meu diário e depois acrescentando meus próprios pensamentos pessoais.

Um dos meus favoritos é o salmo 91. Eu adoraria compartilhar este versículo com você hoje, como um exemplo para quando você convida Deus em oração para sua própria dor.

Versículo: "Aquele que habita no abrigo do Altíssimo e descansa à sombra do Todo-poderoso" (Salmos 91:1).

Oração:

Senhor, atrai-me para perto.

Tua Palavra promete que quando me aproximo de ti, tu estás lá. Quero que minha aproximação seja uma morada permanente. A qualquer momento, quando me sinto fraca, vazia e sozinha, oro para não permitir que esses sentimentos me arrastem para um poço de insegurança. Em vez disso, quero que esses sentimentos sejam gatilhos para que eu eleve imediatamente esses sentimentos opressivos para ti e troque-os pela garantia da tua segurança.

Não estou sozinha porque tu estás comigo. Não sou fraca porque tua força está infundida em mim. Não estou vazia porque estou bebendo diariamente da tua plenitude. Tu és minha morada. E em ti me abrigo de todas as circunstâncias tempestuosas e duras realidades. Não estou fingindo que as coisas difíceis não existem, mas estou me deleitando com o fato de que tua cobertura me protege e impede que essas coisas difíceis me afetem como costumavam fazer.

Tu, o Altíssimo, tens a palavra final sobre mim. Tu me conheces e me amas intimamente. E hoje declaro que vou confiar em ti no meio da minha dor. Tu és minha morada diária, minha graça salvadora.

Em nome de Jesus, amém.

E com isso encerro meu diário de oração, me sentindo muito menos desesperada e muito mais completa. Eu respiro a atmosfera da vida que as palavras de Deus trazem.

Eu o imagino parado na porta do meu futuro, batendo. Se eu permitir que Ele entre na escuridão da minha dor hoje, Ele abrirá a porta para um amanhã muito mais brilhante.

ACOLHIDA

Querido Senhor, neste momento me aproximo de ti e convido a tua proximidade. Ajuda-me a experimentar a tua presença hoje. Em nome de Jesus, amém.

75
Desolada,
mas não destruída

"Parem de lutar! Saibam que eu sou Deus!
Serei exaltado entre as nações,
serei exaltado na terra."

Salmos 46:10

Sentei no meio da praça de alimentação e fiquei grata por poder esconder minhas lágrimas olhando para a comida. Eu silenciosamente passei meu guardanapo na minha bochecha. Pisquei. Tentei desesperadamente engolir.

Normalmente não frequento shoppings, mas naquele dia eu precisava de um lugar para me esconder. Um lugar para processar. Um lugar para lembrar que o mundo inteiro não estava desmoronando.

A notícia que recebi apenas uma hora antes me deixou arrasada. Fiquei devastada.

Uma amiga que amo tomou uma decisão que eu não consegui entender de jeito nenhum. Não estava de acordo com o caráter dela. Era algo que eu jamais sonhei que essa pessoa pudesse fazer. Os efeitos dessa decisão afetariam a vida dela e a minha com consequências realmente difíceis.

Olhando para a mesa à minha frente, vi duas mulheres um pouco mais novas do que eu. Elas estavam rindo e cortando comida em pedacinhos para seus filhos pequenos. Eu podia ouvi-las falando sobre fantasias que precisavam ser feitas para a próxima apresentação na pré-escola. Uma delas estava tendo dificuldade em encontrar meia-calça roxa e ela precisava desesperadamente de meia-calça roxa para completar o traje.

> *Deus nos ama e não nos deixará.*

Sussurrei baixinho: "Gostaria que meu maior problema fosse uma meia-calça roxa". Embora minha declaração sussurrada tenha se perdido no coro caótico de vozes e ruídos da praça de alimentação, o grito dentro do meu coração pairava sobre mim em tons ensurdecedores.

O que quer dizer com isso?

Minha mente disparou. Minha garganta apertou. Meus olhos vazaram incontrolavelmente.

Tentei orar, mas sinceramente senti que Deus estava bem distante naquele momento.

É difícil se apoiar na bondade de Deus quando você sente que a vida acabou de ser despojada de tantas coisas boas.

Forcei minhas pernas a sustentarem meu corpo. Eu andei de maneira descuidada até o meu carro. E dirigi para casa.

São nesses momentos que sabemos se a Palavra de Deus penetrou profundamente nos nossos corações ou não. Embora o mundo parecesse girar e girar sem nada para eu me segurar, uma simples declaração surgiu no topo da minha mente e me talhou com clareza cristalina: "Aquietai-vos e sabei que eu sou Deus" (Salmos 46:10 [ARA]).

Eu ouvi isso várias vezes.

E sabia que não era minha mente que evocava esse versículo da Bíblia. Era o Espírito Santo dentro de mim falando. Reconfortante. E, honestamente, me mantendo firme quando as circunstâncias estavam me destruindo.

Não sei que dura realidade está arrasando seu coração agora. Mas sinto que não estou sozinha. O Inimigo está em um ataque total contra tudo que é bom, sagrado, puro e honesto. Ele é o pai da mentira e nos leva a acreditar que, se nossas circunstâncias desmoronarem, nós também o faremos.

Porém, acredite em uma mulher no meio da minha dura realidade: Satanás é um mentiroso. Deus é um redentor. Um Curador. O Autor da esperança. O Caminho da restauração. O grande EU SOU.

Neste exato momento, há algumas coisas a que eu e você devemos nos agarrar e manter como se nossas vidas dependessem disso:

1. Deus nos ama e não nos deixará.
2. Esta batalha não é nossa. A batalha pertence ao Senhor. Deixe que Ele lute por você. Economize sua energia emocional e use-a para se aprofundar na Palavra dele como nunca antes. Nosso trabalho é ser obediente a Deus. O trabalho de Deus é vencer esta batalha.
3. A batalha pode não ser fácil ou de curta duração, mas a vitória estará lá para aqueles que confiam em Deus.
4. Deus é bom, mesmo quando as circunstâncias são mais sombrias do que você jamais imaginou. Deus é bom, mesmo quando as pessoas não são. Deus é bom, mesmo quando as coisas parecem terrivelmente sem esperança. Deus é bom e pode ser confiável quando você desconfia de todos e de tudo ao seu redor.
5. Por fim, Deus é bom em ser Deus. Não tente consertar o que Ele não designou para você consertar. Não tente manipular ou controlar ou gastar todas as suas emoções tentando descobrir. Deixe-o ser Deus. Liberte-se dessa missão impossível.

Querida amiga, aquiete-se e saiba. Ele é Deus.

Estou orando por você. E valorizo o fato de saber que você está orando por mim.

Vamos nos unir para declarar que nós, mulheres de Jesus, podemos não ter todas as respostas para nossas situações. Mas, por Deus, permaneceremos em meio a nossos dias difíceis e declararemos que confiamos naquele que tem todas as respostas.

Ficaremos calmas e saberemos: ELE É DEUS.

Querido Senhor, escolho entregar minha situação a ti hoje. Ficarei calma e saberei que tu, e somente tu, és Deus. Em nome de Jesus, amém.

Parte 4

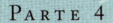

Acolhendo o chamado de *Deus* para ser *transformada*

O COMEÇO
DE UM MILAGRE

Recordarei os feitos do Senhor;
recordarei os teus antigos milagres

SALMOS 77:11

Gosto de pensar que, se eu vivesse nos dias de Jesus, teria sido tocada por seus milagres. Transformada por seus milagres. Arrependida e disposta a viver de forma diferente por causa das provas das ações dele. Ele é o filho de Deus – o operador de milagres.

Mas será mesmo?

Afinal, às vezes ajo como se Jesus pudesse fazer milagres para outras pessoas, mas não para mim. Não com os meus problemas.

Anos atrás, comecei a ver que alguns dos meus problemas eram minhas reações rudes e ríspidas com a minha família. Eu senti como se estivesse com frequência emocionalmente descontrolada e ficando presa nas minhas emoções viscerais. Atribuí isso ao estresse, ao cansaço excessivo e aos fluxos hormonais mensais. Continuei dando desculpas e prometendo fazer melhor amanhã. Mas então o amanhã traria mais desafios e conflitos, aos quais eu reagiria de novo de forma exagerada e depois me arrependeria.

Eu aplaudia rapidamente quando outras pessoas se arrependiam e posicionavam seus corações para ver Jesus operar milagres em suas vidas. Mas eu vivia como se esse mesmo tipo de trabalho milagroso não fosse possível comigo.

E esse tipo de atitude impenitente frustra Jesus. Em Mateus 11:20, "Jesus começou a denunciar as cidades em que havia sido realizada a maioria dos seus milagres, porque não se arrependeram".

Às vezes, tenho que sair do meu ambiente normal para me tornar mais consciente das coisas que precisam mudar em mim. Então, naquele ano, passei uma semana em um abrigo para sem-tetos chamado Dream Center. O pastor Matthew Barnett e sua igreja administram o Dream Center em Los Angeles. O Dream Center é um centro ministerial de programas que atende milhares de pessoas todos os meses que estão lidando com os efeitos dolorosos da falta de moradia, vício, tráfico sexual e muito mais.

> *Eu sabia que meu progresso seria imperfeito, mas ainda poderia ser milagroso.*

Fui ajudar a suprir as necessidades. Mas rapidamente percebi que estava ali como uma mulher necessitada. Uma mulher que precisava que a realidade de Deus me acertasse de maneira pesada, perto e real demais para ser negada.

Eu vi o poder de cura milagroso de Deus entrelaçado em tantas vidas no Dream Center. Eu vi. E queria isso.

O poder milagroso de Deus é o que transformou o membro de gangue com oito cicatrizes de balas em um servo que ama Jesus. Tão gentil.

Foi o que transformou a ex-prostituta em conselheira de outras meninas resgatadas da vida nas ruas. Tão pura.

Foi o que transformou o viciado em drogas em um pai amoroso, ensinando seu filho a ser um líder piedoso. Tão cheio de integridade.

O que me impediu de perceber que o poder de Deus poderia me mudar também?

Em algum momento, parei de *esperar* que Deus operasse milagrosamente em mim.

O salmista em nosso versículo-chave incitou sua alma à esperança ao se lembrar dos milagres do Senhor: "Recordarei os feitos do

Senhor; recordarei os teus antigos milagres" (Salmos 77:11). E percebi que poderia fazer a mesma coisa. Inspirada pelas vidas transformadas no abrigo para sem-teto, minha alma se acelerou para a ousada realidade de que eu poderia ser diferente. Eu realmente poderia ter reações diferentes às minhas emoções viscerais. Eu sabia que meu progresso seria imperfeito, mas ainda poderia ser milagroso. E senti uma nova esperança me atravessar.

Não sou gentil por natureza, mas posso ser gentil por obediência. Não sou paciente por natureza, mas posso ser paciente por obediência. Não sou calma por natureza, mas posso ser calma por obediência.

Eu posso. E eu vou.

Posso ser a mulher emocionalmente descontrolada transformada em gentil, paciente e calma. Deus me ajude. Deus me perdoe. E à sombra dessa percepção e arrependimento, o milagre começa.

Querido Senhor, por favor, abre meus olhos para ver os lugares que preciso que tu mudes em mim. Sei que envolvi minha identidade em tantas coisas além de ti. Eu quero que tu mudes aqueles lugares ásperos e imperfeitos em mim. Ajuda-me a me tornar a mulher que tu me criaste para ser. Em nome de Jesus, amém.

11

Minha dor está falando?

Levamos cativo todo pensamento,
para torná-lo obediente a Cristo.

2 Coríntios 10:5

As vezes, algo *pequeno* pode parecer muito *grande*. Um olhar de alguém que de repente fez com que você sentisse que ela não gostava de você. Ou alguém não retorna sua ligação e você sente que isso é uma indicação de que você não é importante.

Em geral, essas coisas não são verdadeiras.

O olhar era apenas um olhar sem nenhum significado oculto.

O telefonema perdido foi apenas um deslize na lista de tarefas daquela pessoa.

Porém, se não tomarmos cuidado, esses sentimentos equivocados podem criar problemas que nos distraem, nos desencorajam e desencadeiam dores do passado que começam a nos atormentar. Eles podem encher nossas mentes com pensamentos que não são precisos.

Aconteceu comigo na sexta-feira após o Dia de Ação de Graças. Eu e minha irmã Angee levantamos às 3h, e trinta minutos depois estávamos na fila de uma loja. Eu sei. Concordo. Isso é loucura.

No entanto, como um caçador perseguindo a presa, eu estava atrás de algo. Nesse caso, a promoção de compre uma, leve duas de lavadora e secadora. Angee estava atrás de um computador pela metade do preço. Quando as portas da loja abriram às 5h, nós duas conseguimos. A alegria abundava. Então saímos para tomar café da manhã. Esta é a parte da história quando a felicidade desapareceu.

No *drive-thru*, meu cartão de crédito teve a "compra negada".

Vou explicar. A compra foi aprovada na loja há apenas cinco minutos, quando fiz uma compra importante. Mas agora, por um pacotinho de dois dólares com ovo, queijo, bacon canadense e um *muffin* inglês, de repente tenho minha transação negada?

Negada.

Ai.

Minha irmã não se intimidou. Ela sacou o dinheiro, pagou meu café da manhã e foi para a próxima loja da nossa lista. Mas deixei aquela palavra "negada" pairando como uma nuvem negra sobre minha cabeça. E se espalhou. Eu sabia que era apenas uma falha técnica, mas deixei minha mente pensar nisso até que não fosse mais sobre o cartão.

Quando aquela garota se inclinou para fora da janela do *drive-thru* e disse em voz baixa: "Sinto muito, senhora, mas seu cartão continua mostrando que a compra foi negada", parecia pessoal. Realmente pessoal.

> *Nosso Senhor não sussurra condenações vergonhosas. Convicções espirituais, sim. Condenações pessoais, não.*

De repente, a dor passada de outras vezes em que me senti rejeitada e meu constrangimento atual começaram a falar demais dentro da minha cabeça. *Você não passa de uma perdedora. Você é indesejada. Mal amada. Desorganizada. Pobre. Inaceitável. Você não está aprovada.*

Eu gostaria de poder amarrar essa história em um belo laço e dar a você um final bonito, mas não posso. Era tudo menos bonito. Eu me senti péssima. E fui para a cama imaginando se o próprio Senhor poderia descer e dizer: "Lysa TerKeurst, já estou farto das suas reações imaturas. Você não está mais aprovada para ser uma professora de estudos bíblicos. Olhe para você!"

Porém, essa não é a voz do Senhor. Nosso Senhor não sussurra condenações vergonhosas.

Convicções espirituais, sim. Condenações pessoais, não.

Enquanto olhava com os olhos arregalados para a escuridão que envolvia a sala, sussurrei: "Dá-me a tua voz, Jesus. Eu preciso te ouvir acima de todos esses pensamentos dolorosos. Se eu não te ouvir, temo que essa escuridão me engula viva". Nada veio. Eu não conseguia ouvir nada.

Eu tinha uma escolha. Eu poderia ficar deitada no escuro repassando os terríveis acontecimentos do dia ou poderia acender a luz e ler a Palavra de Deus, a verdade, que é a melhor coisa a se fazer quando as mentiras fervilham e os pensamentos dolorosos atacam como um bando de mosquitos sanguinários. É escolher fazer o que 2Coríntios 10:5 nos encoraja a fazer – levar cada pensamento a Jesus e deixá-lo corrigir ou redirecioná-lo com a verdade da sua Palavra.

Mentiras fogem na presença da verdade. O conforto surge em nossa dor quando a levamos a Jesus. E, embora ler a verdade de Deus naquela noite não tenha mudado o fato de que eu precisava consertar as coisas nos meus pensamentos, isso me deu coragem para fazê-lo.

Querido Senhor, por favor, abafa as outras vozes... por favor, silencia os pensamentos negativos... e fala. Quero te ouvir acima de todo barulho. Ajuda-me a discernir tuas convicções e as condenações do Diabo. Em nome de Jesus, amém.

Saindo da minha rotina de pensamento

Não se amoldem ao padrão deste mundo, mas transformem-se pela renovação da sua mente, para que sejam capazes de experimentar e comprovar a boa, agradável e perfeita vontade de Deus.

ROMANOS 12:2

Você já se sentiu desanimada com seu progresso para ter melhores reações? Talvez você pense: *De que adianta? Eu apenas forço minhas emoções. Ou, para que serve? Eu não consigo deixar de gritar.*

Querida amiga, acredito que há mais do que afirmar que, porque agimos de uma certa maneira, sempre será assim.

Pesquisas sobre o cérebro mostram que todo pensamento consciente que temos é registrado em nosso disco rígido interno conhecido como córtex cerebral. Cada pensamento arranha a superfície como um Traço Mágico*.

Quando voltamos a ter o mesmo pensamento, a linha do pensamento original é aprofundada, causando o que se chama de traço de memória. A cada repetição, o traço se aprofunda cada vez mais, formando e incorporando um padrão de pensamento. Quando uma

---

* Traço Mágico é um brinquedo dos anos 1960 que permite fazer desenhos mecanicamente por meio de dois botões em suas laterais. A imagem se apagava quando o brinquedo era agitado, deixando a tela livre para a criança desenhar novamente.

emoção está ligada a esse padrão de pensamento, o traço de memória fica exponencialmente mais forte.

Esquecemos a maioria dos nossos pensamentos aleatórios que não estão ligados a uma emoção. No entanto, retemos aqueles que pensamos com frequência que têm uma emoção ligada a eles. Por exemplo, se pensamos repetidamente que falhamos em ter uma boa reação, e esse pensamento está ligado a uma emoção forte, aprofundamos o traço da memória quando acessamos repetidamente esse pensamento. Isso é verdade se decidirmos inflar um pensamento, vamos perpetuar isso. Ou se gritarmos, continuaremos gritando.

Se mudarmos a forma como pensamos, mudaremos a forma como agimos e reagimos.

Não desenvolveremos novas respostas até desenvolvermos novos pensamentos. É por isso que renovar nossas mentes com novos pensamentos é crucial. Novos pensamentos vêm de novas perspectivas. A Bíblia incentiva esse processo, que só faz sentido porque Deus criou a mente humana e entende melhor do que ninguém como ela funciona.

Um ensinamento fundamental das Escrituras é que é possível ser completamente mudada por meio de padrões de pensamento transformados. Esse é exatamente o ponto do versículo-chave de hoje, Romanos 12:2: "Não se amoldem ao padrão deste mundo, mas transformem-se pela renovação da sua mente, para que sejam capazes de experimentar e comprovar a boa, agradável e perfeita vontade de Deus".

E, como aprendemos ontem, as Escrituras também ensinam que podemos aceitar ou recusar pensamentos. Em vez de ser reféns de velhos padrões de pensamento, podemos realmente capturar nossos pensamentos e permitir que o poder da verdade de Cristo os mude.

Não sei você, mas entender como meu cérebro foi projetado faz com que esses versículos ganhem vida de uma maneira totalmente nova. Levar os pensamentos cativos e ser transformada pensando de novas maneiras não é uma forma de controle da mente da Nova Era. É bíblico e está de acordo com a forma como Deus conectou nossos cérebros.

Não posso controlar as coisas que acontecem comigo todos os dias, mas posso controlar como penso sobre elas. Posso dizer a mim mesma: *tenho a opção de ter pensamentos destrutivos ou pensamentos construtivos agora. Posso afundar no que está errado e piorar as coisas ou posso pedir a Deus uma perspectiva melhor para me ajudar a ver o bem, mesmo quando não me sinto bem.*

De fato, quando ganhamos novas perspectivas, podemos ver novas formas de pensar. E se mudarmos a forma como pensamos, mudaremos a forma como agimos e reagimos.

Querido Senhor, ensina-me a confiar em ti e a acreditar que, mesmo que minha situação seja esmagadora, tu sempre tens o melhor para mim em mente. Dá-me a tua perspectiva hoje. Em nome de Jesus, amém.

79

A RAIZ DA MINHA PODRIDÃO

Vê se em minha conduta algo que te ofende
e dirige-me pelo caminho eterno.

SALMOS 139:24

Recentemente, uma amiga minha feriu meus sentimentos e eu fiquei muito chateada. E, querida, todos na minha casa sabiam que a mamãe não estava feliz. Tentei de tudo para trazer a gentileza de volta ao meu tom e ao meu temperamento.

Citei versículos.

Repreendi Satanás.

Comandava meus sentimentos com a verdade.

Até tentei tirar uma soneca.

Porém, nenhuma dessas atividades me acalmou.

O que realmente me levou ao limite, porém, foi um cheiro que começou a encher minha casa que nem mesmo três velas fortemente perfumadas poderiam mascarar.

Infelizmente, como o cheiro misterioso e horrível continuou a se espalhar pela minha casa, eu não conseguia descobrir o que era ou de onde vinha.

Por fim, percebi que minha filha havia colocado uma lata de lixo no meio do chão do meu quarto para jogar fora pedaços de papel enquanto trabalhava em um projeto escolar. Alguma comida obviamente foi jogada fora naquela lata de lixo esquecida que ultrapassou o nojento e chegou nos estágios finais de podridão.

Não tive coragem de descobrir o que fedia tanto, só sabia que tinha que tirar o lixo. Imediatamente.

O cheiro era uma indicação externa de uma situação interna. E a lata de lixo não era a única coisa que fedia naquela noite. Minha atitude também.

Minha reação também foi uma indicação externa de uma situação interna.

A razão pela qual eu não conseguia me acalmar citando as Escrituras, comandando meus sentimentos, repreendendo Satanás ou mesmo tirando uma soneca é porque Deus queria que eu estivesse ciente do meu mau cheiro... algo dentro de mim que não cheirava bem... um lugar começando a apodrecer.

Fui magoada por uma amiga e não queria enfrentar o problema ou perdoar a pessoa que me magoou. Eu enfiei amargura no meu coração e tentei fingir que não estava lá. Mas a podridão estava lá e o fedor do fundo do meu coração continuava exalando.

> *Como reagimos é um indicador crucial do que realmente está acontecendo dentro de nós.*

Deus não queria que eu mascarasse temporariamente a situação me sentindo melhor no momento. Ele queria que eu tratasse da raiz da minha podridão, para vê-la, admiti-la, expô-la, deixá-la limpa e fechá-la. Imediatamente.

O salmo 139:24 nos lembra do apelo do rei Davi ao Senhor: "Vê se em minha conduta algo que te ofende e dirige-me pelo caminho eterno". Devemos ter essa mesma atitude quando se trata de nossas próprias vidas.

Uma pequena podridão pode se espalhar rápida e furiosamente se não for tratada com rapidez e seriedade. É por isso que é tão crucial prestar atenção às nossas reações hoje.

Como reagimos é um indicador crucial do que realmente está acontecendo dentro de nós.

Quando pessoas, problemas ou situações esbarram na nossa felicidade, não é errado se sentir aborrecida. Mas se esse aborrecimento leva a uma reação desproporcional ao problema em questão, podemos apostar que essa explosão tem raiz de podridão.

Aqui estão alguns sinais reveladores de raízes de podridão:

- Faço afirmações como: "Você sempre... Você nunca... Por que nunca podemos..."
- Começo a reunir munição de situações passadas para construir meu caso.
- Eu uso palavras e um tom fora da minha personalidade normal.
- Justifico minha reação apontando como minha vida está difícil agora.
- Exijo um pedido de desculpas, sabendo o tempo todo que eu deveria pedir desculpas.

Isso não é legal de admitir, mas aqui está a beleza da situação: quanto mais rápido vemos uma raiz de podridão, mais rápido podemos nos livrar do fedor e seguir em frente.

Querido Senhor, obrigada por trazer à luz as áreas podres da minha vida. Ajuda-me a abordar essas áreas com a tua graça e verdade. Em nome de Jesus, amém.

80

EU DESISTO

A tristeza segundo Deus produz um
arrependimento que leva à salvação e
não remorso, mas a tristeza segundo
o mundo produz morte.

2 CORÍNTIOS 7:9

Meu coração está agitado hoje para dizer que é hora de parar. Não do ministério.

Não de uma dieta ou um plano de exercícios.

Porém, parar de criticar uma amiga que amo muito. O mais louco é que não sou uma pessoa crítica. Mas eu me vi entrando em um padrão de dar a essa pessoa o que ela me dá.

Elas criticam.

Então, comecei a criticar de volta. Bastante.

E estou me sentindo muito convencida hoje de que preciso modelar uma atitude e uma abordagem diferente da vida.

Recentemente, meu pastor disse algo muito convincente em seu sermão. Ele disse: "Se Jesus não tivesse morrido, nós lamentaríamos. Ele morreu e depois ressuscitou para que fôssemos transformados".

Transformados.

Há uma grande diferença entre lamentar e ser transformada.

Lamentar significa sentir-se mal. É uma pequena picada temporária do coração.

ACOLHIDA

Porém, a transformação só vem quando estamos arrependidas. Estar arrependida é uma convicção mais profunda de corrigir e transformar nosso comportamento, nosso hábito, nossa tendência errada.

Em 2Coríntios 7:9 aprendemos: "A tristeza segundo Deus produz um arrependimento que leva à salvação e não remorso, mas a tristeza segundo o mundo produz morte". *Não produz remorso* – essas são palavras poderosas.

Eu quero viver uma vida sem remorsos.

E acho que hoje é um bom dia para abordar algo que pode levar a uma grande pilha de remorsos.

Então, cada vez que sinto necessidade de criticar, vejo isso como um chamado para transformar minhas palavras em encorajamento.

Talvez eu ainda precise abordar alguns problemas com essa pessoa, mas farei isso apontando seus pontos fortes e as responsabilidades que vêm com esses pontos fortes, em vez de focar constantemente nos seus pontos fracos.

> *Há uma grande diferença entre lamentar e ser transformada.*

Por exemplo: "Você é uma influenciadora! Você já reparou que quando você está feliz, os outros ficam felizes, mas quando você é negativa, isso realmente afeta as pessoas ao seu redor? Preciso da sua ajuda para manter as coisas positivas hoje. Você acha que pode aceitar esse papel de liderança? Como você pode ser uma influência positiva nessa situação?".

Não sou ingênua o suficiente para pensar que isso será fácil. Eu vou precisar de graça. Elas vão precisar de graça. Mas, pelo menos, se estou ciente de como preciso mudar, a mudança pode ser iniciada.

Você está disposta a abandonar algum velho hábito, atitude negativa ou tendência errada? Sei quem eu sou. Da próxima vez que tivermos uma oportunidade, vamos nos lembrar das palavras do meu pastor: "Se Jesus não tivesse morrido, nós lamentaríamos. Ele morreu e depois ressuscitou para que fôssemos transformados".

Querido Senhor, estou pronta para desistir. Em vez de palavras críticas, quero falar palavras gentis e encorajadoras. Tu poderias, por favor, me ajudar a fazer essa mudança? Em nome de Jesus, amém.

81

RECEBENDO A GRAÇA

Bendirei o Senhor em toda circunstância,
seu louvor estará sempre em meus lábios.

SALMOS 34:1 (KJA)

Eu não poderia nem culpar os hormônios. Era muita coisa, acontecendo muito rápido, em um período de tempo muito condensado, com muitas pessoas determinadas a me irritar.

Vou descrever a você em trechos de duas palavras. E enquanto examino minha lista, veja se alguma empatia começa a chegar ao seu coração. Porque estou convencida de que se há uma maneira de todas nós, mulheres, sermos parecidas, é na realidade que a vida nem sempre é tão bonita.

Pane no computador. Aniversário esquecido. Criança chorona. Calça manchada. Quilinhos a mais. Sentimentos feridos. Temperamento explosivo. Pulgas de cães. Formigas na despensa. Cabeça latejando. Soneca interrompida. Briga de irmãos. Tempo esgotado. Carro bagunçado. Preços da gasolina. Recados urgentes. Sem tempo. Consulta médica. Sala de espera. Sala de espera. Sala de espera. Pertence no lugar errado. Pesquisa inútil. Pressão. Cozinha bagunçada. Tarefas desfeitas. Pilhas de lavanderia. Pilhas de papel. Jantar fracassado. Hora de dormir cedo.

Pura exaustão.

E sim, tudo isso e muito mais aconteceu no meu aniversário. E todas as amigas suspiraram em uníssono: "Pelo amor de Deus".

Eu realmente gostaria de poder dar uma olhada divina em como eu reagi nessas situações. Adoraria compartilhar como sorri e mantive a calma e não gritei com aqueles que amo e não fiquei emburrada por causa do aniversário esquecido. Eu adoraria poder dizer que peguei o caminho certo e lidei com tudo com graça enquanto minha pequena auréola brilhava.

No entanto, receio que apenas uma palavra descreva minha atitude geral: *desagradável*. E quando minha parte desagradável

No meio dos meus problemas, Deus está lá.

aparece, muitas vezes sou tentada a pensar que Deus me abandona. Eu não o culparia. Quem não gostaria de se afastar de alguém com um coração ingrato e uma atitude desagradável?

Porém, Deus é muito cheio de graça para se afastar. A graça não me dá passe livre para agir como me sinto, sem levar em conta os mandamentos dele. Em vez disso, a graça de Deus me dá consolo no momento, com um desafio para aprender com esta situação e me tornar mais madura no futuro.

A graça é o açúcar que ajuda as pílulas amargas da confissão e do arrependimento a descerem sem engasgar. É por isso que o autor de Hebreus diz: "Assim sendo, aproximemo-nos do trono da graça com toda a confiança, a fim de recebermos misericórdia e encontrarmos graça que nos ajude no momento da necessidade" (Hebreus 4:16). A graça é a razão pela qual posso ir a Deus rapidamente, de imediato – *antes* de ser limpa – e pedir corajosamente a ajuda dele. No meio dos meus problemas, Deus está lá.

Quando estou ranzinza e mal-humorada, muitas vezes não sinto Deus. Mas a realidade é que Ele está comigo. Tudo o que preciso fazer para sentir a sua presença é reconhecer a sua presença, pedir a sua ajuda e escolher louvá-lo, apesar dos meus sentimentos.

Embora o elogio nem sempre seja a primeira ou mesmo a décima coisa em que pensamos naturalmente quando as realidades confusas da vida nos atingem, se mantivermos o elogio em primeiro plano nas nossas mentes, será cada vez mais fácil fazer essa escolha. Assim como qualquer outra disciplina, praticá-la repetidamente ajudará a torná-la mais natural. Posso me tornar uma mulher cujo coração declara: "Bendirei ao Senhor em todo o tempo; seu louvor estará continuamente em minha boca".

Não, a vida nem sempre é bonita. Isso é um fato. Mas podemos ter um vislumbre de esperança de que é possível fazer escolhas sábias com nossos pensamentos, ações e reações. Essas escolhas envolvem ser honestas conosco e aprender, às vezes repetidamente, o poder do elogio. Especialmente quando os desagradáveis batem à porta.

Senhor, obrigada por estar comigo – mesmo quando meu lado feio aparece, mesmo quando estou uma bagunça, mesmo quando não te sinto comigo. Obrigada pela tua graça, tua ajuda e teu perdão. Em nome de Jesus, amém.

O TESOURO DA
COMIDA JOGADA FORA

E a paz de Deus, que excede todo o
entendimento, guardará os seus corações
e as suas mentes em Cristo Jesus.

FILIPENSES 4:7

Alguns anos atrás, meu filho Jackson escreveu um artigo sobre a corrupção e a ganância que causaram a guerra civil em sua terra natal. Mas Jackson não estava apenas explicando um evento histórico, ele e seu irmão Mark viveram em meio às terríveis condições desta guerra. Veja, nos primeiros anos de suas vidas, meus filhos viveram em um orfanato esquecido na Libéria, país do continente africano fatigado dos constantes conflitos sociais.

Durante uma parte do artigo, Jackson descreveu como era estar nu vasculhando o lixo em busca do tesouro da comida jogada fora.

O tesouro da comida jogada fora.

Mal consigo digitar essas palavras sem chorar. Este é meu filho.

E, no entanto, apesar das terríveis condições de sua infância, havia um inexplicável fio de paz tecido através de sua lembrança da história. Uma paz poderosa centrada na consciência da presença de Deus.

A pessoa verdadeiramente grata é uma pessoa verdadeiramente pacífica. Elas criaram o hábito, não importa o que aconteça, de observar, pausar e escolher.

Percebendo algo pelo qual agradecer, não importa a circunstância.

Parando para reconhecer isso como um lembrete da presença de Deus.

Escolher focar na presença de Deus até que a sua poderosa paz seja desencadeada.

Seremos alguém que observa? Alguém que hesita? Um seletor? Uma pessoa de ação de graças, não importa a circunstância que estejamos enfrentando?

Eu encontro essa verdade sobre o poder da ação de graças repetidas vezes nas Escrituras. Qual foi a oração que Daniel fez pouco antes de ser jogado na cova dos leões e testemunhar Deus milagrosamente fechando a boca do leão? Ação de graças.

Depois de três dias na barriga de um peixe, qual era o clamor do coração de Jonas pouco antes de ele finalmente ser deixado em terra firme? Ação de graças.

Como somos instruídas a orar em Filipenses 4:6 quando nos sentimos ansiosas? Com ação de graças.

> *A pessoa verdadeiramente grata é uma pessoa verdadeiramente pacífica.*

E qual é o resultado de cada uma dessas situações em que se proclama a ação de graças? Paz.

Paz poderosa, inexplicável e incontrolável.

"E a paz de Deus, que excede todo o entendimento, guardará os seus corações e as suas mentes em Cristo Jesus" (Filipenses 4:7).

Uma das definições oficiais de ação de graças no dicionário é "um reconhecimento público ou celebração da bondade divina".

Eu me pergunto como podemos celebrar a bondade divina de Deus hoje.

Eu me pergunto o que pode acontecer se decidirmos, em meio às nossas circunstâncias de hoje, observar, parar e escolher algo pelo qual possamos ser verdadeiramente gratas.

Querido Senhor, tu me ajudarás a perceber as coisas pelas quais posso ser grata em cada circunstância que enfrento hoje? Tu me ajudarás a lembrar de fazer uma pausa e reconhecer isso como evidência da tua presença? E tu me ajudarás a lembrar de escolher focar na tua presença até que tua paz poderosa invada meu coração e me ajude a ver tudo com mais clareza? Obrigada pela realidade de que ser grata muda tudo. Em nome de Jesus, amém.

83

DANDO GRAÇA

Pois a nossa luta não é contra pessoas, mas contra
os poderes e autoridades, contra os dominadores
deste mundo de trevas, contra as forças
espirituais do mal nas regiões celestiais.

EFÉSIOS 6:12

Eu acordei uma manhã em um torciódio. Não sei qual é a definição oficial de torciódio. Também não tenho certeza absoluta de que torciódio pode ser uma palavra real. No entanto, quando você se sente torcida pelo ódio, torciódio parece adequado.

Então, lá estava eu, tomada pelo torciódio em um novo dia.

Normalmente, sou uma pessoa muito gentil. Mas neste dia eu pude me imaginar dando a resposta perfeita para essa pessoa que me magoou e foi bom. Eu mentalmente pesei todas as muitas razões pelas quais eu estava perfeitamente justificada em equilibrar as escalas de mágoa.

Jogaram um balde de mágoa em mim. A balança pesava para o meu lado.

Portanto, eu deveria despejar um balde de mágoa neles. Então, a balança estaria equilibrada e meu torciódio se dissiparia nesse equilíbrio de igualdade ferida.

No entanto, algo no meu espírito não melhorou depois que passei mentalmente por esse nivelamento da balança.

Eu me senti pesada.

E foi aí que me ocorreu.

Na economia de Deus, as pessoas não ficam em lados opostos da escala do conflito. As pessoas ficam de um lado e Satanás fica do outro. Quando despejamos mágoas na vida uns dos outros, não estamos nivelando a escala do conflito. Estamos apenas fazendo o lado das pessoas cair cada vez mais, enquanto o lado de Satanás se torna cada vez mais elevado.

Satanás adora quando fazemos seu trabalho por ele atacando uns aos outros.

O segredo para uma resolução saudável de conflitos não é adotar uma postura de "você contra mim". O segredo é perceber que somos "nós contra Satanás". Ele é o verdadeiro Inimigo aqui. Em Efésios 6:12, Paulo nos lembra que nossa luta não é contra os humanos, mas contra as forças espirituais do mal nas regiões celestiais.

> *O segredo para uma resolução saudável de conflitos não é adotar uma postura de "você contra mim" e, sim, perceber que somos "nós contra Satanás". Ele é o verdadeiro Inimigo.*

Porém, isso é difícil quando tudo o que vemos à nossa frente é aquela pessoa de carne e osso que honestamente conseguiu nos irritar.

Este momento pode parecer o momento perfeito para colocar nosso cristianismo na prateleira.

Na realidade, porém, os momentos de conflito são sem dúvida a maior oportunidade de envergonhar Satanás de volta ao inferno.

Quando uma mulher de Jesus se levanta e dá uma graça gentil e inesperada quando ela certamente poderia ter soltado um palavrão, o mistério de Cristo é visto com mais clareza do que nunca.

É por isso que Paulo termina Efésios 6 com uma acusação a respeito das nossas palavras.

Depois de nos dizer no versículo 12 que Satanás é nosso verdadeiro inimigo, lembrando-nos de vestir nossa armadura espiritual todos os dias e reiterando a necessidade absoluta de oração, ele diz mais uma coisa. "Orem também por mim, para que, quando eu falar, seja-me dada a mensagem a fim de que, destemidamente, torne conhecido o mistério do evangelho" (v. 19).

A colocação deste versículo é crucial e intencional. Que escolha temos a fazer.

Pai, ajuda-me a lembrar quem realmente é meu Inimigo e que o Senhor me dê graça para transmitir aos outros. Em nome de Jesus, amém.

84

ALGO A CONSIDERAR
COM A CRÍTICA

"Será para vocês uma oportunidade de dar
testemunho. Mas convençam-se de uma vez de
que não devem preocupar-se com o que dirão
para se defender. Pois eu lhes darei palavras e
sabedoria a que nenhum dos seus adversários
será capaz de resistir ou contradizer".

LUCAS 21:13–15

A crítica é terrível. Esse geralmente é meu primeiro pensamento quando um amigo, familiar ou até mesmo um conhecido deixa claro que não gostou de algo que fiz ou disse.

Meu orgulho diz: "Como você ousa!"

Meu coração diz: "Quero uma chance de explicar".

Minha alma diz: "Jesus, estou errada?"

Minha mente diz: "Por que me abro assim?"

Meus sentimentos dizem: "Ai".

Às vezes, a crítica é justa. Talvez eu tenha errado e seria bom reconsiderar. Outras vezes, a crítica não passa de vômito podre. E cara, isso é uma porcaria. Mas se eu ficar presa nessa porcaria, não servirá para nada.

Poderia haver outra maneira de encarar as críticas severas? Existe uma maneira de superar a mágoa para ver algo sobre aquele que me critica que amolecerá meu coração em relação a eles?

ACOLHIDA

Recentemente, encontrei um artigo sobre o lagarto-tatu. Esta criatura fascinante tem escamas duras e pontiagudas com um "Não mexe comigo" escrito nelas. Mas, como todas as criaturas resistentes, este lagarto tem um lugar vulnerável.

O exterior resistente do lagarto-tatu envolve suas costas, mas amolece na parte inferior. Quando ameaçado, o lagarto agarra o rabo e exibe uma postura espinhosa e intimidadora para manter as outras criaturas afastadas. Nesse ponto, o resto do corpo serve apenas a um propósito: esconder e proteger sua parte mais vulnerável.

Então, o que uma estranha criatura do deserto tem a ver com crítica?

Em um esforço para proteger meu baixo-ventre, às vezes me envolvo em mim mesma e tragicamente esqueço o baixo-ventre da pessoa que critica, o lugar onde ela é vulnerável e pode estar escondendo coisas, protegida sob suas palavras duras e um exterior espinhoso.

Este é um lugar que eles podem nunca me deixar ver. É o local de armazenamento de suas mágoas e decepções. Ele contém a causa raiz do seu ceticismo e da raiva que provavelmente tem muito pouco a ver comigo. "Pois a boca fala do que está cheio o coração" (Mateus 12:34). E do transbordamento de suas feridas, eles vomitaram essas palavras.

> *Lembre-se, por trás de cada crítico áspero geralmente há uma pessoa de coração partido desesperada por amor.*

Lembre-se, por trás de cada crítico áspero geralmente há uma pessoa de coração partido desesperada por amor.

Se esqueço a vulnerabilidade da outra pessoa, fico tentada a começar a armazenar minha própria mágoa, ceticismo, raiva e decepções.

Se eu me lembrar desse ponto fraco, terei uma chance muito maior de manter tudo em perspectiva. Posso deixar que minha reação seja um bom exemplo para essa outra pessoa, assim como nosso versículo-chave, Lucas 21:13–15, nos lembra: "Será para vocês uma oportunidade de dar testemunho. Mas convençam-se de uma vez de que não devem preocupar-se com o que dirão para se defender. Pois eu lhes darei palavras e sabedoria a que nenhum dos seus adversários será capaz de resistir ou contradizer".

Quando as críticas vierem – e virão – devo decidir não me preocupar em me defender. Posso resistir ao impulso de ficar irritada e usar isso como uma oportunidade para ser uma testemunha. Uma testemunha do amor, graça e misericórdia de Jesus. Coisas que eu mesma preciso desesperadamente.

Querido Senhor, obrigada por este desafio de pensar no ponto fraco da outra pessoa antes de reagir às críticas. Sei que é um passo simples, mas é tão difícil de viver. Ajuda-me a colocar esta verdade em prática e andar na sabedoria que tu já me deste. Em nome de Jesus, amém.

85

TIVE A RESPOSTA PERFEITA

*Tão somente vivamos de acordo
com o que já alcançamos.*

FILIPENSES 3:16

Você às vezes sente vontade de colocar seu cristianismo em uma prateleira e ser tão má com alguém quanto eles estavam sendo com você?

Talvez não, porque você é legal. E na maioria das vezes, eu também sou.

Mas recentemente, tive um momento em que a garota má dentro de mim queria ser ouvida.

Eu estava em um avião com duas amigas. Estávamos conversando em tom de voz normal quando, de repente, o casal da fila seguinte se descontrolou.

O homem se virou e disse: "Vocês podem simplesmente CALAR A BOCA?"

Não foi uma sugestão gentil. Foi uma ordem grosseira.

Um pouco atordoadas, simplesmente respondemos: "Claro, nós apenas…"

Antes que eu pudesse terminar minha frase, sua esposa virou a cabeça e disparou: "O falatório de vocês me deu enxaqueca. Então SILÊNCIO, está bem?"

Meu coração disparou. Meu rosto ficou vermelho. E pensei na resposta perfeita para dar. Não vou dizer o que queria dizer, mas posso garantir que não envolvia ser amável ou gentil.

Este é o ponto exato no qual eu tive que fazer uma escolha.

Uma escolha de quem eu queria como meu parceiro nesta situação: Deus ou Satanás.

Se eu tivesse escolhido o caminho da raiva, uma resposta dura e retaliação, eu teria basicamente entrado no campo de Satanás e causado uma escalada de conflito. Se, no entanto, eu tivesse escolhido o caminho da gentileza e da graça, estaria fazendo parceria com Deus e continuaria a progredir com minhas emoções indigestas. Como Filipenses 3:16 me lembra: "Tão somente vivamos de acordo com o que já alcançamos".

Na minha jornada para melhorar minhas reações, já alcancei mais gentileza, mais graça, mais paz. Por que eu iria querer trocar tudo isso por alguns minutos de palavras de retaliação? Palavras que só vão me deixar com uma grande e velha pilha de arrependimento.

Não posso prometer que progredi a ponto de os meus pensamentos iniciais sobre esse casal serem bons. Não eram. Mas optei por considerar a realidade de que as pessoas que estão no limite devem ter muita miséria acumulada. A reação deles provavelmente teve muito menos a ver comigo e muito mais a ver com outra situação na vida deles.

> *Por que eu iria querer trocar a paz de ser parceira de Deus por alguns momentos baratos de colocar outra pessoa em seu lugar?*

Meu trabalho não era consertá-los ou corrigi-los ou provar o quão errado eles estavam agindo.

Meu trabalho naquele momento era manter tudo em perspectiva. E simplesmente dar uma resposta gentil que possa afastar sua ira.

Embora parecesse extremamente ofensivo quando estava acontecendo, não era enorme. Isso não foi algum tipo de grande injustiça na minha vida. Este foi apenas um pequeno inconveniente. Por que eu iria querer trocar a paz de ser parceira de Deus por alguns momentos baratos de colocar outra pessoa em seu lugar?

É tudo uma questão de perspectiva.

Porque, honestamente, se essa foi a pior coisa que me aconteceu naquele dia, ainda assim foi um dia muito bom!

Querido Senhor, tu és tão bom e fiel. Obrigada por me ajudar a manter as coisas em perspectiva para que eu possa trabalhar para ter reações melhores que te honrem. Em nome de Jesus, amém.

86

DEUS, NOS DÊ AUTOCONTROLE

Assim como a chuva e a neve descem dos céus
e não voltam para eles sem regarem a terra
e fazerem-na brotar e florescer,
para ela produzir semente para o semeador
e pão para o que come,
assim também ocorre com a palavra que sai da
minha boca:
ela não voltará para mim vazia,
mas fará o que desejo
e atingirá o propósito para o qual a enviei.

ISAÍAS 55:10–11

Você já esteve em uma discussão com um ente querido e de repente sua pressão arterial disparou, seus nervos se desgastaram e a sua pior versão implorou para aparecer?

Não que isso aconteça comigo, claro.

Ahã.

Claro que isso acontece comigo. Eu moro com outros humanos. Mas o que estou tentando entender melhor é todo esse conceito de autocontrole. Tantas vezes na Bíblia nos é dito para mostrar autocontrole: Provérbios 25:28, Gálatas 5:23, 1Pedro 4:7 e muitos outros.

Entretanto, é difícil demonstrar autocontrole quando parece que alguém faz coisas fora do nosso controle e leva nossas emoções para um lugar ruim. Então, aqui está um pequeno boato que estou aprendendo.

ACOLHIDA

Quando as ações ou declarações de outra pessoa ameaçam me colocar em uma situação ruim, eu tenho uma escolha. Eu tenho mesmo. Pode parecer que não tenho escolha. Pode parecer que tenho que reagir de acordo com os meus sentimentos, mas não o faço. Eu tenho uma escolha.

Minha escolha é dar a eles o poder de controlar minhas emoções.

Quando reajo gritando, saindo do controle ou fazendo um comentário mal-humorado, basicamente transfiro meu poder para aquela outra pessoa. Quando estou sem poder, estou sem autocontrole. Então, me parece que, se vou permanecer controlada, tenho que manter meu poder.

> *A resposta para manter o poder de Deus comigo e trabalhar em mim para produzir autocontrole é deixar a Palavra de Deus entrar em mim.*

Quando digo "meu poder", não quero dizer algo que eu mesma invoque. Refiro-me ao poder de Deus operando em mim. Quando reajo de acordo com a Palavra de Deus, sinto esse poder. Quando reajo de forma contrária à Palavra de Deus, me sinto impotente.

Isaías 55:10–11 é um bom lembrete de como podemos recorrer ao poder de Deus, não importa a situação que enfrentamos:

> Assim como a chuva e a neve
>> descem dos céus
> e não voltam para eles
>> sem regarem a terra
> e fazerem-na brotar e florescer,
>> para ela produzir semente para o semeador e pão para o que come,
> *assim também ocorre com a palavra* que sai da minha boca:
>> ela não voltará para mim vazia,
> *mas fará* o que desejo
>> *e atingirá o propósito para o qual a enviei* (grifo meu).

Você entendeu? A resposta para manter o poder de Deus comigo e trabalhar em mim para produzir autocontrole é deixar a Palavra de Deus entrar em mim. A Palavra de Deus penetrando na minha mente e no meu coração realizará coisas – coisas boas, coisas poderosas –, coisas que me ajudarão a demonstrar autocontrole.

Dessa maneira, aqui está minha nova tática. Quando estou enfrentando uma situação em que alguém está me irritando, vou começar a citar a Palavra de Deus no tempo presente. Tome 1Pedro 5:6–8 como exemplo: "Portanto, humilhem-se debaixo da poderosa mão de Deus, para que ele os exalte no tempo devido. Lancem sobre ele toda a sua ansiedade, porque ele tem cuidado de vocês. Estejam alertas e vigiem. O diabo, o inimigo de vocês, anda ao redor como leão, rugindo e procurando a quem possa devorar".

E declare assim: "Neste momento, estou escolhendo ser controlada e alerta. Suas ações estão me implorando para gritar e perder o controle. Mas percebo que tenho um Inimigo e esse Inimigo não é você. O Diabo está rondando e rugindo e procurando me devorar por causa da minha própria falta de controle agora. Mas eu sou uma mulher de Deus. Isso mesmo. Eu sou. Então, vou humildemente e silenciosamente deixar Deus agir em mim agora. E quando eu fizer isso, Deus erguerá a mim e aos meus nervos em frangalhos desta situação e me encherá com uma reação muito melhor do que a que posso ter agora. Então, me dê apenas alguns minutos e depois conversaremos com calma sobre isso".

Mulher, isso sim é poder.

E isso fará você brilhar com tanto autocontrole que seus filhos, amigos, entes queridos e colegas de trabalho não saberão o que fazer com você.

Essa declaração foi extraída de um pequeno conjunto de versículos encontrados em 1Pedro que iremos aprofundar ainda mais amanhã. Mas você pode imaginar o que poderia acontecer se escrevêssemos respostas poderosas usando a Palavra de Deus em cartões e as retirássemos toda vez que nos encontrássemos em uma situação? Eu amo ser uma menina de Deus.

Querido Senhor, lembro-me de que sou tua filha. Tu me criaste. Tu me conheces. Quando me faltar meu próprio poder de controle, ajuda-me a recorrer à tua verdade para obter respostas boas e calmas. Em nome de Jesus, amém.

87

O QUE FAZER COM
RELACIONAMENTOS DIFÍCEIS

*Portanto, humilhem-se debaixo da poderosa mão
de Deus, para que ele os exalte no tempo devido.*

1 PEDRO 5:6

Relacionamentos são difíceis de navegar às vezes. Se você está tentando solucionar uma situação complicada, confusa e imprevisível, imagino que esteja concordando com a cabeça agora.

Às vezes, tento muito descobrir as palavras certas para dizer sobre uma situação. Embora falar seja bom, tem dias em que as conversas começam a correr em círculos e não há mais palavras produtivas a serem ditas. Quando isso acontece, pode fazer uma mulher sentir vontade de desistir. Mas, antes de desistir, aprendi a me calar.

A verdade é que temos um Inimigo, e não é um ao outro.

Passar um tempo quieta pode ser o melhor remédio para situações complicadas. Dar um passo para trás de toda a emoção, frustração e exaustão para se sentar em silêncio com Jesus é melhor para esclarecer uma confusão do que qualquer outra coisa que já tentei.

Aqui estão cinco coisas bonitas que podem acontecer no silêncio:

1. **Podemos nos sentir seguras o suficiente para nos tornarmos humildes.** No calor da confusão, a última coisa que quero é ser humilde. Eu quero falar alto e provar meu ponto. Aprendi que

ACOLHIDA

289

tenho que sair da batalha e humildemente pedir a Deus que fale a verdade ao meu coração para que as coisas comecem a fazer sentido. Nunca tive um desentendimento com alguém em que não tenha contribuído com, pelo menos, uma parcela da culpa do problema. Normalmente, só consigo perceber isso no silêncio.

Em 1Pedro 5:6: "Portanto, humilhem-se debaixo da poderosa mão de Deus".

2. **Deus nos elevará a um lugar mais racional.** Quando estamos no calor de um relacionamento complicado, emoções malucas podem nos arrastar para um poço de desesperança. A única maneira de sair do buraco é fazer a escolha de parar de cavar mais fundo e buscar uma solução em Deus.

Em 1Pedro 5:6: "[...] para que ele os exalte no tempo devido".

3. **A ansiedade cede lugar ao progresso.** Podemos abrir nossos corações ansiosos a Jesus que nos ama exatamente onde estamos, como somos. E porque o amor dele vem sem julgamento, podemos nos sentir seguras o suficiente para admitir humildemente que precisamos que Jesus trabalhe em nós. Tentar consertar outra pessoa só aumentará minha ansiedade. Deixar Jesus trabalhar em mim é onde o verdadeiro progresso pode acontecer.

Em 1Pedro 5:7: "Lancem sobre ele toda a sua ansiedade, porque ele tem cuidado de vocês".

4. **Vemos que nosso verdadeiro Inimigo não é a pessoa com quem estamos em conflito.** A verdade é que temos um Inimigo, e não é um ao outro. A verdadeira culpada é a influência de Satanás sobre mim *e* sobre a pessoa que me ofendeu. Não consigo perceber isso no calor do momento. Mas, no silêncio, fico alerta e consigo uma estratégia para agir e reagir de maneira mais autocontrolada.

Em 1Pedro 5:8–9: "Sejam sóbrios e vigiem. O Diabo, o inimigo de vocês, anda ao redor como leão, rugindo e procurando a quem possa devorar. Resistam-lhe, permanecendo firmes na fé, sabendo que os irmãos que vocês têm em todo o mundo estão passando pelos mesmos sofrimentos".

5. Posso ter certeza de que Deus usará esse conflito para o bem – não importa como ele acabe. Se eu me esforçar para lidar bem com esse conflito, posso me livrar da pressão de fazer tudo correr bem. Como não posso controlar a outra pessoa, devo manter o foco no bem que Deus está operando em mim por meio disso e deixar o resultado com Ele.

Em 1Pedro 5:10–11: "O Deus de toda a graça, que os chamou para a sua glória eterna em Cristo Jesus, depois de terem sofrido por pouco tempo, os restaurará, os confirmará, lhes dará forças e os porá sobre firmes alicerces. A ele seja o poder para todo o sempre. Amém".

No final, essa luta pode ser usada por Deus para me tornar mais forte e mais capaz nos meus relacionamentos. Se eu for humilde o suficiente para receber de Deus no silêncio o que Ele quer me ensinar por meio disso, posso ficar tranquila com qualquer resultado.

Querido Senhor, ajuda-me a parar de tentar entender esta situação e apenas sentar em silêncio contigo por um tempo. Torna-me humilde. Pega minha ansiedade e substitui-a pela tua paz, sabedoria e segurança. Eu confio em ti. Em nome de Jesus, amém.

88

Você não gosta de mim

Não andem ansiosos por coisa alguma.
FILIPENSES 4:6

Você já foi provocada por pensamentos tóxicos? Eu já.

Você não é querida.

Quem é você para pensar que poderia fazer isso?

Por que você disse isso? Todo mundo acha que você é irritante.

Seus filhos apenas ilustraram cada inadequação que você tem como mãe.

Você é invisível.

Por que permitimos que palavras tão destrutivas atinjam nossas almas? Os pensamentos tóxicos são tão perigosos porque não deixam espaço para que a verdade floresça. E, na ausência da verdade, reinam as mentiras.

Como mulheres cristãs, precisamos nos concentrar em manter nossos pensamentos em um padrão mais elevado. Como ousa permitir que esses pensamentos descontrolados simplesmente desfilem como se fossem verdadeiros e nos manipulem para que nos sintamos inseguras, inadequadas e incompreendidas? Ah, quantos problemas convidamos para nossas vidas com base em suposições. Mas a Palavra de Deus nos instrui:

Não andem ansiosos por coisa alguma, mas em tudo, pela oração e súplicas, e com ação de graças, apresentem seus pedidos a Deus. E a paz de Deus, que excede todo o entendimento, guardará os seus corações e as suas mentes em Cristo Jesus. Finalmente, irmãos, tudo o que for verdadeiro, tudo o que for nobre, tudo o que for correto, tudo o que for puro, tudo o que for amável, tudo o que for de boa fama, se houver algo de excelente ou digno de louvor, pensem nessas coisas. Tudo o que vocês aprenderam, receberam, ouviram e viram em mim, ponham-no em prática. E o Deus da paz estará com vocês (Filipenses 4:6–9).

Esta é provavelmente uma passagem que você já leu antes. Mas você já pensou em aplicá-la a todos os seus pensamentos, especialmente aos tóxicos?

A mente se deleita naquilo em que se concentra. O que consome nosso pensamento será a criação ou destruição da nossa identidade.

É por isso que precisamos pensar, refletir e estacionar nossas mentes em pensamentos construtivos, não em pensamentos destrutivos.

Na ausência da verdade, reinam as mentiras.

Pensamentos que constroem, não destroem. Pensamentos que respiram vida, não drenam a vida de nós. Pensamentos que levam à bondade, não à ansiedade.

Então, aqui estão três perguntas que faríamos bem em nos perguntar quando os pensamentos estão nos deixando para baixo.

1. **Alguém realmente disse essas palavras ou estou assumindo que estão pensando isso?** Se realmente disseram, lide com a questão. Se estou assumindo, isso é injusto com eles e desnecessariamente prejudicial para mim. Em vez de ficar ansiosa, preciso perseguir a verdade buscando a Deus e pedindo paz a Ele.

   "Não andem ansiosos por coisa alguma, mas em tudo, pela oração e súplicas, e com ação de graças, apresentem seus pedidos a Deus" (Filipenses 4:6).

ACOLHIDA

2. **Tenho me envolvido de maneira ativa com a verdade ultimamente?** Quanto mais lemos as verdades de Deus e deixamos que a verdade preencha nossa mente, menos tempo gastaremos contemplando as inverdades.

Pensamentos descontrolados e preocupantes convidam à ansiedade. Pensar na verdade envolve minha mente em paz e me ajuda a superar minhas circunstâncias.

"E a paz de Deus, que excede todo o entendimento, guardará os seus corações e as suas mentes em Cristo Jesus" (Filipenses 4:7).

3. **Algumas situações ou amizades estão alimentando minhas inseguranças?** Nesse caso, talvez eu precise fazer uma pausa temporária nelas.

Preciso buscar amizades caracterizadas pela verdade, honra e amor.

"Finalmente, irmãos, tudo o que for verdadeiro, tudo o que for nobre, tudo o que for correto, tudo o que for puro, tudo o que for amável, tudo o que for de boa fama, se houver algo de excelente ou digno de louvor, pensem nessas coisas" (Filipenses 4:8).

Eu sei que isso é difícil. Eu sei que essas questões podem ser mais complicadas do que três perguntas simples. Mas é um bom lugar para começar a responsabilizar nossos pensamentos.

Afinal, como uma mulher pensa muitas vezes é como ela vive. Que possamos pensar e viver a verdade, e somente a verdade, hoje.

Querido Senhor, revela-me inverdades ao longo do meu dia que podem facilmente me distrair e me desencorajar. Ajuda-me a ver a ti e a tua verdade em tudo o que faço. Em nome de Jesus, amém.

89

Comparações são horríveis

Se alguém se considera alguma coisa, não sendo
nada, engana-se a si mesmo. Cada um examine
os próprios atos, e então poderá orgulhar-se
de si mesmo, sem se comparar com ninguém,
pois cada um deverá levar a própria carga.

GÁLATAS 6:3–5

Comparações são uma porcaria. São mesmo.

Quando penso que cheguei a um bom lugar em alguma área da minha vida, surge alguém ou algo que parece melhor em comparação. E minha confiança recua, pega a mão da dúvida e começa a saquear a paz do meu coração e mente.

No fundo, sei que Deus *pode* e *usará* tudo para o bem na minha vida, até mesmo minhas áreas de vulnerabilidade. Mas, honestamente, é difícil para o coração de uma mulher.

Não muito tempo atrás, eu estava em uma situação em que algo sobre o qual sou muito autoconsciente era ampliado quando comparado à quase perfeição dos outros. Eu estava na praia com várias amigas que têm pernas de bailarina. Quero dizer, pernas perfeitas de bailarina de vinte anos.

Acho que você poderia dizer que também tenho pernas de dançarina se estiver se referindo ao hipopótamo dançante do filme infantil *Madagascar*.

ACOLHIDA

Aparentemente, pernas longas e magras simplesmente não estão na minha composição genética, embora eu possa comer de forma saudável e me exercitar tanto quanto minhas amigas bailarinas.

Então, lá estava eu na praia. Comparando meu lugar vulnerável com a suposta força delas.

E, no espaço privado dos meus pensamentos mais íntimos, chorei. Eu me senti derrotada e convencida de que esta área sempre será uma luta para mim.

Ah, posso fazer progressos, com certeza. Deus sabe, eu trabalho nisso. E na maioria dos dias, vejo como Deus está usando tudo isso para o bem. Mas quando a comparação se infiltra, pode ser difícil. Pior que difícil. Pode simplesmente me fazer esquecer todos os pontos fortes que tenho.

E quando eu esqueço, meu coração muda. Eu paro de ser grata e, em vez disso, sou consumida por aquilo que não tenho.

Satanás sempre tentará apontar o que está "errado" para bloquear tudo o que está certo. E seus sussurros soam bastante convincentes, às vezes.

Porém, esse é um lugar perigoso para estacionar sua mente.

Em momentos como esses, me encontro precisando mergulhar nas verdades de Gálatas 6:3–5: "Se alguém se considera alguma coisa, não sendo nada, engana-se a si mesmo. Cada um examine os próprios atos, e então poderá orgulhar-se de si mesmo, sem se comparar com ninguém, pois cada um deverá levar a própria carga".

> *Satanás sempre tentará apontar o que está "errado" para bloquear tudo o que está certo.*

Ao pensar mais sobre aquele dia na praia, percebi que não havia orado. Sabendo que poderia ter alguns problemas de comparação, deveria ter pedido a Deus que me ajudasse a manter meu foco nele. Em vez disso, eu me vi remoendo. E remoer não é do Senhor. Amém? Amém!

Eu compartilho isso porque você precisa saber que todas nós lutamos. Estou em uma jornada de aprendizado. Assim como você.

E preciso desesperadamente que a verdade de Deus esbarre nas minhas fraquezas todos os dias. Só então posso sair da sombra da dúvida e entrar na realidade vivificante de quem Deus me criou para ser. E vê-la como boa. Imperfeita. Longe de ser perfeita. Mas boa. E boa é bom.

Querido Senhor, perdoa-me por todas as vezes em que me comparei com os outros. Sei que escolheste a dedo todas as minhas qualidades. Ajuda-me a ver essas coisas como belos lembretes do teu grande amor ao me criar como tua filha. Em nome de Jesus, amém.

90

O SUCESSO DELA
NÃO AMEAÇA O MEU

> E [Deus] lhes disse: "A colheita é grande,
> mas os trabalhadores são poucos. Portanto,
> peçam ao Senhor da colheita que mande
> trabalhadores para a sua colheita.
>
> LUCAS 10:2

Você já se perguntou se há necessidade de você e dos sonhos guardados em seu coração existirem, quando já existem tantas pessoas de sucesso por aí no mundo?

Eu compreendo totalmente.

Vários anos atrás, lembro-me de derramar todas as melhores palavras que tinha por meio de uma proposta pixelada de letras que viraram páginas que viraram livro. Enfiei meu coração e meus sonhos em uma pasta roxa e esperei pelo melhor.

Naquele verão, apresentei minha proposta a vários editores de aquisições. Por meses, depois de enviar minha proposta, eu sonhava com o dia em que alguma editora diria "sim".

Eu não posso te dizer quantas tardes eu fiquei na minha caixa de correio, prendendo a respiração, rezando para que houvesse boas notícias lá dentro. Quando as cartas de rejeição começaram a chegar, tentei manter a esperança de que certamente haveria uma resposta positiva. Eu só precisava que um editor dissesse "sim".

Logo, recebi uma resposta negativa de todos, exceto um. E quando recebi a rejeição final, me senti tão tola por pensar que poderia realmente escrever um livro. Meu sonho não passou de uma farsa. Eu não tinha habilidades de escrita. E devo ter ouvido Deus errado.

Ao mesmo tempo, eu tinha outras amigas escritoras que recebiam cartas diferentes dos editores.

Cartas incríveis.

Cartas de sonhos que se tornam realidade.

Cartas que se transformaram em contratos de livros.

Nos meus melhores momentos, fiz a coisa certa e celebrei genuinamente com elas. Mas então houve outros momentos. Momentos difíceis.

Momentos em que senti que a vida das minhas amigas estava passando por mim em uma enxurrada de metas cumpridas, novas oportunidades e afirmações de seus chamados de Deus. Parecia que o mundo estava passando por mim. E nesses momentos eu disse do lado de fora: "Bom para eles".

Porém, por dentro, eu só ficava pensando, *Ai... isso significa cada vez menos oportunidades para mim.* A essência indigesta da dor honesta raramente produz pensamentos bonitos.

Todos saem ganhando quando vemos uma irmã tornando este mundo um lugar melhor com seus dons.

Lutei e processei.

E resolvi ficar quieta. Me recusando a acreditar que fui deixada de lado e deixada para trás. E matando de fome meu pensamento de escassez.

Esses momentos de silêncio são bons e necessários quando seu pensamento precisa ser organizado em um único lugar. Assim fica muito mais fácil separar tesouros para guardar do lixo que deve ser jogado fora.

Então pude ver realidades novas e vivificantes. O sucesso dela não ameaça o seu, nem o meu. Quando ela está bem, todas nós estamos bem.

Todos saem ganhando quando vemos uma irmã tornando este mundo um lugar melhor com seus dons.

Quando finalmente comecei a acreditar nisso, minha quietude se transformou em prontidão. E isso foi há vinte e um livros publicados.

Assim nos recorda Jesus: "A colheita é grande, mas os trabalhadores são poucos. Portanto, peçam ao Senhor da colheita que mande trabalhadores para a sua colheita" (Lucas 10:2).

E é aqui que temos uma escolha a fazer hoje.

Podemos olhar para fora e ver as oportunidades ilimitadas e abundantes que Deus colocou diante de nós. Para criar. Escrever. Servir. Cantar. Ser e tornar-se.

Ou podemos encarar a oportunidade de outra pessoa e nos envolver na mentira do Inimigo de que tudo é escasso. Oportunidades escassas. Ofertas escassas. Possibilidades escassas. E começamos a ver as criações de outra pessoa como uma ameaça às nossas próprias oportunidades.

Ah, querida irmã, há uma grande necessidade neste mundo de suas contribuições para o Reino: seus pensamentos, palavras e expressões artísticas... sua marca exata de beleza.

Saiba. Acredite. Viva isso.

Senhor, hoje peço que abençoe as mulheres ao meu redor fazendo o que desejo fazer. Agite ainda mais corações com uma paixão profunda para torná-lo conhecido. E continue a acalmar meu coração com a verdade de que este mundo realmente precisa da minha marca exata de beleza. Em nome de Jesus, amém.

EU QUERO O QUE ELA TEM

O coração em paz dá vida ao corpo,
mas a inveja apodrece os ossos.

PROVÉRBIOS 14:30

É provável que, se você for como eu, tenha lutado com essas áreas sobre as quais estou falando: comparação e inveja.

Minha casa parece ótima até que uma amiga redecore a dela. Sua combinação inteligente de cores e habilidades engenhosas de restauração criaram quartos que parecem ter saído direto de uma revista. De repente, minha casa parece desatualizada e simples.

Meus filhos sempre pareciam ótimos até que eu estivesse perto de alguém que se destacava nas áreas em que meus filhos tinham dificuldade. Eu via os filhos dela lendo livros em silêncio que eram bem avançados para a idade deles e adorando cada minuto. Eu comparei isso com o meu, que preferia ter o braço direito cortado do que ler livros que mal eram do nível da série, enquanto me perguntava quando eles poderiam fazer algo mais emocionante. De repente, eu estava me julgando por não fazer da leitura uma prioridade quando eles eram mais jovens e me senti uma mãe abaixo da média.

Não, não demora muito para tudo com o que sou abençoada perder a graça diante da comparação. Quando estou diante do que não tenho, fico cega e não vejo o que tenho. Meu coração é atraído para um lugar de ingratidão e presunção. Ao presumir que tudo é ótimo para quem possui o que eu não possuo, fico cada vez menos agradecida pelo que é meu. Esqueço da advertência contida em Provérbios 14:30: "O coração em paz dá vida ao corpo, mas a inveja apodrece os ossos".

E aqui está a verdadeira pegadinha... as coisas para a pessoa com quem estou me comparando quase nunca são o que parecem. Todo mundo tem lados não tão bons em suas vidas. Sempre que tenho uma visão idílica da vida de outra pessoa, costumo dizer em voz alta: "Não estou preparada para lidar com o que eles têm, tanto de bom quanto de ruim".

Deus me ensinou muito sobre como cortar uma comparação pela raiz para que ela não se transforme em inveja e ciúmes.

A declaração "Não estou preparada para lidar com o que eles têm, tanto bom quanto ruim" foi uma das maiores realizações que Deus me deu. Toda situação tem coisas boas e ruins. Quando quero o bem de outra pessoa, devo perceber que também estou pedindo o mal que vem junto. É sempre um pacote. E, geralmente, se eu der tempo suficiente para que algo se desenrole, muitas vezes posso ser encontrada agradecendo a Deus por não ter recebido o pacote de outra pessoa.

Uma das primeiras vezes que entendi essa verdade foi no ensino médio, quando conheci uma linda garota no Teatro Infantil da minha cidade. Nós duas éramos atrizes mirins escaladas para uma peça de Natal. Durante os ensaios, lembro-me de ver suas longas pernas de dançarina se moverem de uma maneira que meus membros atarracados nunca poderiam. Suas pernas eram musculosas, magras e graciosas. As minhas não poderiam ser descritas com nenhum desses adjetivos.

Não estou preparada para lidar com o que eles têm, tanto bom quanto ruim.

Um dia ela sentiu uma dor incomum na perna esquerda. E então uma consulta médica se transformou em uma bateria de exames que se transformou em uma internação que se transformou em um diagnóstico. Câncer. Uma cirurgia para remover um tumor, que se transformou em uma amputação, que se transformou em uma mudança de vida completa. O mundo dela se encheu de palavras que nenhuma criança deveria conhecer: quimioterapia, próteses, queda de cabelo e bengalas.

Quando jovem, fiquei chocada com tudo isso. Especialmente porque eu me lembro claramente noite após noite depois de vê-la deslizar pelo palco, eu pedia a Deus pernas exatamente como as dela.

Não estou preparada para lidar com o que eles têm, tanto bom quanto ruim.

Não quero pintar a imagem de que todas as coisas boas que alguém tem terminarão em tragédia. Esse não é o caso. Às vezes, as coisas boas dos outros são simplesmente fantásticas. Mas são fantásticos para eles, não para mim.

Querido Senhor, obrigada por confiar apenas a mim o que tenho e quem eu sou. Em nome de Jesus, amém.

92

Senhor, eu não
consigo fazer isso!

Disse, porém, Moisés ao Senhor:
"Ó Senhor! Nunca tive facilidade para falar,
nem no passado nem agora que falaste a
teu servo. Não consigo falar bem!"

Êxodo 4:10

Inseguranças. Todas nós temos.

Essas qualidades sobre nós mesmas que nos fazem carecer de confiança ou segurança podem ser um apelo positivo à ação para fazer mudanças saudáveis em nossas vidas.

Porém, as inseguranças também podem nos impedir de assumir as designações para as quais Deus nos chama.

Isso é exatamente o que aconteceu no lugar onde encontramos Moisés em nosso versículo-chave hoje.

Moisés sabia com absoluta certeza o que Deus o estava chamando para fazer. Deus havia confirmado isso falando com ele de forma audível através de uma sarça-ardente, dizendo-lhe: "para tirar do Egito o meu povo, os israelitas" (Êxodo 3:10).

E Moisés sabia exatamente o que dizer, o que Deus planejava fazer, que Deus estaria com ele e que Deus os proveria ao saquearem os egípcios.

Então, o que poderia impedi-lo quando as coisas pareciam tão claras?

A mesma coisa que pode estar nos impedindo às vezes.

Moisés duvidou que Deus o tivesse criado para o chamado que Deus lhe deu.

Em Êxodo 4:10, Moisés diz ao Senhor: "Ó Senhor! Nunca tive facilidade para falar, nem no passado nem agora que falaste a teu servo. Não consigo falar bem!".

O Senhor volta com palavras muito fortes para Moisés: "Quem deu boca ao homem? [...] Agora, pois, vá; eu estarei com você, ensinando-lhe o que dizer" (v. 11–12).

> A maneira exata como Deus a criou está de acordo com a maneira como Ele a usará.

Quando duvidamos de que temos o que é preciso para fazer o que Deus nos chama para fazer, estamos duvidando das habilidades criativas dele. Ele sabia desde o início dos tempos o que Ele a chamaria para fazer e, portanto, como você precisaria ser formada. Deus faz tudo com propósito e precisão.

A maneira exata como Deus a criou está de acordo com a maneira como Ele a usará.

Confie nisso. Aceite isso. Mesmo que você ainda não conheça todos os detalhes de seu chamado, agradeça a Deus por prepará-la perfeitamente para suas designações futuras.

E quando as inseguranças começarem a fazer você duvidar, diga: "Deus, posso duvidar de mim mesma, mas não vou duvidar de ti. Então, deixarei que tua perfeição anule meus sentimentos de imperfeição e farei o que tu me instruíres".

> Pai Celestial, confesso que muitas vezes duvido que tenha o que é preciso para fazer as coisas que o Senhor me chama para fazer. Lembra-me de que fui perfeitamente capacitada para as tarefas que tu me deste. Ajuda-me a não duvidar ou comparar. Em nome de Jesus, amém.

93

Sentindo-se culpada?

Eu te louvo porque me fizeste de modo
especial e admirável.
Tuas obras são maravilhosas!
Disso tenho plena certeza.

Salmos 139:14

Juntei as sacolas do restaurante, suspirei e as enfiei na lata de lixo lotada. Uma amiga me enviou uma receita naquele dia que envolvia descascar, cortar e ferver. Imaginei a lata de lixo dela cheia de cascas de vegetais frescos e outras coisas que provavam que sua cozinha produzia muito mais delícias caseiras do que a minha.

E um pequeno fio de culpa envolveu meu coração.

Às vezes me sinto mais culpada pelo que não sou do que grata pelo que sou.

Porém, havia uma graça agradável esperando por mim em uma loja de iogurte naquela noite. Minha filha mais velha, Hope, perguntou se eu poderia falar em um pequeno estudo bíblico que ela estava ajudando a organizar. "Mãe, acho que muita gente vai aparecer".

Então, em vez de cozinhar naquela noite, pedi comida. De novo. E então fui até a loja de iogurte com a garota cujo coração estava cheio de entusiasmo e expectativa.

As pessoas estavam por toda parte. Jovens. Pessoas convidadas. E pais. Quase duzentas pessoas lotaram a loja de iogurte e transbordaram para a calçada do lado de fora. Hope sorriu.

Peguei o microfone e falei com o coração. Eu contei minha história. Eu ensinei a verdade. Convidei as pessoas a deixarem Jesus ser o Senhor de seus corações.

E muitos que nunca haviam feito isso disseram "sim" a Deus naquela noite. Uma adolescente que havia tentado suicídio no ano anterior se levantou para aceitar Jesus. Um jovem com lágrimas nos olhos se levantou para aceitar Jesus. Uma mãe e um pai se levantaram para aceitar Jesus. Junto com muitos outros.

Na loja de iogurte.

Com uma mulher cuja lata de lixo estava cheia de sacolas de comida para viagem.

Uma mulher que não é a melhor cozinheira. Mas uma mulher que quer aprender a ser mais grata pelo que sou do que culpada pelo que não sou. Uma mulher que deseja que a verdade do salmo 139:14 seja a declaração da minha alma: "Eu te louvo porque me fizeste de modo especial e admirável. Tuas obras são maravilhosas! Disso tenho plena certeza".

Às vezes me sinto mais culpada pelo que não sou do que grata pelo que sou.

Talvez você seja a amiga com as cascas de legumes na lata de lixo e as delícias caseiras fumegantes na mesa.

Comemore isso.

Ou talvez você seja como eu. E seus dons são menos saborosos.

Comemore isso.

E corte os fios da culpa com a lâmina da graça.

Querido Senhor, tu me fizeste à tua imagem e isso é algo que pareço esquecer diariamente. Por favor, ajuda-me a lembrar de celebrar e viver em quem tu me fizeste ser e não no que eu gostaria de ser. Em nome de Jesus, amém.

94

Mesmo quando eu falhar

Pois ainda que o justo caia sete vezes, tornará a
erguer-se,
mas os ímpios são arrastados pela calamidade.

PROVÉRBIOS 24:16

Recompensador. Era assim que este dia em particular deveria ser, meu dia de estrela na escola dos meus filhos. Finalmente, eu iria receber o "Prêmio de Mamãe Muito Boa".

Este não é um prêmio oficial em um pedaço de papel de linho fino digno de moldura. É apenas um sentimento, aquele sentimento de receber um sinal de aprovação e aceitação de que você está de fato fazendo um bom trabalho como mãe.

Eu me ofereci para fazer cem *brownies* caseiros embalados individualmente. E eu ia ser completamente chique e usaria a mistura de *brownie* que vem em uma caixa, em vez do saquinho. Isso é o mais próximo de caseiro que consigo.

Depois de assar todos aqueles *brownies* e deixá-los esfriar, cortei e coloquei cada um na segurança de seu próprio saquinho e recrutei minhas filhas para me ajudar a terminar. Embalamos *brownies* noventa e cinco, noventa e seis, noventa e sete, e então ocorreu um desastre de proporções épicas.

Nozes.

Esses brownies continham nozes. Muitas nozes. E lá estava eu, diante do *brownie* número noventa e sete embrulhado individualmente, ouvindo o lembrete da minha filha de que nossa escola era, na verdade, uma escola livre de castanhas.

Meus braços começaram a se debater como se fossem juntar os pedaços do meu cérebro disperso e colocar tudo de volta no lugar. Mandei as crianças para fora da sala e comi os *brownies* noventa e oito, noventa e nove e cem.

Nenhuma estrela. Nenhum prêmio de mãe muito boa. Não há crianças felizes e orgulhosas com os esforços da mãe delas.

Passei o resto do dia tentando processar esse grande fracasso do *brownie*. Eu vi isso como um desastre que definiu minha jornada de maternidade. Grandes visões que levaram a grandes confusões que levaram a expectativas não atendidas que acumularam cada vez mais culpa em minha já frágil psique de maternidade.

Quando as circunstâncias mudam e sentimos que falhamos, devemos perguntar: Como posso ver Jesus até mesmo nisso?

E é exatamente onde Satanás adoraria que eu ficasse. Essa é a meta diária dele, na verdade. Se Satanás pode usar nossas experiências cotidianas, grandes e pequenas, para prejudicar nossa verdadeira identidade, então ele torna o povo de Deus totalmente ineficaz para o Reino de Cristo.

Estes eram *brownies* para uma venda de bolos na escola. E esses *brownies* de alguma forma me derrubaram no chão. Eu não queria sorrir. Eu não queria ser gentil. Eu não queria ser uma discípula de Cristo naquele dia. Já se sentiu assim?

Satanás quer que tenhamos um pensamento muito perigoso: *Por que Jesus não trabalha para mim?* Esta nunca é a pergunta certa. Em vez disso, quando as circunstâncias mudam e sentimos que falhamos, devemos perguntar: *Como posso ver Jesus até mesmo nisso?*

A única maneira de me fazer essa pergunta é quando me afasto de qualquer situação que esteja enfrentando e separo a circunstância vivida da minha identidade.

Agora vamos dizer o que é verdade. Apesar dos meus sentimentos, minha identidade permaneceu a mesma. Eu sou uma mãe amorosa. Eu sou uma pessoa generosa. Sou uma mulher que leva suas responsabilidades a sério. Eu sou uma filha do Rei.

Tudo isso é verdade, apesar dos meus fracassos. Então, embora eu tivesse um monte de *brownies* com nozes espalhados e a escola não tivesse *brownies* para a venda de bolos naquele dia, esse contratempo não me definiu. A única coisa que isso significava era que eu precisava ler a folha de instruções de venda de bolos um pouco mais de perto na próxima vez.

É isso. É simplesmente um apelo à ação, não um apelo à condenação. E você notou a resposta do homem justo em Provérbios 24:16? Embora ele caísse uma e outra vez, ele continuou se levantando. Que possamos fazer exatamente a mesma coisa.

Querido Senhor, ajuda-me a separar minhas circunstâncias vividas da minha identidade. Ajuda-me a determinar meu valor apenas pela tua verdade e não pelo meu desempenho em qualquer situação. Obrigada por olhar para mim não como eu sou, mas como Jesus me permitiu ser. Em nome de Jesus, amém.

95

O DESAFIO DA AMIZADE

É melhor ter companhia do que estar sozinho,
    porque maior é a recompensa do
        trabalho de duas pessoas.
Se um cair,
    o amigo pode ajudá-lo a levantar-se.
Mas pobre do homem que cai
    e não tem quem o ajude a levantar-se!
E, se dois dormirem juntos,
    vão manter-se aquecidos.
    Como, porém, manter-se aquecido sozinho?

ECLESIASTES 4:9–11

O que torna uma mulher sensível também revela suas vulnerabilidades.

O que torna uma mulher transparente também expõe suas feridas.

O que torna uma mulher autêntica também revela suas inseguranças.

E não há muitas mulheres que gostem de ser reveladas, expostas e descobertas. Mas estabelecer uma intimidade real com outra pessoa requer superar a resistência, superar o medo.

A amizade é arriscada.

Ser conhecida é correr o risco de ser ferida. Mas a amizade pode ser bonita e vale o risco.

Podemos procurar na Bíblia exemplos de amizades monumentais. Em 1Samuel 18, aprendemos sobre a amizade especial entre Davi

ACOLHIDA

e Jônatas, um exemplo de um verdadeiro vínculo. Quando o pai de Jônatas, o rei Saul, ameaçou Davi de morte, Jônatas arriscou sua posição na casa de seu pai e avisou seu amigo.

A amizade de Jônatas e Davi durou toda a vida e, devido à lealdade de Jônatas a Davi, o Senhor abençoou os dois. Davi acabou se tornando rei, mas a essa altura Jônatas já havia morrido. Davi perguntou: "Resta ainda alguém da família de Saul, a quem eu possa mostrar lealdade por causa de minha amizade com Jônatas?" (2Samuel 9:1).

Olhe esta beleza: era costume o atual rei matar qualquer membro da família do antigo rei. No entanto, por causa de sua forte amizade com Jônatas, o rei Davi cuidou com ternura do filho de Jônatas. "Vou devolver-lhe todas as terras que pertenciam a seu avô Saul; e você comerá sempre à minha mesa" (v. 7). "Assim, Mefibosete passou a comer à mesa de Davi como se fosse um dos seus filhos" (v. 11).

Incrível. Inspirador. Amizade.

Sim, a amizade é linda. O Senhor nos deu isso. Ele sabia que precisaríamos uns dos outros para passar por esta vida. Ele até nos diz em Eclesiastes 4:9 que "é melhor ter companhia do que estar sozinho".

Pense em uma amiga em quem você pode fazer um investimento.

Não é a amiga com quem você se sente mais confortável. Mas sim alguém que pode se beneficiar ao ver um pouco mais da sua ternura, transparência e autenticidade. Alguém que pode valer a pena o risco.

> *O Senhor sabia que precisaríamos uns dos outros para passar por esta vida.*

Alguém em sua esfera de influência está desesperada para saber que outra pessoa entende.

Podemos dar três passos e nos lançar um desafio de amizade? Aqui estão três coisas que você pode fazer para investir em uma amiga:

1. **Tenha uma conversa com ela na qual você admita honestamente uma de suas vulnerabilidades.** É provável que ela também revele algo para você. Então realmente comprometa-se a orar por ela. Uma dica é usar um relógio ou pulseira e toda vez que se distrair, esquecendo-se de orar, este objeto será como um estímulo para carregar o fardo dela em suas orações.
2. **Compre ou dê um presente para essa amiga. Do nada.** Não precisa custar muito. Mas invista tempo para pensar em algo que a satisfaça pessoalmente.
3. **Escreva um bilhete para sua amiga para anexar ao presente.** Na carta, diga a ela pelo menos três coisas que você admira nela e como ela fez a diferença em sua vida.

Em seguida, entregue este pequeno presente "do nada" e um bilhete para sua amiga. Esta amiga que às vezes se sente um pouco vulnerável. Ferida. Exposta de alguma forma.

Sua honestidade e consideração serão um investimento tão doce.

Para ela.

Para você.

Pela sua amizade.

Você está pronta para aceitar o desafio da amizade?

Querido Senhor, obrigada pelas amizades e lindas bênçãos que o Senhor colocou na minha vida. Ajuda-me a ver este desafio como um doce lembrete para mostrar teu amor às pessoas ao meu redor. Em nome de Jesus, amém.

96

A VERDADE NO BILHETE QUE MUDOU A MINHA VIDA

Disse Pedro: "Não tenho prata nem ouro, mas o que tenho, isto lhe dou".

ATOS 3:6

Quando minha irmãzinha morreu trágica e inesperadamente, meu mundo inteiro virou de cabeça para baixo. Foi uma época muito sombria da minha vida. O que eu sabia ser verdade, de repente, tornou-se questionável.

Deus é bom? Se sim, por que isso? E se eu nunca souber por que, como poderei confiar em Deus novamente?

Perguntas difíceis. Perguntas honestas. Perguntas que me assombravam.

Até que um dia, recebi um bilhete de uma amiga. Uma garota que eu não tão carinhosamente chamei de minha "amiga da Bíblia". Ela francamente me irritou com todas as suas citações de versículos da Bíblia. Eu não estava em boas relações com Deus naquele momento da minha vida. Eu não queria acreditar que Deus existisse. E eu certamente não estava lendo a Bíblia.

Deixei isso muito claro para minha amiga da Bíblia. Mas em seu jeito amável, doce e gentil ela continuou me deslizando bilhetes de verdade com versículos suavemente tecidos dentro. E, um dia, um versículo rachou a represa da minha alma. A verdade se infiltrou e abriu minhas visões de coração duro sobre a vida, apenas o suficiente para que Deus se apresentasse a mim.

Eu segurei aquele bilhete simples com um versículo da Bíblia rabis-cado na frente enquanto as lágrimas de necessidade verdadeira escor-riam pelo meu rosto. Meus joelhos rígidos dobraram. E um sussurro *"Sim, Deus"* mudou o curso de minha vida. (Se você nunca sussurrou *sim* a Deus, pode encontrar uma oração de salvação na página 331.)

Minha amiga da Bíblia havia me tocado. E, por causa dela, estou determinada a usar minhas palavras como um presente para outras pes-soas que podem estar em situações difíceis, como uma outra amiga que recentemente me disse que está lutando contra o sentimento de que não tem um propósito real.

Nunca duvidarei do poder de uma mulher entrando na vida de outra mulher com alguns sussurros de amor escritos.

A vida corre para ela todos os dias com demandas avassaladoras. Tudo parece difícil, com muito pouco alívio.

Se alguma vez houve um afogamento sem água envolvida, é aqui que está minha amiga. Talvez você também tenha uma amiga ferida.

Então, me sentei para escrever um cartão para minha amiga e enviar-lhe um presentinho. Eu queria desesperadamente amá-la atra-vés das minhas palavras. Meu coração estava cheio de cuidado, com-paixão e um forte desejo de encorajá-la, mas lutei para traduzir tudo o que sentia no papel.

Enquanto eu orava sobre isso, a palavra *amada* continuou vindo à minha mente.

> *Lembre-a de que ela é amada. Lembre-a do quanto você a respeita. Lembre-a de que ela é uma mulher que tem muito a oferecer. Lembre-a de que ela é valiosa e suficiente.*

Em Atos 3, Pedro e João encontraram um homem aleijado na porta do templo, que era chamada Formosa. Eles pararam. Eles notaram.

Eles decidiram se sensibilizar. Não tinham riquezas, mas tinham a capacidade de dar valor.

Como Atos 3:6–7 diz: "'Não tenho prata nem ouro, mas o que tenho, isto lhe dou. Em nome de Jesus Cristo, o Nazareno, ande'. Segurando-o pela mão direita, ajudou-o a levantar-se, e imediatamente os pés e os tornozelos do homem ficaram firmes".

Pedro e João não tinham prata, mas tinham uma mão para oferecer e valor para dar. Vale a pena se sensibilizar com o homem necessitado. O necessitado ferido era um homem que precisava de alguém que o visse como um homem. O homem necessitado tinha muito a oferecer. Depois de se levantar, ele entrou no templo, louvando a Deus e despertando espanto e admiração a respeito de Deus.

Quero que minha amiga se lembre de que ela também tem louvor dentro de si para o nosso Deus. Ela também pode se levantar. Ela também pode provocar espanto e admiração sobre o nosso Deus.

Sim, ela é amada e Deus tem um bom plano para ela. Quero ajudá-la a ver isso, assim como minha amiga da Bíblia fez por mim tantos anos atrás.

Nunca duvidarei do poder de uma mulher entrando na vida de outra mulher com alguns sussurros de amor escritos.

Querido Senhor, sou muito grata pelos relacionamentos que o Senhor colocou na minha vida. Tu me ajudarias a discernir quais palavras encorajadoras minha amiga precisa ouvir hoje? Eu quero mostrar a ela o teu amor. Em nome de Jesus, amém.

97

SUPERANDO O MEU PASSADO

*Bendito seja o Deus e Pai de nosso Senhor
Jesus Cristo, Pai das misericórdias e Deus de
toda consolação, que nos consola em todas as
nossas tribulações, para que, com a consolação
que recebemos de Deus, possamos consolar
os que estão passando por tribulações.*

2 CORÍNTIOS 1:3–4

Existe algo do seu passado que a persegue e constantemente interrompe seus pensamentos?

Por muitos anos, esse algo na minha vida foi o meu aborto. Eu andei em um estado de zumbi nos meses que se seguiram àquela decisão, com um ódio crescente por mim mesma na raiz da minha dor e confusão.

Até aquele momento, as coisas que traziam dor à minha vida eram causadas por outras pessoas. Mas o aborto foi uma escolha que eu mesma fiz. Parecia a única resposta naquele momento. Os funcionários da clínica de aborto me garantiram que poderiam resolver esse "problema" com rapidez e facilidade, para que eu nunca mais tivesse que pensar nisso. Que mentira.

Eu mantive meu segredo enterrado no fundo do meu coração. Eu estava tão envergonhada, tão horrorizada, tão convencida de que se alguém descobrisse que eu tinha feito um aborto, eu seria rejeitada por todos os meus amigos da igreja e considerada uma mulher inadequada para servir a Deus.

ACOLHIDA

Minha cura completa começou quando finalmente fui capaz de mudar meus pensamentos além da minha própria cura para ajudar outras pessoas na mesma situação. Era assustador pensar em compartilhar minha história com outra pessoa. Mas então ouvi falar de uma jovem que nossa família conhecia e que estava em uma situação crítica de gravidez. Ela estava planejando fazer um aborto.

Deus realmente pode pegar até mesmo nossos piores erros e, de alguma forma, tirar algo bom deles.

Eu me deparei com um violento cabo de guerra em meu espírito. Eu sabia que se ela ouvisse minha história, ela poderia fazer uma escolha diferente. *Mas o que ela pensaria de mim? O que os outros pensariam se descobrissem?* Eu sabia que Deus queria que eu falasse com ela. Então, eu confiaria nele ou recuaria para a minha vergonha?

Com as mãos trêmulas, me aproximei de Sydney, com a intenção de estender o conforto e a compaixão de Deus. Talvez eu pudesse apenas compartilhar alguns versículos da Bíblia e me oferecer para ajudá-la sem me tornar vulnerável.

Porém, durante nosso tempo juntas, ficou claro que ela precisava ouvir minha história. Com a voz embargada e os olhos cheios de lágrimas, decidi me importar mais com a situação dela do que manter meu segredo escondido. Contei a ela a verdade sobre o que havia experimentado e orei para que ela fizesse uma escolha diferente da minha.

Um ano depois daquele primeiro encontro, me sentei na frente de Sydney mais uma vez. Ela engasgou com um sussurro, "Obrigada", enquanto se virava e beijava o menino de bochechas rechonchudas no carrinho de bebê ao lado dela. Assim que ela falou essas palavras que definem a vida, lágrimas caíram dos nossos olhos.

As dela eram lágrimas de alívio.

As minhas foram lágrimas de redenção.

Ambas estavam envolvidas na esperança de que Deus realmente pode pegar até mesmo nossos piores erros e, de alguma forma, tirar algo bom deles.

Deus me trouxe tão longe desde aquele primeiro encontro com Sydney. Agora viajo para eventos de gravidez crítica e conto minha história na esperança de encorajar as pessoas a apoiarem seus centros locais. Também compartilho minha história em púlpitos por todos os Estados Unidos, confiando que muitas mulheres na plateia verão que é possível ser curada e restaurada dos trágicos erros do nosso passado.

Porém, não consigo atender a todas. Existem mulheres em sua esfera de influência que precisam ouvir *sua* história.

Sei que um aborto pode não ser a dor com a qual você está lidando, mas também sei que poucas de nós escapamos de feridas muito profundas.

Você vai? Você vai compartilhar? Você permitirá que Deus a console e depois leve esse conforto para as outras? Esta etapa pode ajudá-la a iniciar seu próprio processo de cura.

Acho que você descobrirá que é duplamente abençoada ao cumprir a verdade de 2Coríntios 1:3–4: "Bendito seja o Deus e Pai de nosso Senhor Jesus Cristo, Pai das misericórdias e Deus de toda consolação, que nos consola em todas as nossas tribulações, para que, com a consolação que recebemos de Deus, possamos consolar os que estão passando por tribulações".

Querido Senhor, só tu podes curar minhas mágoas mais profundas e usar o mal em minha vida para o bem. Eu preciso de ti mais e mais a cada dia. Por favor, continua trabalhando em minha vida e me usa como uma luz para ajudar aquelas que tu confiaste a mim. Em nome de Jesus, amém.

98

PASSANDO PELO CONSTRANGIMENTO DO PASSADO

Acaso busco eu agora a aprovação dos homens ou a de Deus? Ou estou tentando agradar a homens? Se eu ainda estivesse procurando agradar a homens, não seria servo de Cristo.

GÁLATAS 1:10

Meus sapatos elegantes pisaram timidamente no tapete vermelho. Meu vestido de brechó prendeu em um dos meus saltos quando dei meu primeiro passo. Meu rosto corou. Não pelo primeiro passo em falso na frente de uma multidão tão grande, mas por causa da percepção repentina de quão decepcionada a multidão estava. Eu sabia. Eles sabiam disso. E foi tudo tão incrivelmente estranho.

Fui convidada para uma noite de premiação para músicos. Eu era uma das poucas autoras lá para uma categoria de livro. Mas o foco principal da noite foi o talento artístico dos músicos. Minha arte de encadear palavras parecia insignificante. Como minhas palavras não tinham ritmo, pareciam não ter lugar na memória de quem enfileirava esse tapete vermelho.

Eles comemoraram quando o veículo em que eu estava estacionou. Mas quando saí, seus gritos se acalmaram. Eu era uma triste decepção, um rosto desconhecido entre as brilhantes estrelas da música.

Eu me ocupei com minha bolsa, meu vestido e meu celular. O constrangimento faz isso conosco. Isso nos deixa inquietos. No meio da tentativa de confortar o que parece tão desconfortável, apenas alimentamos o monstro. O constrangimento se empanturra nesses momentos de insegurança.

Eu não sou musicista. Assim como uma mulher não musicista se sente deslocada em um evento de premiação de músicos, uma mulher de Jesus também se sentirá deslocada em um mundo que agrada às pessoas.

Compromissos e decepções andam de mãos dadas.

Às vezes, você se sentirá exposta. Inquieta. Fora de lugar. Insegura. E tão incrivelmente constrangida. Esses sentimentos não são um sinal de que é hora de voltar atrás. Ou ceder a esse desejo de agradar às pessoas batendo contra sua frágil determinação. É hora de dizer a si mesma: *não permitirei que a decepção constrangedora dos outros me afaste dos meus compromissos com Deus.*

Sabe o que eu queria fazer naquela noite no tapete vermelho? Eu queria voltar para aquele veículo, voltar para o conforto do meu tranquilo quarto de hotel, arrancar aquele vestido estúpido e chique, rastejar para a cama e cobrir minha cabeça com as cobertas. Eu não queria continuar andando pelo tapete vermelho em direção à cerimônia de premiação a qual eu deveria comparecer. Eu não queria deixar para trás aquela decepção constrangedora da multidão.

Porém, se eu quisesse chegar aonde deveria estar naquela noite, teria que continuar andando apesar de me sentir estranha, apesar da decepção dos outros. E você sabe o que aconteceu quando entrei naquela cerimônia de premiação? Um compromisso de Deus que eu nunca teria experimentado se tivesse voltado.

Uma vez lá dentro, encontrei um banheiro. Em parte, porque queria ter certeza de que meu vestido não havia rasgado em lugares embaraçosos quando meu salto ficou preso. E, em parte, porque quando você se sente terrivelmente desajeitada e deslocada, as cabines de banheiro são lugares gloriosos para se recompor.

Quando entrei, havia uma garota se olhando no espelho. Não estava especialmente inclinada a bater papo, então passei por ela e entrei em uma cabine. Quando saí, ela ainda estava lá. Ainda olhando.

"Você está bem?", perguntei.

"Na verdade, não". No começo foram apenas essas três palavras. Mas então veio mais. E eu percebi que o coração dela também tinha sofrido um pequeno golpe naquele tapete vermelho. Ela era uma musicista incrivelmente talentosa. Mas o tamanho de seu corpo tinha sido o tema de muitas conversas difíceis.

Acho que por não me conhecer, ela sentiu que poderia se abrir comigo. Eu não estava no mundo da música dela, mas pessoalmente conheço a dor da luta contra o peso. Eu sei como comentários impensados podem ferir profundamente um coração. E eu sei como é subir na balança e me sentir um fracasso.

Nós conversamos. Nós compartilhamos. Nós rimos. E juntas ganhamos um pouco mais de coragem. Foi um compromisso que eu não teria experimentado se tivesse permitido que a decepção me assustasse.

Compromissos e decepções andam de mãos dadas. Eu tive que superar a decepção da multidão para receber este compromisso de Deus.

Gálatas 1:10 nos lembra por que isso é tão importante: "Acaso busco eu agora a aprovação dos homens ou a de Deus? Ou estou tentando agradar a homens? Se eu ainda estivesse procurando agradar a homens, não seria servo de Cristo". Se quisermos ser o tipo de pessoa que Deus pode usar em qualquer lugar e a qualquer momento, devemos nos tornar bons em dizer não a essa resistência interior chamada constrangimento.

Como aprendemos a fazer isso? Podemos pensar que só precisamos nos tornar mais confiantes. Mas vai muito além disso. Não é uma questão de ganhar mais confiança. É uma questão de termos mais certeza das nossas convicções. Confiança é ter certeza das nossas habilidades. Convicção é ter certeza das instruções de Deus.

Não estou falando sobre a forma como às vezes usamos a palavra *convicção* como verbo: *estou convicta a usar shorts mais longos ou estou convicta a ter momentos de silêncio mais consistentes*. O tipo de convicção a que me refiro é um substantivo, uma crença firme e fundamental.

Com uma profunda convicção de que a instrução de Deus pode ser confiável, podemos aprender a passar graciosamente pelo constrangimento do passado.

Querido Senhor, por favor, concede-me a convicção de que preciso para superar o constrangimento. Não quero perder nenhum dos compromissos que tens para mim. Em nome de Jesus, amém.

99

A verdade que salva vidas

Se a tua lei não fosse o meu prazer,
o sofrimento já me teria destruído.
Jamais me esquecerei dos teus preceitos,
pois é por meio deles que preservas a minha vida.

Salmos 119:92–93

Fiquei na beira da piscina. Olhei para minha irmã, que tinha talvez quatro ou cinco anos na época. Ela estava brincando de jogar água nos degraus da parte rasa.

Estou cansada da parte rasa, pensei. *Eu tenho nove anos de idade. Estou crescida e tenho idade suficiente para pular no fundo da piscina.*

Eu pulei. A água fria me envolveu. Deixei meu corpo cair até que meus dedos dos pés tocassem o fundo e me empurrei para fora da água. Foi emocionante.

Cada dia quente, quando aparecíamos na piscina, caminhávamos para nossos respectivos lugares. Eu à beira do fundo da piscina com um coração corajoso e cada vez maior. Minha irmã para as escadas na parte rasa. Mas com o passar do verão, eu me perguntei: *Será que eu posso? Eu devo? Trazer ela aqui para a parte funda?*

Um dia, me ocorreu que eu poderia deixá-la subir nas minhas costas e meio caminhar, meio pular naquele declive entre o raso e o fundo. Eu poderia ir devagar. E se esse próximo passo mais profundo a assustasse, eu poderia simplesmente voltar para onde ela se sentisse confortável.

Nadei até a parte rasa e revelei meu plano como se estivesse dando à minha irmã o maior presente que um humano poderia conceder a outro.

Surpreendentemente, ela estava hesitante. Foi preciso muito convencimento da minha parte e muitas promessas de não ir além de onde ela se sentia segura.

Finalmente, ela subiu nas minhas costas e passou os braços em volta dos meus ombros. Caminhei lentamente até o declive. Pequenos passinhos. Dois passos. Três.

No terceiro passo, escorreguei.

Nós duas afundamos muito de repente. As mãos da minha irmã deslizaram dos meus ombros para a minha garganta. Era como se ela acreditasse que a única maneira de ser salva era segurar minha garganta com uma força cada vez mais intensa. Seu aperto aumentou a tal ponto que, mesmo quando finalmente emergi para a superfície, nenhum ar poderia entrar. Minha mente ficou nebulosa muito rapidamente e, de repente, não consegui descobrir qual caminho seguir para encontrar segurança. Tive cada vez menos certeza da maioria das coisas ao meu redor, mas estava absolutamente certa de uma coisa. Eu estava me afogando.

Aqui está a parte mais louca da história. Não me lembro como fomos salvas. Eu sei que fomos. Eu e minha irmã estamos vivas hoje. Mas não me lembro do resto da história.

Talvez seja porque eu deveria ter as lembranças mais ricas desse sentimento de pânico. E a percepção de que o pânico nunca ajuda a salvar ninguém.

Você sabe onde vejo esse afogamento sem água e uma subsequente resposta de pânico com mais frequência? As inseguranças de uma mulher.

Garanto que você sentiu os efeitos sufocantes da insegurança, mesmo que não chame assim.

Você não é tão talentosa, inteligente ou experiente quanto ela.

Proteja a si mesma e à sua dignidade. Não ouse tentar este novo empreendimento.

Se você fosse tão organizada, intencional ou criativa quanto elas, talvez pudesse conseguir isso. Mas a realidade é que você não é.

Você sabe que isso nunca vai funcionar, certo?

Como eu sei que você sente essas coisas? Porque eu mesma as experienciei.

Assim como naquela piscina tantos anos atrás, posso ir de pé com segurança com a cabeça acima da água para escorregar por um declive aparentemente sem nada para agarrar. Então a insegurança, sempre presente no meu ombro, desliza para um aperto mortal na minha garganta.

Minhas inseguranças se agarram ao ponto em que nada que a vida possa dar pode entrar. Eu esqueço a verdade. Não quero nem ir à igreja. Minha mente fica nebulosa muito rapidamente e, de repente, não consigo descobrir qual caminho seguir para encontrar segurança.

Estou me afogando.

Esse é o problema da insegurança. Quando ela se apodera de nós, exatamente aquilo de que mais precisamos – a verdade – é exatamente aquilo que temos dificuldade em compreender. Posso estar perto da verdade e ainda me afogar nas minhas inseguranças. Eu posso ter a verdade sentada na minha mesa de cabeceira. Eu posso ter isso pregado para mim aos domingos. Mas agarrá-la, ficar de pé e deixá-la desviar meu pensamento do pânico, isso é algo que exige que a verdade seja mais do que apenas próxima.

Isso requer que a verdade esteja dentro de mim, me guiando, religando meu pensamento e sussurrando: "A segurança está bem aqui. A insegurança deixará de sufocá-la quando você remover seu aperto. A insegurança só tem poder sobre você quando você permite que ela controle seus pensamentos".

E quando nos deleitamos na verdade da Palavra de Deus e vivemos a verdade da Palavra de Deus, ela realmente se torna uma tábua de salvação para nossas almas. Algo que vemos lindamente explicado no nosso versículo-chave: "Se a tua lei não fosse o meu prazer, o sofrimento já me teria destruído. Jamais me esquecerei dos teus preceitos, pois é por meio deles que preservas a minha vida" (Salmos 119:92–93).

De fato, somos limitadas por nós mesmas. Mas no minuto em que recebemos Jesus para ser o Senhor de nossas vidas, nosso potencial limitado pode se transformar em crescimento exponencial. Ele está vivo em nós. Ele nos liberta de nossas vidas mortas e o nos dá o poder de trilhar uma nova vida, uma vida ressurreta.

No minuto em que recebemos Jesus para ser o Senhor de nossas vidas, nosso potencial limitado pode se transformar em crescimento exponencial.

Quero me envolver na sua história. Estou parada na parte rasa. Estou me segurando firmemente com uma mão em uma borda imóvel da verdade e com a outra, estou alcançando você.

Agarre-se. Pare de se afogar. E, do lugar mais profundo da sua alma, recupere o fôlego.

Querido Senhor, minhas inseguranças são pequenas coisas comparadas à tua verdade. Mas elas se sentem tão grandes e poderosas quando me seguram! Por favor, ajuda-me a entender a tua verdade e deixa que ela me mude. Em nome de Jesus, amém.

100

O CHAMADO DA LIBERDADE

*Aquele que começou boa obra em vocês, vai
completá-la até o dia de Cristo Jesus.*

FILIPENSES 1:6

Rótulos são horríveis. Eles nos aprisionam em categorias das quais é difícil escapar. Talvez você também esteja familiarizada com os rótulos...

Eu sou um desastre.

Eu sou uma bajuladora de pessoas.

Eu sou emocionalmente descontrolada.

Eu sou uma confusão insegura.

E a lista continua.

Veja a minha luta com a organização. Todos os dias, durante meses, eu abria e fechava meu armário bagunçado pensando: *Ah! Por que sou tão desorganizada? Por que não posso ter um armário como fulana? Acho que ela nunca se esforçou para manter as coisas arrumadas. Eu sou apenas uma bagunça.*

Eu me rotulei como uma bagunça e então me resignei a ser uma bagunça para sempre.

Algumas prisões não precisam de grades para manter as pessoas trancadas lá dentro. Tudo o que é preciso é a percepção de que elas pertencem àquele lugar. Uma alma que acredita que não pode partir... não parte.

Eu encontrei minha saída em um lugar inesperado.

Não costumo visitar museus. No entanto, li alguns fatos fascinantes sobre o *David* de Michelangelo e tornei minha missão ir ver o original na Galeria Accademia em Florença, Itália.

Fontes dizem que o artista nunca deixou seu *David*. Por mais de dois anos, ele trabalhou e dormiu ao lado da placa de mármore de seis toneladas cujo tema o chamava de dentro dos lugares não cinzelados. Quando finalmente o *David* de 5,17 metros emergiu, Michelangelo teria dito: "Eu vi o anjo no mármore e esculpi até libertá-lo". Quando questionado sobre como ele fez sua estátua, Michelangelo teria dito: "É fácil. Tem apenas que lascar a pedra que não se parece com David".

Após uma espera de duas horas em uma longa fila de turistas, eu estava prestes a ver com meus próprios olhos. Parei no corredor estreito, ainda a dez metros do *David*. Não era aqui que todos queriam parar, então causei um pouco de engarrafamento.

Eu entendi porque todos passaram correndo por mim. Por que alguém pararia para olhar as esculturas inacabadas alinhadas no corredor? Por que se preocupar com blocos de pedra com figuras mal esculpidas e incompletas quando a perfeição esculpida está a uma curta caminhada de distância? Quem iria parar?

Algumas prisões não precisam de grades para manter as pessoas trancadas lá dentro.

Uma mulher cativada por ver sua realidade interior vividamente retratada em pedra, é isso. Fiquei à sombra de uma das esculturas inacabadas que fazem parte desta coleção apropriadamente intitulada *Prisioneiros*. E eu a encarei.

Inclinei minha cabeça e deixei-a absorver. Esta escultura menos notada era eu: uma prisioneira inacabada trancada em um lugar difícil.

Então me virei e olhei para *David* no corredor, a estátua totalmente esculpida por um artista mestre. Enquanto caminhava em direção a ela, sussurrei: "Ó Deus, esculpe-me. Não quero ficar trancada em meus lugares difíceis para sempre. Eu quero ser livre. Eu quero ser tudo o que você tem em mente para eu ser".

É lindo quando o Mestre cinzela. Deus não quer que nos rotulemos e fiquemos presas. Mas Ele quer nos conscientizar do cinzelamento que precisa ser feito. Então, ao invés de me condenar com declarações como *eu sou uma bagunça*, eu poderia dizer *deixe Deus cinzelar. Deixe-o trabalhar em meus lugares difíceis para que eu possa deixar os lugares escuros de estar presa e vir para a luz de quem Ele me projetou para ser.*

Deus está nos chamando para fora da escuridão, para fora daqueles lugares que pensávamos que nunca iriam melhorar, para fora de estarmos presas. E com seu chamado vem sua promessa de que Ele completará a boa obra que começou em nós (Filipenses 1:6).

Senhor, tu és o Artista Divino. Obrigada por aplicar tua criatividade a mim – primeiro ao me criar e agora ao continuar a me moldar em quem tu me projetaste para ser. Eu me rendo ao teu trabalho. Em nome de Jesus, amém.

UMA ORAÇÃO DE LYSA

Se você confessar com a sua boca que Jesus
é Senhor e crer em seu coração que Deus o
ressuscitou dentre os mortos, será salvo.

ROMANOS 10:9

Quando eu tinha vinte e poucos anos, me sentia muito distante de Deus. Uma série de situações dolorosas na minha vida me fizeram questionar a bondade dele e se Ele realmente me amava ou não. Mas, por meio da sua graça divina, finalmente a verdade rompeu minha fria resistência e me levou ao lugar onde eu queria aceitar o amor de Deus e dedicar minha vida a Ele.

O desafio era que eu não sabia como fazer isso e tinha muito medo de perguntar às minhas amigas. Ao me lembrar de ter lutado por isso anos atrás, me perguntei se você também estaria enfrentando essa mesma luta. Talvez você tenha tido alguns altos e baixos com toda essa coisa de Deus, mas finalmente está em um lugar onde deseja entregar seu coração a Ele, aceitar sua graça e receber a salvação.

Se for você, gostaria de convidá-la a fazer esta oração de salvação comigo hoje:

Querido Deus,

Obrigada pelo dom da graça e do perdão. Obrigada porque, em meio ao meu pecado, tu abriste um caminho, através de Jesus, para perdoar meu pecado e me acertar contigo.

Assim, hoje eu confesso os meus pecados, meu coração duro, meus pensamentos mesquinhos, minhas palavras duras, a minha dúvida. Acredito de todo o coração que foi por mim, e por minha causa, que Jesus morreu.

Por favor, perdoa-me de todos os meus pecados. Grandes pecados. Pequenos pecados. Pecados passados. Pecados presentes. E todos os pecados por vir. Troco meu pecado pela bondade e santidade de Jesus. Pelo sangue derramado de Jesus, agora sou perdoada e livre! Obrigada porque, neste momento, tu me selaste com teu Espírito Santo. Eu recebo este presente precioso e confio que tu farás o que prometes e me tornará uma nova criação, moldando-me e ajustando-me de dentro para fora para ser mais parecida contigo!

Eu celebro que o velho eu se foi e o novo eu está aqui para ficar! Eu te amo e sou eternamente grata pelo teu perdão e pela minha nova vida em ti. Peço tudo isso em nome de Jesus. Amém.

Eu a amo, querida amiga. E estou me deleitando com todo o céu por cada decisão tomada de aceitar o dom gratuito da salvação de Deus. É realmente o presente mais adorável que podemos receber.

Conectando o coração de Deus ao seu: 31 Escrituras personalizadas para cada dia

Quando sentirmos Deus distante ou aparentemente silencioso, devemos lembrar que a sua Palavra escrita está sempre disponível para nós. Na verdade, Hebreus 4:12 nos diz que a Bíblia é "viva e eficaz".

Uma das minhas coisas favoritas para fazer com as Escrituras é colocar meu nome em um versículo para torná-lo mais personalizado. Como um bilhete de amor enviado do coração de Deus para o meu. É por isso que montei uma lista de 31 escrituras, uma para cada dia do mês, para que você tenha essa conexão íntima com Ele diariamente.

> Eu lhe ungi, {insira o nome aqui}, lhe selei como minha propriedade e pus o meu Espírito em seu coração como garantia do que está por vir.
> 2 Coríntios 1:21–22

> E, se você é de Cristo, {insira o nome aqui}, é descendência de Abraão e herdeira segundo a minha promessa.
> Gálatas 3:29

ACOLHIDA

Nem altura nem profundidade, nem qualquer outra coisa
na criação será capaz de separar você, {insira o nome
aqui}, do meu amor que está em Cristo Jesus.

ROMANOS 8:39

Portanto, agora já não há condenação para você,
{insira o nome aqui}, que está em Cristo Jesus.

ROMANOS 8:1

Meus planos para você, {insira o nome aqui},
são dar esperança e um futuro.

JEREMIAS 29:11

Ainda que tropece, {insira o nome aqui}, você não cairá,
pois eu a tomarei pela mão.

SALMOS 37:24

Minha graça é suficiente a você, {insira o nome aqui}, pois
o meu poder se aperfeiçoa na fraqueza.

2CORÍNTIOS 12:9

Se está em Cristo, {insira o nome aqui}, você é nova criação.
As coisas antigas já passaram; eis que surgiram coisas novas!

2Coríntios 5:17

Lance sobre mim toda a sua ansiedade, {insira o nome aqui},
porque eu tenho cuidado de você.

1Pedro 5:7

Foi para a liberdade que Cristo te libertou, {insira o
nome aqui}. Portanto, permaneça firme e não se deixe
submeter novamente a um jugo de escravidão.

Gálatas 5:1

O meu amor por você, {insira o nome aqui},
persevera em todas as situações.

1Coríntios 13:4–7

Nenhuma das boas promessas que o Senhor, o seu Deus,
lhes fez deixou de cumprir-se, {insira o nome aqui}.

Josué 23:14

Pois como os céus se elevam acima da terra, assim é
grande o meu amor para com você, {insira o nome aqui};
e como o Oriente está longe do Ocidente, assim eu afasto
para longe de você as suas transgressões.
Salmos 103:11-12

Porque você é minha criação, {insira o nome aqui},
realizada em Cristo Jesus para fazer boas obras, as quais
preparei antes para você as praticar.
Efésios 2:10

Confie em mim de todo o seu coração, {insira o
nome aqui}, e eu endireitarei as suas veredas.
Provérbios 3:5-6

Darei a você, {insira o nome aqui}, a paz em todo
o tempo e de todas as formas.
2Tessalonicenses 3:16

Mas agora, em Cristo Jesus, você, {insira o nome aqui}, que
antes estava longe, foi aproximada mediante o sangue de Cristo.
Efésios 2:13

Clamará a mim, {insira o nome aqui}, e eu lhe darei resposta, e na adversidade estarei com você; vou livrá-la e cobri-la de honra.

SALMOS 91:15

Minha paz, que excede todo o entendimento, guardará o seu coração e a sua mente, {insira o nome aqui}, em Cristo Jesus.

FILIPENSES 4:7

Eu manterei você a salvo, {insira o nome aqui}, ninguém pode te arrancar da minha mão.

JOÃO 10:29

Suprirei todas as suas necessidades, {insira o nome aqui}, de acordo com as minhas gloriosas riquezas em Cristo Jesus.

FILIPENSES 4:19

Por estar em Cristo, que é o Cabeça de todo poder e autoridade, você, {insira o nome aqui}, recebeu a plenitude.

COLOSSENSES 2:10

Você pode permanecer no meu amor e permanecerei em você, {insira o nome aqui}.
1João 4:16

Você pode confiar em mim, {insira o nome aqui}, pois jamais abandonarei os que me buscam.
Salmos 9:10

Regozijarei em você, {insira o nome aqui}, com o meu amor a renovarei.
Sofonias 3:17

Já que você ressuscitou com Cristo, {insira o nome aqui}, procure as coisas que são do alto, onde Cristo está assentado à minha direita.
Colossenses 3:1

Embora os montes sejam sacudidos e as colinas sejam removidas, ainda assim a minha fidelidade para com você, {insira o nome aqui}, não será abalada.
Isaías 54:10

LYSA TERKEURST

Minha graça transbordou sobre você, {insira o nome aqui}, com a fé e o amor que estão em Cristo Jesus.

1Timóteo 1:14

Vi a sua aflição, {insira o nome aqui}, e conheço a angústia da sua alma.

Salmos 31:7

Eu a fiz e eu a levarei; eu a sustentarei e eu a salvarei, {insira o nome aqui}.

Isaías 46:4

Dei a vida com Cristo para você porque a amo, {insira o nome aqui}.

Efésios 2:4–5

Para obter uma versão para impressão desses versículos e instruções sobre como fazer uma caixa de escrituras, visite: http://www.proverbs31.org/personal-scriptures

Índice temático

A

Amor de Deus 15, 21, 24, 74, 97, 139, 149, 152, 155, 158, 165, 187, 196, 207, 214, 218, 220, 249, 289, 314, 317, 331

Anseio por Deus 121, 124, 126, 129, 132, 158

Ansiedade/Medo 15, 27, 62, 68, 77, 85, 91, 97, 126, 158, 161, 165, 171, 190, 207, 218, 223, 239, 242, 285, 289, 292, 311

Autocontrole 68, 126, 132, 137, 152, 285, 289

C

Comparação 295, 301

Confiando em Deus 27, 31, 42, 44, 56, 68, 77, 97, 111, 142, 165, 168, 171, 174, 177, 187, 190, 193, 196, 226, 249, 304, 314, 317, 320

Contentamento 21, 108, 161

Crítica 267, 279, 282

D

Decepção 31, 158, 187, 190, 193, 196, 220, 236, 279, 320

Decisões 27, 47, 56, 62, 65, 71, 74, 77, 81, 91, 134, 146, 233, 236, 249

Descanso 15, 39, 56, 59, 88, 210, 214, 245, 289

Desgosto 18, 165, 168, 171, 174, 177, 184, 193, 196, 229, 233, 245, 249

E

Escolhas 24, 62, 77, 85, 91, 108, 118, 129, 132, 137, 142, 146, 149, 229, 270, 282, 285, 298, 317

Estresse 68, 71, 74, 77, 81, 85, 88, 203, 210, 239, 255

Experimentando Deus 21, 34, 36, 47, 181

G

Graça 15, 24, 97, 132, 142, 155, 158, 165, 168, 199, 218, 236, 267, 270, 276, 279, 282, 289, 306, 317

Gratidão 273, 301, 306

I

Insegurança 203, 245, 292, 304, 306, 308, 324

L

Limites 108, 118, 134

O

Obediência 34, 42, 44, 47, 50, 53, 88, 126, 226, 239, 249, 255, 320

Oração 15, 21, 24, 27, 31, 34, 42, 56, 77, 126, 139, 152, 171, 181, 184, 187, 190, 214, 229, 236, 239, 245, 273, 276, 292, 314, 331

P

Paz 56, 81, 85, 104, 108, 158, 161, 165, 171, 174, 181, 187, 196, 255, 273, 282, 292, 295, 301

Pensamentos negativos 68, 229, 258, 261, 292, 328

Perseverança 31, 56, 91, 137, 236

Propósito 31, 39, 44, 50, 53, 59, 77, 111, 171, 193, 279, 285, 298, 304, 306, 314, 317, 320

Providência de Deus 81, 97, 108, 111, 115, 196

R

Reações 15, 18, 21, 24, 193, 210, 255, 258, 261, 264, 270, 276, 279, 282, 285, 289

Rejeição 39, 171, 174, 181, 193, 199, 203, 207, 210, 214, 223, 258, 298, 317

Relacionamentos 132, 161, 207, 210, 218, 233, 267, 276, 289, 311, 314

Rendição 77, 97, 101, 111, 210, 328

S

Sabedoria 21, 27, 62, 65, 81, 91, 146, 149, 158, 203, 210, 233, 236, 279, 289

Soberania de Deus 168, 171, 174, 177, 187, 190

Solidão 62, 152, 196, 203, 207, 220

Substituindo mentiras 139, 142, 223, 258, 261, 292, 308, 324

T

Tempo com Deus 15, 18, 21, 24, 31, 34, 36, 59

Tentação 24, 104, 108, 118, 121, 124, 129, 134, 137, 142, 146, 152, 158

Índice de devocionais

Ofertando os meus primeiros momentos a Deus – Oração/Tempo com Deus

O princípio do abacaxi – Tempo com Deus

Pare de ler sua Bíblia – Tempo com Deus/Experimentando Deus

Grandes sermões não são pregados, são vividos – Tempo com Deus

Esta é a decisão certa? – Decisões/Confiança em Deus/Sabedoria

Uma demanda que nunca será satisfeita – Tempo com Deus

Preparando-se para a aventura – Tempo com Deus/Experimentando Deus

Interrompida por Jesus – Tempo com Deus/Experimentando Deus

Se você estiver se sentindo menosprezada e desvalorizada... – Propósito/Rejeição

Tenho medo de orar com ousadia – Oração

Siga-me – Obediência/Confiança em Deus

Ouvindo os convites de Deus – Experimentando Deus/Obediência

Uma vida com impacto extraordinário – Obediência/Propósito

Seu chamado único – Obediência/Propósito

Descanso e tranquilidade – Decisões/Paz/Descanso

Espaço para respirar –Descanso/Tempo com Deus

Em busca das nossas decisões – Decisões/Sabedoria

Leia isso antes de tomar uma decisão – Decisões/Sabedoria

Paralisando o medo – Ansiedade/Medo/ Confiança em Deus

A mulher mais calma que já conheci – Decisões/Estresse

As duas palavras mais poderosas – Decisões/Amor de Deus/Estresse

Paralisia analítica – Ansiedade/Medo/Decisões/ Confiança em Deus

Cinco perguntas para se fazer ao tomar uma decisão – Decisões/Sabedoria

Deus, estou exausta – Escolhas/Paz/Estresse

No fluxo – Obediência/Descanso

Praticando a sabedoria – Decisões/Perseverança/Sabedoria

O que guarda a chave do seu coração? – Rendição

ACOLHIDA

A resposta mais procurada – Providência de Deus

Se eu tivesse... – Comparação/Conteúdo

A sedução da satisfação – Contentamento/Providência de Deus/Tentação

O Caminho da humildade – Providência de Deus/Confiança em Deus

O que você está perdendo? – Providência de Deus

Onde a ferida é profunda – Limites/Tentação/Vitória

Consumida por desejos –Anseio por Deus/Tentação

Fisicamente acima e espiritualmente abaixo – Anseio por Deus

Um coração sem divisões – Anseio por Deus/Autocontrole

Surpreendida pelo meu próprio conselho – Anseio por Deus/Tentação

O valor do vazio – Anseio por Deus/Autocontrole

O plano de Satanás contra você – Tentação

Quando o objetivo final parece muito difícil – Perseverança/Autocontrole/
Tentação

Substituindo velhas mentiras com novas verdades – Oração/Substituindo
mentiras

Indo para o norte – Substituindo mentiras, Tentação

Quanto essa escolha realmente vai custar para mim? – Escolhas/Sabedoria

A escolha corajosa –Escolhas/Sabedoria

Dizendo não à minha carne – Autocontrole/Tentação/Amor de Deus

Por que tenho tantas questões? – Comparação/Graça

Se eu soubesse – Desejando Deus/Graça

A paz verdadeira de que precisamos – Paz

Tenho problemas de confiança – Amor de Deus/Desgosto/Confiança em Deus

Deus é bom? – Desgosto/Soberania de Deus/ Confiança em Deus

Deus é bom para mim? – Desgosto/Soberania de Deus/Confiança em Deus

Eu confio em Deus para ser Deus? – Desgosto/Soberania de Deus/ Confiança
em Deus

Tempos devastadores – Desgosto/Soberania de Deus/Confiança em Deus

O que nunca percebi sobre Jesus – Experimentando Deus

Lidando com um luto profundo – Desgosto

Por que Deus não responde às minhas preces? – Decepção/Soberania de Deus/
Oração

Um pouco brava e muito confusa – Decepção/Soberania de Deus/Oração
A ferida da decepção – Decepção/Rejeição
Por que Deus deixaria isso acontecer? – Decepção/Amor de Deus
O que torna a rejeição tão horrível? – Graça/Rejeição
Se já se sentiu sozinha, leia isso – Solidão
A garota chamada de perdedora – Amor de Deus/Rejeição
As dores de ontem nos relacionamentos de hoje – Rejeição
Tem uma mulher na academia que me odeia – Amor de Deus/Rejeição
Porque eu sou amada – Amor de Deus
Sozinha numa sala lotada – Solidão/Amor de Deus
Três coisas que você deve lembrar ao ser rejeitada – Rejeição/ Substituindo
  mentiras
A melhor pior coisa – Planos de Deus/Confiança em Deus
Um lugar melhor para estacionar – Desgosto/Pensamentos negativos
Sabedoria conjunta – Relacionamentos/ Sabedoria
Sabedoria e humildade – Sabedoria
Estou com muito medo – Ansiedade/Medo
Me apegando à verdade – Ansiedade/Medo
Pressionando através da dor – Desgosto/Oração
Desolada, mas não destruída – Desgosto/Amor de Deus/Confiança em Deus
O começo de um milagre – Reações
Minha dor está falando? – Pensamentos negativos/Rejeição/Substituindo
  mentiras
Saindo da minha rotina de pensamento – Pensamentos negativos/Reações/
  Substituindo mentiras
A raiz da minha podridão – Reações
Eu desisto – Crítica/Graça/Relacionamentos
Recebendo a graça – Graça/Reações
O tesouro da comida jogada fora – Gratidão/Paz
Dando graça – Graça/Reações/Relacionamentos
Algo a considerar com a crítica – Crítica/Graça
Tive a resposta perfeita – Críticas/Graça/Reações
Deus, nos dê autocontrole – Reações/Autocontrole
O que fazer com relacionamentos difíceis – Relacionamentos

ACOLHIDA

Você não gosta de mim – Insegurança/Pensamentos negativos/Substituindo
  mentiras
Comparações são horríveis – Comparação
O sucesso dela não ameaça o meu – Comparação/Propósito
Eu quero o que ela tem – Comparação/Contentamento/Gratidão
Senhor, eu não consigo fazer isso! – Insegurança/Propósito/Confiança em Deus
Se sentindo culpada? – Gratidão/Insegurança/Propósito
Mesmo quando eu falhar – Insegurança/Substituindo mentiras
O desafio da amizade – Relacionamentos
A verdade no bilhete que mudou a minha vida – Amor de Deus/Propósito/
  Relacionamentos
Superando o meu passado – Amor de Deus/Graça/Propósito
Passando pelo constrangimento do passado – Obediência/Propósito
A verdade que salva vidas – Comparação/Insegurança/Substituindo mentiras
O chamado da liberdade – Pensamentos negativos/Rendição

Sobre a autora

Lysa é esposa de Art e mãe de cinco bênçãos prioritárias chamadas Jackson, Mark, Hope, Ashley e Brooke. Ela é a presidente do Ministério Provérbios 31 e autora de vinte e um livros, incluindo os best-sellers do *New York Times: Uninvited* [*Sem convite*, em tradução livre], *A resposta certa, Unglued* [*Descolada*, em tradução livre] e *Abra o coração e feche a geladeira*. Além disso, Lysa foi destaque no ministério *Focus on the Family*, nos programas de TV *The Today Show* e *Good Morning America*, e muito mais. Lysa palestra em todos os Estados Unidos na Catalyst, Lifeway Abundance Conference, Women of Joy e em vários eventos da igreja.

Para aqueles que a conhecem melhor, Lysa é simplesmente uma mulher que ama Jesus apaixonadamente, é dedicada à família e luta como todas nós contra as roupas sujas, gavetas bagunçadas e celulites.

Conecte-se com Lysa diariamente, siga sua agenda de palestras e receba encorajamento bíblico:

- www.LysaTerKeurst.com
- @OfficialLysa
- @LysaTerKeurst
- @LysaTerKeurst

Este livro foi impresso em 2023 pela Leograf
para a Thomas Nelson Brasil.
O papel do miolo é pólen bold 70g /m².